EL DESTINO CON LA ASTROLOGÍA TIBETANA

HELEN FLIX
LUÍS GASCÓ

EL DESTINO CON LA ASTROLOGÍA TIBETANA

diversa

© 2017, Helen Flix y Luís Gascó
www.medicinatibetana.org
© 2017, Diversa Ediciones
Edipro, S.C.P.
Carretera de Rocafort 113
43427 Conesa
diversa@diversaediciones.com
www.diversaediciones.com

Primera edición: mayo de 2017

ISBN: 978-84-947163-0-0
ISBN Ebook: 978-84-947163-1-7
Depósito legal: T 566-2017

Diseño y maquetación: Dondesea, servicios editoriales
Imagen de portada: © SantiPhotoSS/Shutterstock.com

Todos los derechos reservados. Queda prohibida la reproducción total o parcial de cualquier parte de este libro, incluido el diseño de la cubierta, así como su almacenamiento, transmisión o tratamiento por ningún medio, sin el permiso previo por escrito de la editorial.

Impreso en España – *Printed in Spain*

ÍNDICE

Introducción a la astromedicina tibetana 11

La Rueda de la Vida 17

Astrología elemental 25

El calendario tibetano 73

Las nueve *mewas* 127

Las ocho *parkhas* 165

Pronósticos y análisis de un tema natal 187

Astrología *kartsi* 213

Bibliografía 243

*Dedicamos este libro a nuestros profesores y amigos
Dr. Pema Dorjee, Dr. Kunga Wangdu, Dr. Thubten Puntsok,
Dr. Ugyen Dorjee, Dr. Ngwang Dhakpa,
y, cómo no, al astrólogo viajero Phurbu Tsering
y a todas las personas interesadas en la astrología tibetana,
porque sin ellas este libro no se habría publicado.*

INTRODUCCIÓN A LA ASTROMEDICINA TIBETANA

Tradicionalmente la astrología es una de las cinco ciencias complementarias que se estudian en las Universidades Monásticas Budistas Tibetanas (Men-Tsee-Khan), ya que no solo se limita a la adivinación, sino que es utilizada para determinar los ciclos atmosféricos, medir el tiempo tibetano (años, meses y días tibetanos) o realizar el calendario recopilatorio de actividades diarias en sintonía con los movimientos del cosmos.

La astrología es muy popular entre los tibetanos. Los astrólogos son consultados principalmente para elaborar el horóscopo de los recién nacidos, así como por asuntos relacionados con matrimonios y rituales funerarios. A diferencia de lo que ocurre con la astrología europea, que hace énfasis en la descripción de la personalidad, la astrología tibetana se interesa más por el desarrollo de la vida de la persona y sus reencarnaciones.

La astrología tibetana proviene de diferentes tradiciones: la hindú, la china, el Kalachacra del budismo tántrico y la religión Bon de ámbito local.

El cálculo de los eventos anuales, la elaboración del calendario lunar, los horóscopos y la obtención de información necesaria para el almanaque anual tibetano (que señala los días auspiciosos y no auspiciosos para dar inicio a determinadas actividades) se realizan a través de herramientas que provienen de dos fuentes: el sistema de los llamados cálculos blancos o hindús (astrología *kartsi*) y el sistema de los cálculos negros o chinos (astrología *djoungtsi*). El color tiene que ver con la ropa habitual que llevaban hindús y chinos.

Los cálculos negros o de los elementos, también llamados «astrología elemental» por la utilización de los cinco elementos, llegaron al Tíbet a mediados del siglo VII d. C., en tiempos del rey Songtsen

Gampo, fundador del Imperio Tibetano y mecenas del sistema médico tibetano.

Este sistema correlaciona el calendario con ciclos de 60 años, donde cada año es regido por uno de doce animales (dragón, serpiente, caballo, oveja, mono, pájaro, perro, cerdo, rata y buey) con uno de los cinco elementos (madera, fuego, tierra, metal y agua).

En las universidades en las que se imparten cursos de Medicina Tibetana de seis años de duración, también se enseña Astrología Tibetana durante cinco años, más un año de prácticas. Eso es debido a lo complejo que resulta aprender los cálculos que se realizan a mano y a que no existen tablas de consulta como las efemérides del libro editado por la NASA con todos los movimientos planetarios desde el año 1900 hasta el año 2100, y los textos tienen que ser memorizados por los estudiantes de Astrología.

A cada año, mes, día y hora se le asigna un animal y un elemento como en la astrología china, sin embargo no hay una equivalencia directa entre años, meses y días, ni tampoco en el significado de los animales. Muchas personas nacidas entre diciembre y marzo pueden tener diferentes signos en ambas astrologías.

Otra técnica proveniente de los cálculos negros similar a la numerología se llama «*mewa*» (sMe-ba), y se relaciona con las nueve constelaciones esotéricas, que quedan alejadas de los 12 signos zodiacales de la eclíptica, y a su vez se corresponden con los números del 1 al 9. Asimismo existen ocho trigramas o *parkhas* (sPar-kha) formados por tres líneas que representan el Ying y el Yang, los dos principios de la vida, el activo (+) o yang, que representaremos con una línea continuada (——), y el principio pasivo (-) o ying, al que representaremos con una línea partida (— —).

Por su parte, el sistema de cálculos blancos provenientes de India llegó al Tíbet en el siglo xi con la introducción del Tantra de Kalachakra, en el que aparecen las leyes de movimiento del universo, así como los cálculos para las efemérides, el calendario y el almanaque. Adicionalmente aportó material para la predicción de horóscopos personales. El sistema de cálculos blancos tiene algunas características comunes con los cálculos astrológicos griegos antiguos, entre las que destacan la división del zodíaco en doce signos y doce casas;

el uso de los mismos nombres para los signos que los que se utilizan en el sistema europeo moderno, y una forma muy similar de organizar los planetas en los signos y casas.

Para los médicos que deben trabajar con cálculos astrológicos se edita un almanaque anual, llamado LO-TO, que consta de diecinueve secciones, donde se pueden buscar todos los datos necesarios para las predicciones del año, días favorables o desfavorables, eclipses, etc. (la edición es en tibetano).

Al ser parte importante de la cultura tibetana, para los padres resulta de especial interés conocer la expectativa de vida de su hijo, ya que si es corta o presenta múltiples obstáculos, entonces realizarán ceremonias religiosas (*pujas*) recomendadas en el horóscopo y se encargará la elaboración de estatuas y pinturas específicas para los obstáculos del hijo. En lo que se refiere al matrimonio, se valora la compatibilidad de la pareja y se define el mejor día de la semana para que la novia se mude a la casa de su prometido y para que se lleve a cabo la boda. Por otra parte, la mayoría de los tibetanos suele consultar a un astrólogo cuando alguien muere; pues en base a este suceso se hacen cálculos derivados del sistema chino de los elementos para saber cuándo y en qué dirección deberá moverse el cuerpo y llevarlo a su entierro o cremación, y para determinar los tipos de ceremonias que han de realizarse, para propiciar un buen renacimiento dentro de la Rueda de la Vida y así librar a la familia de malos augurios.

Los tibetanos también consultan al astrólogo en busca de consejos sobre los días auspiciosos para cambiarse de domicilio, abrir una nueva tienda, saber si el negocio será próspero durante el año, establecer un negocio que implique riesgos, etc. Los médicos tibetanos requieren de la astrología médica a fin de determinar el mejor día de la semana para dar tratamiento al paciente. Asimismo se eligen días auspiciosos tanto para entronizar a un lama encarnado, como para que este haga ofrendas a su monasterio al iniciar sus estudios; lo mismo ocurre cuando una familia envía a su hijo a un monasterio, o para llevar a cabo ceremonias rituales que ayuden a un enfermo.

Al ofrecer una ceremonia de larga vida a un lama, esta se efectúa por la mañana del día que es auspicioso para esa persona. El día auspicioso del Dalai Lama (Tenzin Gyatso) es el miércoles, razón por la que muchos lamas inician sus enseñanzas ese día de la semana.

El calendario tibetano y los almanaques juegan un importante papel en la vida de los tibetanos. Uno de sus usos más comunes es el de averiguar el día más adecuado para la celebración de sus diferentes ceremonias budistas, para saber el día en que se pueden consultar los oráculos, etc. La primera quincena del mes tibetano se utiliza para atraer, para crear, y es considerada más positiva que la segunda quincena. El año tibetano tiene doce meses y el mes treinta días.

El punto focal de la astrología no es llenar a la gente de supersticiones, sino hacer aportaciones que le sean de utilidad, ya que si la persona tiene una idea general de que cierto día no le es favorable, puede tomar medidas preventivas realizando ceremonias y actuando de forma amable y cuidadosa, de tal manera que supere y evite problemas. Haciendo un símil, es como cargar con el paraguas porque los pronósticos climatológicos anuncian lluvias.

En la concepción budista no se ve a la astrología en términos de influencias provenientes de los planetas como entidades que existen de forma independiente y sin relación con el flujo mental de cada individuo. De hecho, un horóscopo es como un mapa que permite leer algunos factores del karma de una persona, los cuales aparecen reflejados en la configuración astrológica y astronómica en la que se nace.

Esto no quiere decir que la visión budista del mundo sea fatalista, simplemente reconoce que la situación presente ha surgido de causas y condiciones pasadas, y si ellas pueden ser leídas con precisión, entonces será posible actuar para crear causas y condiciones distintas que permitan mejorar la situación en esta vida. Es decir, se trata de proveer a la persona de cierta información que le será útil para modificar actitudes y conductas dañinas, pero de ninguna manera se refiere a realizar ofrendas a las distintas deidades de los planetas para apaciguarlas e impedir algún daño.

En general, un horóscopo debe ser considerado como un medio hábil para progresar en el sendero del desarrollo personal, ya que a través de sus trazos una persona puede hacerse consciente del sufrimiento que podría experimentar, de tal forma que al aprender de la posible situación kármica que se tendrá en la vida, es posible trabajar con ella para superar limitaciones personales y generar potenciales para el beneficio propio y de otros. De esta manera también se puede adquirir la inspiración necesaria para aprovechar esta preciosa vida humana y alcanzar una meta espiritual. También se pueden conocer las fechas en las que cada persona puede aprovechar las fuerzas del cosmos para realizar las potentes meditaciones Mahayana, liberarse de la Rueda de la Vida y entrar en el despertar búdico.

Si deseas ver la Rueda de la Vida con mayor detalle, puedes enviar un correo solicitándolo a **hflix@copc.cat** y la recibirás por correo electrónico.

LA RUEDA DE LA VIDA

La Rueda de la Vida o de la Existencia (en sánscrito: *Bhavachakra*; en tibetano: *Sidpa Khorlo*) es una representación en un diagrama de las enseñanzas budistas basadas en la noble verdad del sufrimiento (el *dukha*), la existencia cíclica de las cosas (el *samsara*) y la ley de causa y efecto (el karma).

Este conocimiento fue enseñado directamente por el Buda Sakyamuni para ilustrar las Cuatro Nobles Verdades en la existencia del sufrimiento, su causa, su finalización y el camino a la liberación y el esclarecimiento. La naturaleza del *samsara*, el ciclo interminable de los nacimientos, muertes y renacimientos a través del que los seres se desplazan, está ilustrada por los seis reinos o *lokas* de existencia cíclica: los/las dioses/as (*dakas* y *daikinis*), los semidioses o titanes, los humanos, los animales, los fantasmas hambrientos o *pretas* y los habitantes de los reinos del infierno.

El karma, la ley de causa y efecto, es la fuerza causal que propulsa a los seres a través de este ciclo.

Frecuentemente se pintan murales de la Rueda de Vida en el camino de entrada a los templos tibetanos. El *thangka* que vamos a describir (ver página 18) fue pintado en algodón y probablemente se creó en el Tíbet Oriental o en China durante la parte temprana del siglo xx.

En el círculo central de la rueda están los tres animales que representan la raíz de la ignorancia: la ofuscación, el deseo y el odio, y muestran que estas deshonras emocionales son el origen de todo el sufrimiento. El cerdo negro simboliza la ignorancia y la confusión, el gallito rojo representa el deseo y el apego, y la serpiente verde, el odio, el enojo y la envidia. Estos tres animales constantemente cazan y muerden las colas de los otros. El gallito y la serpiente surgen de la boca del cerdo, que habla con voz hueca, ilustrando que el deseo y el enojo se crean de la ignorancia o estrechez mental.

En el segundo círculo seis seres desnudos se preparan para entrar en sus reinos respectivos. Los tres seres en el semicírculo superior suben a los tres reinos afortunados de los semidioses, dioses y humanos; y los tres seres del semicírculo inferior descienden a los tres reinos infortunados de los fantasmas hambrientos, los infiernos y los animales. Este círculo representa el estado intermedio o estado del bardo entre la muerte y el renacimiento, donde, debido a la acumulación anterior de karmas positivos o karmas negativos, se impelen los seres para entrar en las puertas o úteros a su próximo renacimiento. En cinco de estas puertas del reino la conciencia del bardo se manifiesta como seres humanos, mientras la entrada en el reino animal requiere una forma animal, en este caso de un búfalo azul.

El área grande del tercer círculo ilustra las condiciones de cada uno de los seis reinos. Este círculo está dividido por cinco rayos que separan al reino humano, el animal, el infierno y los reinos de los fantasmas hambrientos de los reinos de los dioses y semidioses. La mitad superior de este círculo comprende los tres reinos superiores de semidioses, dioses y humanos, mientras que la mitad inferior comprende los tres reinos más bajos, el de los animales, los infiernos y los fantasmas hambrientos.

En la parte superior izquierda está el reino de los *asuras*, llamados semidioses o titanes, que son caracterizados por los celos y las envidias. Insatisfechos con su posición afortunada están constantemente en guerra con los dioses más altos, intentando ganar posesión del árbol de la inmortalidad, que los separa a ellos del reino de los Dioses. Vestidos con armadura y blandiendo las armas, luchan una batalla perdedora contra el ejército de los dioses. Algunos de los *asuras* se representan heridos o muertos. Los dioses solo pueden morirse cuando son decapitados, mientras que en los *asuras* todo el cuerpo es vulnerable. El ejército de los dioses está liderado por el gran elefante Airavana, que lanza fuego y maneja el disco afilado del dios Indra. La miseria de los *asuras* es el resultado de la envidia, los celos y la ambición insaciable.

En la parte más alta de la rueda está pintado el reino de los Devas, los dioses del reino del deseo que se caracteriza por el orgullo. En un palacio celestial debajo de un bosque con árboles que conceden los deseos, hay un dios blanco adornado con sedas y joyas tocando un laúd, mientras varias diosas hermosas realizan ofrendas de néctar, fruta, música, sedas y conchas perfumadas. Sobre este palacio de deseo sensual asoman dispuestos en gradas los más altos reinos de formas puras (*Rupadhatu*) y no formas (*Arupadhatu*). Debido a la acumulación de karma positivo, los seres nacen en los reinos del paraíso, sus vidas son largas y dichosas. Pero al agotarse este karma los dioses soportan un sufrimiento terrible además del confinamiento durante los últimos siete días de sus vidas. Cuando un dios está muriendo hay cinco presagios, el lustre del cuerpo se marchita, los vestidos se ensucian, el cuerpo transpira, la guirnalda de flores se marchita y el trono se vuelve incómodo. Cuando ya no está protegido por su gloria, el dios es claramente capaz de percibir las tres fases de su vida anterior, su fallecimiento inminente y su renacimiento en uno de los tres reinos más bajos, ya que no ha acumulado Dharma al vivir en la plena felicidad y ha agotado el karma positivo acumulado en otras vidas.

En el sector derecho superior está el reino humano, que se caracteriza por sus ocho formas de miseria: el nacimiento, la enfermedad, la vejez, la muerte, la separación de aquellos que nosotros amamos, los encuentros con aquellos que no nos gustan, el no poder alcanzar lo que nosotros codiciamos y el miedo de perder las posesiones. Los primeros cuatro de estos infortunios se ilustran por una mujer de parto, un paciente al que le están tomando el pulso, un hombre viejo con un palo y un cadáver que está siendo cargado por una persona a su espalda. Las otras cuatro miserias se ilustran con las personas que dejan su casa o tienda, riñas y pleitos, las cestas grandes de género deseable, las posesiones que se roban y el ganado que se pierde o es devorado por los animales salvajes. La ley de causa y efecto (el karma) se ilustra por un granjero sembrando y segando sus cosechas. Pero a pesar de estos estorbos el reino humano es considerado el más afortunado de todos los renacimientos, porque en él se pueden desarrollar la sabiduría y la compasión y el progreso espiritual real, como se ilustra con un lama o monje que da un discurso religioso.

En el sector inferior a la derecha tenemos el reino animal, que se caracteriza por la ignorancia y la confusión. Se agrupan los animales en cuatro clases: los que poseen muchas piernas (los insectos y crustáceos), los cuadrúpedos (mamíferos), los bípedos (monos y pájaros) y los que no poseen piernas (las serpientes y criaturas del mar). Se dice que la mayoría de los animales viven en el gran océano, otros viven en la tierra seca y otros en las selvas. Sus sufrimientos son diversos, hambre y sed, calor y frío, el abuso humano, la caza, la destrucción de su hábitat y la posibilidad de ser una presa para los carnívoros.

En la parte inferior izquierda está el reino de los *pretas* o fantasmas hambrientos, que se caracterizan por el deseo insaciable y su avaricia. Estos espíritus tienen varias formas: algunos tienen la piel áspera y están cubiertos de pelo, algunos tienen nudos en sus largos cuellos y son incapaces de tragar, otros tienen enormes estómagos pero hablan con voz hueca como a través de un embudo, otros se consumen por el ansia de su propia respiración, excretan y orinan chorros de fuego. Constantemente sufren mucha hambre, sed, calor, frío, fatiga y miedo. Están obsesionados con los milagros. La comida y el agua pura se vuelven pus y vómito cuando ellos intentan cogerlos, y si intentan tragar un pedacito de comida se convierte en hierro fundido en sus ensanchados estómagos. Viven en un paisaje yermo y un grupo de ellos está intentando acumular las joyas. Las causas de un renacimiento tan miserable son debidas a conductas de miseria por la avaricia y la codicia y hechos tan egoístas como robar las limosnas.

El sector inferior está ocupado por el reino del infierno, que se caracteriza por las acciones negativas de extrema cólera y odio. Las descripciones budistas de los reinos del infierno son muy extensas y detalladas. Hay ocho infiernos calientes y ocho infiernos fríos, que junto con dos reinos del infierno auxiliar hacen un total de dieciocho. Se dice que estos infiernos están localizados lejos, en el interior de la tierra, debajo de Bodh Gaya, en India (lugar donde Buda se iluminó). En el reino del infierno caliente los seres están sujetos a las torturas más extremas de dolor, calor y mortificación. En el infierno de resurrección, los seres se mutilan continuamente y se matan enfurecidamente y enojados para resucitar de nuevo. En el infierno de la garganta negra los cuerpos se queman con un hilo de hierro ardiente y son serrados o cortados a lo largo por animales con cabeza de demonios. En el infierno aplastante, uno es aplastado continuamente entre montañas o con discos de hierro. En los dos infiernos aulladores, los seres se queman en casas de hierro. En los dos infiernos más calientes, a los seres se les vierten los metales fundidos en la boca o se empalan por el ano con estacas afiladas, y en el infierno Avici los seres son hervidos vivos con bronce fundido en un caldero férrico.

Los ocho infiernos fríos son similares a los ocho infiernos calientes, los seres desnudos son lanzados a una tierra helada y yerma con viento perpetuo y oscuridad. Existen dos infiernos fríos severos abrasadores y tres infiernos fríos llamados de los lamentos, porque sus habitantes son aplastados por el sólido suelo helado y agujereados por los carámbanos afilados, usados como navajas de afeitar, y chamuscados después por los vientos helados. Los tres últimos infiernos fríos se denominan por colores: el azul, el rosa y el rojo de las flores de loto, donde el frío es tan intenso que el color del cuerpo se vuelve mortecino.

Formando un arco alrededor de los infiernos calientes y fríos están los infiernos circundantes. El primero de estos infiernos circundantes es el infierno de Kukula, un hoyo profundo de fuego que evita que los seres se escapen de los infiernos calientes. El segundo es el infierno de Kunapa, un pantano podrido donde gusanos con los picos puntiagudos devoran el cuerpo de los seres. El tercero es el infierno de Ksuramarga, la llanura de púas con forma de navaja de afeitar donde los perros feroces y los pájaros devoran la carne de los seres. El último es el río Vaitarani, un torrente encendido de cenizas y agua hirviente.

En el centro del reino del infierno se ilustra el juicio de los muertos. En su palacio de cráneos el Dharmaraja rojo se sienta en un trono de piedra de *vajra*; es Yama (Shin-Je), quien blande un cráneo en su mano derecha y el espejo dorado del karma en la mano izquierda. Los muertos van pasando ante Yama y se reflejan en el espejo dorado todas sus acciones buenas y malas. Delante de Yama, un acompañante con cabeza de mono mantiene las pesas de la balanza para ver si las acciones del pasado del muerto se equilibran por el peso de los guijarros dorados y negros. El humano se agacha con angustia viendo cómo estos guijarros de sus acciones buenas y malas se vierten en los sacos delante de sus ojos. En la parte inferior del reino del infierno, dos bueyes aran un campo redondo, mostrando que el karma es ineludible.

Aunque los sufrimientos experimentados en los reinos del infierno son de una gran duración, y un día en ciertos reinos de dioses es equivalente a cincuenta años humanos, según cuentan los textos búdicos, ninguno de estos estados de existencia es eterno. El tiempo es relativo, y los seres transmigran estos reinos según el madurar de las propensiones kármicas que se guardan en la conciencia causal (el *alaya*) de su propia identificación. Como un hombre siembra, así él debe segar.

Aunque es difícil ver literalmente estos estados de existencia, es fácil verlos metafóricamente cuando todos nosotros conocemos a personas que despliegan las características de los seis reinos. La investigación psicológica moderna ha dado cuerpo a la «evidencia» en favor de la reencarnación, pero en casi todos los casos se habla de existencias humanas anteriores. La noción de transmigración entre los reinos animales y humanos nos hace fruncir el entrecejo, aunque siempre hay excepciones a la regla, y quizás los modelos del código genético humano condicionan los modelos de memoria genética en la humanidad.

En el círculo exterior de la rueda se representan los doce eslabones o *nidanas* en la cadena de existencia interdependiente. Empezando de la parte más alta y girando en el sentido de las agujas del reloj, estos son:

1. **Un hombre ciego.** Representa la ignorancia primordial que crea la noción del ego permanente, y permanece ignorante con desinterés a la verdad de las leyes de causa y efecto.
2. **Un alfarero.** Representa la ignorancia que da lugar a factores de composición, la creación kármica de ollas (obras) buenas y malas.
3. **Un mono juguetón.** Las dos conciencias que crean una causa original, y su resultado será un renacimiento futuro. Así como

un mono juega, desprevenido del resultado kármico de sus factores de composición.
4. **Cinco hombres en un barco que cruza el océano.** El nombre y la forma. Los cinco hombres son los cuatro nombres agregados del sentimiento, el reconocimiento, el factor composicional y la conciencia, junto con el eslabón de la forma de la unión de esperma y sangre (el huevo) en que la conciencia se ha plantado. El océano es el *samsara* en sí mismo.
5. **Una casa vacía con cinco ventanas y una puerta.** Representa los cinco sentidos físicos de vista, sonido, olor, sabor y tacto (las ventanas), junto con el sentido mental (la puerta), qué está ocupado o abierto en el momento de la concepción.
6. **La pareja, besando y abrazando.** Muestra el contacto y su deseo por un objeto, el despertar de la discriminación entre los objetos agradables, desagradables y neutros.
7. **La flecha.** El hombre que es cegado por una flecha en un ojo representa el contacto que da lugar a los sentimientos de placer y dolor, deseo y aversión.
8. **La bebida.** Un hombre que bebe alcohol muestra los sentimientos que crean el deseo, la sed para aferrarse a lo que es agradable y evitar que nos cause el sufrimiento.
9. **La recolección de fruta.** Un hombre que escoge la fruta, cogiéndola. La atadura a los objetos sensuales, vistas mentales, el comportamiento ético, e igualando el mismo con los agregados perecederos del cuerpo.
10. **Una mujer embarazada.** Representa el renacer. Activa el karma que da lugar a la existencia en un renacimiento futuro.
11. **El parto.** La potencia de este karma determina las condiciones del renacimiento futuro.
12. **Viejo y muerte.** El envejecimiento es la maduración de los agregados y la muerte es su disolución.

Cada eslabón da lugar al siguiente, y la rueda de la existencia continúa incesantemente. Estos doce eslabones describen el proceso por el que todos los seres, impelidos por la ignorancia, crean las condiciones por las cuales siguen atrapados en los ciclos interminables de renacimiento en el *samsara*. La rueda entera de la vida está sujeta por las garras de un demonio caníbal rojo (Srinpo), que la devora con sus dientes. Srinpo simboliza el tiempo y la naturaleza transitoria de todos los fenómenos.

Del patio del juicio de Yama en el reino del infierno se inicia una senda blanca que lleva directamente al paraíso de Sukhavati, la Pura Tierra del Buda Amitabha, en la parte derecha superior del dibujo. Esta senda es cruzada por monjes y hombres comunes cuyas prácticas y devoción a Amitabha les han permitido que logren la liberación en su tierra pura. Un lama los guía a lo largo de este camino a la liberación del ciclo de renacimiento. Amitabha está flanqueado por los *bodhisvattvas* Padmapani y Vajrapani, y aquellos que logran llegar al paraíso de Sukhavati son nacidos del loto, impoluto del océano del *samsara*.

En la parte izquierda superior el Buda Sakyamuni está en pie fuera de la Rueda de la Vida y apunta con su dedo a la Luna llena, señalando el camino a la mente iluminada, libre de todo el engaño y sufrimiento.

Abajo, en la parte izquierda, un grupo de diez doncellas chinas se complace en vanidades como las modas, el chismorreo, leer poesías, jugar y contemplar el arte.

Abajo, en la parte derecha, se muestran esqueletos vacíos libres de tales necesidades. Solo el tiempo los divide, y la procrastinación es la ladrona del tiempo.

ASTROLOGÍA ELEMENTAL

DESCRIPCIÓN DE LA ASTROLOGÍA DE LOS ELEMENTOS (*BYUNG-RTSIS*)

La astrología elemental tibetana (llamada así porque su fundamento son los cinco elementos) no utiliza cálculos matemáticos complicados (al contrario que la astrología *kartsi*, basada en el desplazamiento de los planetas en el cosmos). Es el mejor camino para conocer las alegrías o infortunios que nos depara nuestro futuro.

Según la astrología tibetana, los cinco elementos que forman todo cuanto nos rodea son el metal, el agua, el fuego, la tierra y la madera, y representan respectivamente las funciones de cortar, mojar, calor, solidez y movimiento.

Doce animales (conejo, dragón, serpiente, caballo, oveja, mono, pájaro, perro, cerdo, rata, buey y tigre) representan las diferentes virtudes y defectos de la especie humana.

Combinando, por tanto, los cinco elementos con los doce animales tendremos sesenta diferentes posibilidades o, lo que es lo mismo, un ciclo tibetano de sesenta años (*Brihaspatya Varsha*).

El primer ciclo comenzó en el año 1027 del calendario gregoriano (en el año 1154 del calendario tibetano, que va 127 años por delante del nuestro) con el Conejo de Fuego y terminó el año gregoriano 1086 con el Tigre de Fuego (calendario habitual de Europa y utilizado en la actualidad además en América y Australia).

El segundo ciclo empezó de nuevo en el año 1087 y así hasta llegar al 17º ciclo, que comenzó en el año 1987 y terminará en el año 2046 (figura 1-1).

Como parte de la astrología elemental están también las ocho *parkhas* (trigramas) y las nueve *mewas* o números que se desplazan, que estudiaremos en un capítulo aparte.

EL CICLO TIBETANO DE 60 AÑOS

	NOMBRE CASTELLANO	NOMBRE TIBETANO	CICLOS TIBETANOS		
			1º	16º	17º
1	Conejo de Fuego	Rabjung	1027	1927	1987
2	Dragón de Tierra	Namjung	1028	1928	1988
3	Serpiente de Tierra	Karpo	1029	1929	1989
4	Caballo de Metal	Rabnyö	1030	1930	1990
5	Oveja de Metal	Kyedak	1031	1931	1991
6	Mono de Agua	Ang-gir	1032	1932	1992
7	Pájaro de Agua	Peldong	1033	1933	1993
8	Perro de Madera	Ngöpo	1034	1934	1994
9	Cerdo de Madera	Natsöden	1035	1935	1995
10	Rata de Fuego	Dzinche	1036	1936	1996
11	Buey de Fuego	Wangchuk	1037	1937	1997
12	Tigre de Tierra	Drumangpo	1038	1938	1998
13	Conejo de Tierra	Nyöden	1039	1939	1999
14	Dragón de Metal	Namnön	1040	1940	2000
15	Serpiente de Metal	Truchok	1041	1941	2001
16	Caballo de Agua	Natsok	1042	1942	2002
17	Oveja de Agua	Nyima	1043	1943	2003
18	Mono de Madera	Nyidrölche	1044	1944	2004
19	Pájaro de Madera	Sakyong	1045	1945	2005
20	Perro de Fuego	Mize	1046	1946	2006
21	Cerdo de Fuego	Thamchedül	1047	1947	2007
22	Rata de Tierra	Kündzin	1048	1948	2008
23	Buey de Tierra	Galwa	1049	1949	2009
24	Tigre de Metal	Namgyur	1050	1950	2010
25	Conejo de Metal	Pongpu	1051	1951	2011
26	Dragón de Agua	Gawa	1052	1952	2012
27	Serpiente de Agua	Namgyal	1053	1953	2013
28	Caballo de Madera	Gyalwa	1054	1954	2014
29	Oveja de Madera	Nyöche	1055	1955	2015
30	Mono de Fuego	Dong-ngen	1056	1956	2016

	NOMBRE CASTELLANO	NOMBRE TIBETANO	CICLOS TIBETANOS		
			1º	16º	17º
31	Pájaro de Fuego	Serchang	1057	1957	2017
32	Perro de Tierra	Namchang	1058	1958	2018
33	Cerdo de Tierra	Gyurche	1059	1959	2019
34	Rata de Metal	Künden	1060	1960	2020
35	Buey de Metal	Pharwa	1061	1961	2021
36	Tigre de Agua	Geche	1062	1962	2022
37	Conejo de Agua	Dzeche	1063	1963	2023
38	Dragón de Madera	Tromo	1064	1964	2024
39	Serpiente de Madera	Natsok yik	1065	1965	2025
40	Caballo de Fuego	Zilnön	1066	1966	2026
41	Oveja de Fuego	Treu	1067	1967	2027
42	Mono de Tierra	Phurbu	1068	1968	2028
43	Pájaro de Tierra	Zhiwa	1069	1969	2029
44	Perro de Metal	Thunmong	1070	1970	2030
45	Cerdo de Metal	Galche	1071	1971	2031
46	Rata de Agua	Yongdzin	1072	1972	2032
47	Buey de Agua	Bakme	1073	1973	2033
48	Tigre de Madera	Künga	1074	1974	2034
49	Conejo de Madera	Sinpu	1075	1975	2035
50	Dragón de Fuego	Me	1076	1976	2036
51	Serpiente de Fuego	Marser chen	1077	1977	2037
52	Caballo de Tierra	Dükyi ponya	1078	1978	2038
53	Oveja de Tierra	Döndrup	1079	1979	2039
54	Mono de Metal	Dragpo	1080	1980	2040
55	Pájaro de Metal	Longen	1081	1981	2041
56	Perro de Agua	Hgachen	1082	1982	2042
57	Cerdo de Agua	Trak kyuk	1083	1983	2043
58	Rata de Madera	Mikmar	1084	1984	2044
59	Buey de Madera	Trowo	1085	1985	2045
60	Tigre de Fuego	Zepa	1086	1986	2046

FIG. 1-1

LA LEYENDA DE LA TORTUGA CÓSMICA

La tortuga cósmica (figura 1-2) es la más importante pintura de la representación de los elementos que constituyen la astrología elemental. A la tortuga cósmica, según cuenta la leyenda, Lord Manjusri la atravesó con su espada. Esta, herida de muerte, se dio la vuelta, y en su estómago pudo leer los símbolos de la astrología tibetana, es decir, los cinco elementos, los doce animales, los ocho trigramas o *parkhas* y los nueve cuadrados mágicos o *mewas*.

DESCRIPCIÓN DE LOS CINCO ELEMENTOS

Los cinco elementos (*djoungwa*) son metal (*tchacj*), agua (*tchou*), fuego (*mé*), tierra (*sa*) y madera (*shing*). Vamos a estudiar las caracte-

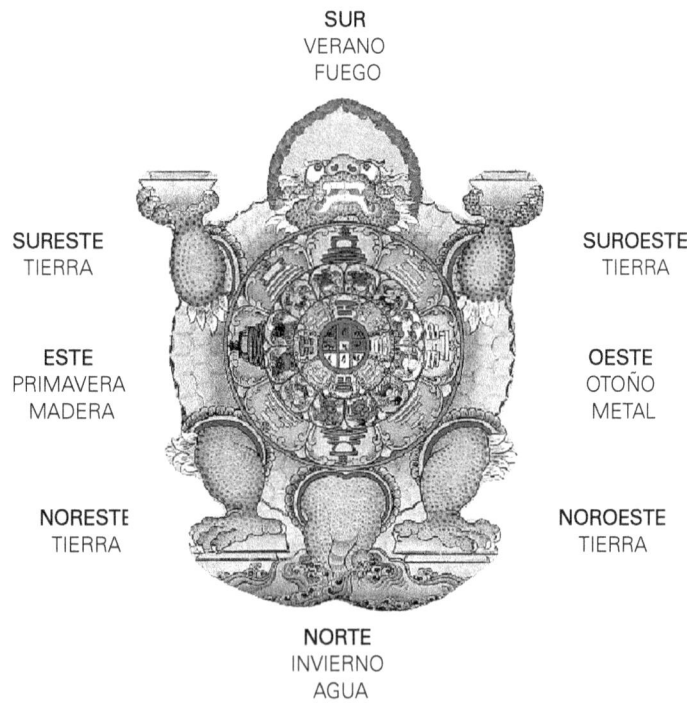

La tortuga cósmica, las estaciones y los elementos.
FIG. 1-2

rísticas de cada uno de ellos. En la tortuga cósmica podemos ver que la cabeza se dirige hacia el Sur y se relaciona con el elemento fuego. La cola se dirige hacia el Norte y su elemento es el agua, a la derecha de la tortuga tenemos la dirección Oeste y el elemento metal, a la izquierda de la tortuga tenemos la dirección Este y el elemento madera, y las cuatro patas de la tortuga con las cuatro direcciones intermedias se relacionan con el elemento tierra.

La madera

La madera se simboliza por un árbol joven con las hojas de un color verde suave o por el mango de madera de la espada de Lord Manjusri atravesando el lado de la tortuga. La madera corresponde al despertar, a la mañana, a la primavera, y su dirección es el Este. Como un símbolo de vitalidad, sus características son el crecimiento, la movilidad, el poder de inspiración y la creatividad. Su naturaleza es suave y armoniosa, pero en determinadas circunstancias puede ser colérica. Su color es el verde y su órgano es el hígado, cuyo papel es transformar y sintetizar los constituyentes del cuerpo. Su sabor es ácido y su planeta es Júpiter. El trigrama asociado es Zin, el despertar interior, el trueno.

Las personas nacidas en un año madera se apoyan en su ética; mantienen alta la moral y tienen una buena dosis de confianza en sí mismas. Conocen el valor intrínseco de las cosas, y sus intereses son amplios y diversos. Su naturaleza expansiva y cooperativa les permitirá hacer cosas a gran escala. Tienen personalidad de ejecutivos porque pueden dividir y separar las cosas en las categorías y órdenes de trabajo adecuadas.

Estos nativos poseen una atracción vital y permanecen muy conectados con la Tierra, que les da vida y los hace tranquilos, equilibrados y seguros.

Gracias a estos rasgos, los nativos de madera atraen el apoyo del grupo en sus tareas, en las que normalmente tienen el éxito. Sus ideas innovadoras testifican la gran franqueza de su mente. Su peor defecto es el de esparcir su energía, que puede estropear sus oportunidades de éxito. La voz es gutural.

Se ramifican rápidamente y, cuando les es posible, se diversifican en múltiples campos, puesto que abogan por una renovación y crecimiento constantes. Saben cómo repartir las recompensas obtenidas en cualquier esfuerzo colectivo con todos aquellos que en justicia se merecen una parte del premio común. Su buena voluntad innata y su bondadosa comprensión de cómo piensan y actúan los demás los llevarán a cargos de importancia. Encontrarán apoyo moral y financiero donde y cuando lo necesiten porque la gente tendrá fe en su capacidad de sacar provecho de su información y sus ideas.

El fuego

El elemento fuego se simboliza por las llamas inteligentes, ardientes, así como por la sangre visceral de la tortuga cósmica. El fuego se asocia con el Sur, con el calor del mediodía y el verano. Sus cualidades son la avidez, la alegría, el fervor y la pasión. Está lleno de esplendor y transforma todo lo que toca hasta el punto que quema. Sus poderes purificadores pueden ponerle fácilmente destructivo. Su pasión es violenta y su carácter es una mezcla de impaciencia, intolerancia y ambición que quema algo que resiste pero que debe ser destruido.

Los nativos de fuego exhibirán condiciones de liderazgo superiores a las habituales; tienen gran capacidad de decisión y están seguros de sí mismos. Tienen la máxima capacidad que les permita su animal para motivar a la gente y hacer fructificar ideas, porque son más agresivos y positivos que otros nativos del mismo signo con otro elemento. Amantes de la aventura y la innovación, tenderán a adoptar fácilmente ideas nuevas e intentarán dominar a los demás con su creatividad y originalidad. No tienen miedo a los riesgos, y les gusta mantenerse en movimiento y explorar nuevos horizontes.

Su órgano es el corazón, su sabor es amargo y su color es rojo. En sus cualidades de claridad, perspicacia y brillo, el fuego se asocia con el Sol. Su carácter bélico, intolerante y destructivo lo relaciona con el planeta Marte. El trigrama que le corresponde es Li, el cual se ata al cadáver para ser quemado.

Son personas activas, entregadas a la acción y al discurso dinámico. Sin embargo, deben mantener un excelente dominio de sus emociones, ya que su ambición y su energía pueden intensificar su egoísmo y hacer de ellos personas desconsideradas e impacientes cuando no ven satisfechos sus deseos. Cuanto más se empeñe un nativo del fuego en lograr sus objetivos por la fuerza o la violencia, tanto más peligro y oposición encontrará.

Tienen todas las condiciones necesarias para ser ganadores del más elevado calibre, siempre que sean comprensivos con las opiniones ajenas y escuchen a todo el mundo antes de entrar en acción. Deben cultivar las cualidades de un buen oyente y saber dominar sus tendencias impulsivas. Entre estas personas hay muchas que tienden a ser demasiado francas para su propio bien.

Los nativos de fuego son pequeños y oscuros, con la nariz aguileña y las voces sibilantes. Debido a su carácter violento y de genio vivo, estos nativos no son personas con las que se pueda razonar. Son muy perceptivos y no les gustan los compromisos. Son generosos, cálidos e idealistas y se marcan altas metas para lograrlas a través de la ambición y barriendo todos los obstáculos que se puedan presentar. Otros atraen y magnetizan por su brillo, como mariposas atraídas a una llama. Estos nativos son los guerreros místicos con corazones calientes y solo los hipócritas y los mediocres los temen.

La tierra

El elemento tierra se simboliza por un cuadrado amarillo o por las cuatro patas de la tortuga cósmica. Es el centro de todas las cosas. Se conecta con el principio de la tarde, el tiempo de descanso y con los cuatro períodos intermedios entre las estaciones, así como con los cuatro puntos cardinales intermedios. Es una fuerza que está cristalizando y que trabaja lenta y poderosamente, estabilizando y concretizando las cosas. Sus cualidades son la fertilidad y la abundancia. Su virtud es el realismo, un sentido de lo concreto.

Su órgano es el bazo, su sabor es dulce y su planeta es Saturno. El trigrama correspondiente a la tierra es Khon, el receptivo.

Estas personas suelen estar preocupadas por aspiraciones funcionales y prácticas. Tienen excelentes poderes deductivos y les gustan las empresas sólidas y confiables en las que pueden canalizar su energía. Con su previsión y su capacidad organizativa, son eficaces en el planeamiento y la administración. Darán el mejor uso posible a los recursos de los que dispongan, son cautos y prudentes en los asuntos financieros, así como apegados al dinero. Son inteligentes y sumamente objetivos cuando se trata de dirigir a otros hacia la concreción de metas cuidadosamente planeadas.

Los nativos de tierra son rechonchos, con los miembros poderosos, sus rasgos son espesos y su voz es profunda y proviene del abdomen. Ellos son personas prácticas y piensan con sabiduría y prudencia. Son emprendedores, de manera seria y metódica, y capaces de organizar y dirigir negocios que requieran mano firme.

Como administradores son excelentes, buenos para reforzar o establecer una sólida base para cualquier empresa industrial, comercial o gubernamental. Son personas que verifican sus hallazgos y tienen razones seguras para todo lo que hacen. Si bien es posible que sean lentos para moverse, consiguen resultados buenos y perdurables.

Emprendedores y sutiles, pueden ser posesivos y egoístas y a veces están atados a las cosas materiales.

Les gusta tener una perspectiva adecuada de las cosas, y son conservadores por naturaleza. No exageran sus hallazgos o expectativas. Darán su opinión sin suavizarla, presentando un cuadro auténtico de la situación, sin modificaciones ni adornos. Sus defectos más comunes serán la falta de imaginación, el exceso de preocupación por sus intereses y su enfoque tímido de la vida.

El metal

El elemento metal se representa por un estoque o la punta de la espada de Manjusri, que surge del lado izquierdo de la tortuga. Corresponde a la tarde, su dirección es el Oeste y su estación es el otoño. Tiene todas las características de una hoja: la frialdad, sequedad, pureza de claridad, firmeza y agudeza. Es un símbolo de integridad y justicia y corta con la resolución, pero cuando es rígido, se pone destructivo e impide el progreso.

Las personas nacidas en los años del metal serán de expresión tan rígida y resuelta como lo permita su propio signo particular. Están guiadas por fuertes sentimientos, y perseguirán sus objetivos con intensidad y escasa vacilación. Sostenidos por sus ambiciones, son capaces de prolongados esfuerzos para obtener lo que quieren.

Su órgano es el pulmón, su sabor es agrio, su color es blanco y su planeta es Venus. Este elemento se asocia con el trigrama Dha, el jubiloso, esto puede parecer que se contradice con lo enunciado previamente, pero el metal tiene dos aspectos: aunque rígido y cortante como un ideal de justicia, es no obstante un elemento magnético y jubiloso, dibujado por los deleites terrenales; y en este sentido simboliza sexualidad y placer.

Una vez que tienen algo decidido, estas personas no se dejan conmover ni influir fácilmente para cambiar de curso, ni siquiera por las dificultades, desventajas y fracasos iniciales.

Prefieren ordenar y resolver solos sus problemas, y no aprecian las interferencias ni la ayuda que no han solicitado. Planean su propio destino, despejan solos su camino y visualizan sus objetivos sin ayuda exterior.

Tienen un fuerte instinto monetario y de acumulación, y se valdrán de estos rasgos para sustentar su espíritu independiente y su definido gusto por el lujo, la opulencia y el poder.

Las personas nacidas bajo el elemento metal tienen un fuerte y bien proporcionado cuerpo, la voz es nasal y el cutis claro. Son intelectuales, aficionados a las novedades y la justicia, siguen sus objetivos resueltamente sin tolerar cualquier interferencia en su negocio, son por consiguiente unos individualistas fuertes. Sin embargo, se debaten constantemente entre su ideal moral y su atadura a los placeres de la carne, y se protegen en una actitud rígida para enmascarar sus contradicciones y su inestabilidad.

Para ser totalmente eficaces deben aprender a transigir y a no insistir continuamente en salirse siempre con la suya. Es frecuente que sean inflexibles y porfiados, y que sean capaces de romper una buena relación porque los otros no prestan atención a sus deseos o no se conforman de buen grado a su voluntad. Están muy orientadas hacia el éxito.

El agua

El elemento agua se simboliza por las olas o por la orina de la tortuga cósmica. Se asocia con el Norte, el frío de invierno y la noche. Es considerado más normalmente por lo que se refiere a su aspecto frío que por su fertilidad, otro atributo que frecuentemente se asocia con él. El agua es el principio de humedad penetrante, la cesación total de actividad. La pasividad y la ausencia de primacía de pasión para calmar y recibir. El agua también simboliza lo oculto, que está en clama pero es potencialmente rica, el apoyo que es necesario antes de empezar de nuevo.

Las personas nacidas en un año cuyo elemento sea el agua tienen mayor capacidad que la habitual para comunicarse y para promover sus ideas influyendo sobre el pensamiento de los demás. La mente de las demás personas les sirve de recipiente y les ayuda a traducir en acción positiva sus proyectos creativos. Están regidas básicamente por vibraciones de simpatía, y transmiten sus sentimientos y emociones en el grado mayor que les permita su animal natal.

Sus colores son el azul oscuro y el negro, su sabor es salado y su órgano es el riñón, el regulador de los fluidos corporales. Se asocia con la Luna y Mercurio, y su trigrama es Kham, el insondable.

Tienen la cualidad de percibir las cosas que han de llegar a ser importantes, y pueden estimar con precisión los potenciales futuros. Estimulan y utilizan los talentos y recursos de otras personas para poner las cosas en la órbita que ellos desean. Sin embargo, saben ser discretos en su persistencia, y nunca harán sentir a los demás que les imponen su voluntad. Como son gente que prefiere infiltrarse a dominar, saben cómo, cuándo y a quién recurrir por un problema determinado. Tienen el talento de hacer que los demás deseen lo que ellos desean, con lo cual logran sus objetivos de manera segura, aunque indirecta. Les gusta poner a los demás en movimiento, no empujarlos.

Los nativos de agua corresponden al temperamento linfático. Sus cuerpos son redondos y engordan, su piel es suave y su cutis es oscuro. Sus labios son espesos, sus caras son redondas y sus bocas se entreabren. Sus maneras afables y fáciles hacen que sea fácil la comunicación con ellos.

Debido a su actitud de alerta y a su flexibilidad básica son fluidos, como su elemento. En sus aspectos negativos, son personas que tienden a ser en exceso conciliatorias y que tomarán siempre el camino más fácil. En los casos peores, serán inconstantes y pasivas y tenderán demasiado a buscar apoyo en los demás, actitud con la cual sabotean su capacidad básica para el cumplimiento de metas. Para tener éxito deben hacerse valer más y usar su enorme poder de persuasión para convertir en realidad sus planes. Y los demás harían bien en dejarse guiar por sus intuiciones.

Son pacientes y plácidos, dispuestos a escuchar a otros; ellos son los confidentes, mientras dan consejos sabios, guiados por una intuición sólida. Aunque ellos son tímidos y temerosos, su paciencia y adaptabilidad les permiten tener la resistencia suficiente para superar los obstáculos. En exceso, la calma que caracteriza el Agua puede volverse ociosidad y laxidad. Su franqueza los hace fácilmente influenciables y dependientes.

RELACIÓN ENTRE LOS ELEMENTOS

Entre los cinco elementos se pueden establecer cuatro relaciones diferentes, es decir, cada elemento se relaciona con los cuatro restantes. Estas relaciones son: madre, hijo, amigo y enemigo.

Cada relación tiene su ciclo. En el ciclo hijo, la madera da origen al fuego, este da origen a la tierra, la tierra al metal, el metal al agua y el agua a la madera cerrando el ciclo. Lógicamente la relación hijo es que el elemento que es el hijo le da muy poco a la madre y en cambio siempre está pidiendo.

En la relación madre tendremos que la madre de la madera es el agua, la madre del agua es el metal, la madre del metal es la tierra, la madre de la tierra es el fuego y la madre del fuego es la madera. En esta relación la madre siempre está dispuesta a sacrificarse por su hijo sin pedir nada a cambio.

En la relación amigo tendremos que el amigo de la madera es la tierra, el amigo de la tierra es el agua, el amigo del agua es el fuego, el amigo del fuego es el metal y el amigo del metal es la madera. En esta relación el amigo es el que ayuda sin haber un vínculo fuerte y sin un compromiso profundo.

En la relación enemigo tendremos que el enemigo de la madera es el metal, el enemigo del metal es el fuego, el enemigo del fuego es el agua, el enemigo del agua es la tierra y el enemigo de la tierra es la madera. Es esta relación tenemos una especie de destrucción del elemento desde el otro elemento, por ejemplo, el agua apaga el fuego, el metal corta la madera, etc.

En el cuadro resumen (figura 1-3) podemos ver la relación entre elementos. De derecha a izquierda tenemos la relación madre, es decir, la madre del agua es el metal; de izquierda a derecha tenemos la relación hijo, es decir, el hijo de la madera es el fuego, y así sucesivamente. Hay que tener en cuenta que al llegar al final de la derecha o izquierda, tenemos que conectar con el primer elemento, es decir, el hijo del agua es la madera y la madre de la madera es agua. En la columna vertical, tenemos de arriba hacia abajo la relación enemigo; es decir, el metal es el enemigo de la madera, y desde abajo hacia arriba tenemos la relación amigo, es decir, el fuego es amigo del agua, el agua es amigo de la tierra, etc. Siguiendo la relación, el metal es el enemigo del fuego porque lo derrite, y el fuego es amigo del metal porque uno de sus fines es derretir los metales.

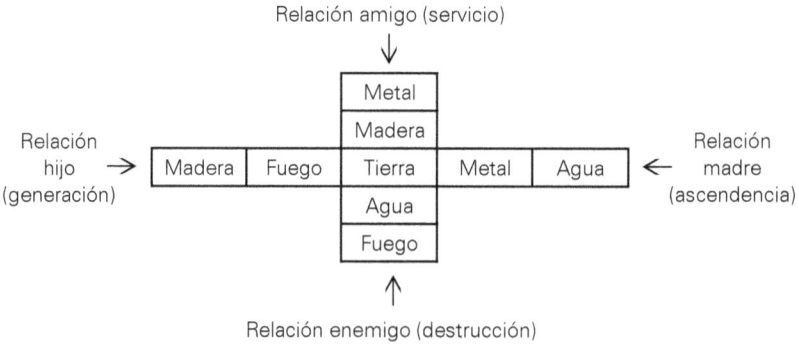

FIG. 1-3

La figura 1-4 nos muestra a modo de resumen las relaciones entre los cinco elementos de la astrología tibetana.

Elemento →	MADERA	FUEGO	TIERRA	METAL	AGUA
MADRE	Agua	Madera	Fuego	Tierra	Metal
HIJO	Fuego	Tierra	Metal	Agua	Madera
AMIGO	Tierra	Metal	Agua	Madera	Fuego
ENEMIGO	Metal	Agua	Madera	Fuego	Tierra

FIG. 1-4

Si colocamos en los dedos de la mano izquierda los cinco elementos en la disposición de la figura 1-5, podremos ver la relación hijo empezando por el dedo pulgar con dirección al meñique, y cuando lleguemos a este volvemos al pulgar por la palma de la mano, así tendremos madera, fuego, tierra, metal, agua y madera.

Si empezamos por el meñique en dirección al pulgar tendremos la relación **madre**, es decir, la madre del agua es metal y así hasta llegar al pulgar recorriendo la palma de la mano izquierda para volver al meñique. Así tendremos agua, metal, tierra, fuego, madera y recorriendo la palma de la mano otra vez agua.

Para encontrar la relación **enemigo** (entendiendo la palabra como «abusas de mí») es un poco más complejo. Si empezamos por el pulgar (la madera), la dirección es hacia el meñique, pero saltando dos dedos, el tercer dedo será el enemigo de la madera, que en este caso es el metal (dedo anular). Para saber el enemigo del metal haremos lo mismo: contamos hacia el meñique uno, el pulgar dos y el tercero será el índice, o sea, el fuego; así tendremos madera, metal, fuego, agua, tierra y otra vez madera.

Para encontrar la relación **amigo**, el sentido es igualmente desde el pulgar al meñique, pero solo saltando un dedo cada vez; es decir, si empezamos por el pulgar (madera), saltamos el índice y llegamos al medio, que es la tierra. Si queremos saber el amigo de la tierra, saltamos el anular y nos encontramos con el agua, así tendremos, madera, tierra, agua, fuego, metal, y otra vez madera cerrando el ciclo.

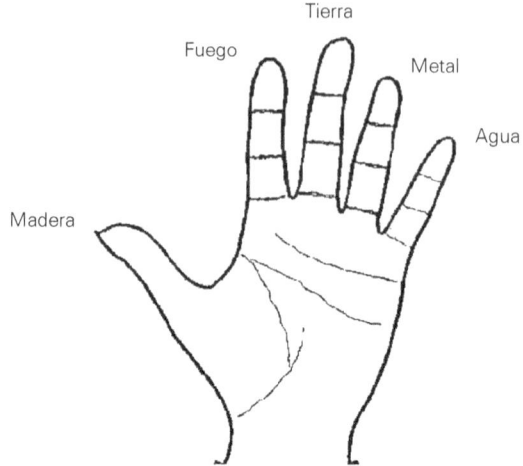

FIG. 1-5

Elemento	ÓRGANO BÁSICO	ÓRGANO ALTERN.	SÍMBOLO	ESTACIÓN	COLOR	PLANETA	DIRECC.
MADERA	Hígado	Nervios y músculos	Rectángulo	Primavera	Verde	Júpiter	Este
FUEGO	Corazón	Calor	Triángulo	Verano	Rojo	Sol Marte	Sur
TIERRA	Bazo	Carne	Cuadrado	Estaciones intermedias	Amarillo	Saturno	Entre cardinales
METAL	Pulmones	Huesos	Semicírculo	Otoño	Blanco	Venus	Oeste
AGUA	Riñones	Sangre	Círculo	Invierno	Azul Negro	Luna Mercurio	Norte

FIG. 1-6

En la figura 1-6 podemos ver las asociaciones de los cinco elementos con las diferentes partes del cuerpo, colores, formas, etc.

GRADOS DE AFINIDAD ENTRE ELEMENTOS

Vamos a conocer el grado de afinidad entre elementos, para ello utilizaremos el sistema de valoración tibetano, que es:

000 Excelente   0X Neutro
00   Muy bueno   X   Malo
0   Bueno   XX Muy malo

Consultaremos la figura 1-7 para hallar la relación entre todos los elementos. Supongamos que queremos analizar si nuestro elemento natal es afín al de otra persona, puede ser que los dos tengan el mismo elemento o que sea la madre o el enemigo. Siempre la comparación se ha de realizar en un sentido, pues si tenemos el elemento fuego, una persona con el elemento agua será nuestro amigo. Pero si tenemos el elemento agua y la otra persona es fuego, será nuestro enemigo. Parece contradictorio el hecho de que si yo soy tu amigo tú seas mi enemigo, pero en astrología tibetana es así. Por ejemplo, la madera es amiga del metal, pero el metal destruye la madera.

ELEMENTO COMP./ ELEMENTO NATAL	RELACIÓN	GRADO DE ARMONÍA	SÍMBOLO TIBETANO
Tierra/Metal Metal/Agua Agua/Madera Madera/Fuego Fuego/Tierra	Madre	Excelente	000
Tierra/Madera Madera/Metal Metal/Fuego Fuego/Agua Agua/Tierra	Amigo	Muy bueno	00
Tierra/Tierra Agua/Agua	Elementos iguales	Bueno	0
Tierra/Fuego Fuego/Madera Madera/Agua Agua/Metal Metal/Tierra	Hijo	Neutro	0X
Fuego/Fuego Metal/Metal Madera/Madera	Elementos iguales	Malo	X
Tierra/Agua Agua/Fuego Fuego/Metal Metal/Madera Madera/Tierra	Enemigos	Muy malo	XX

FIG. 1-7

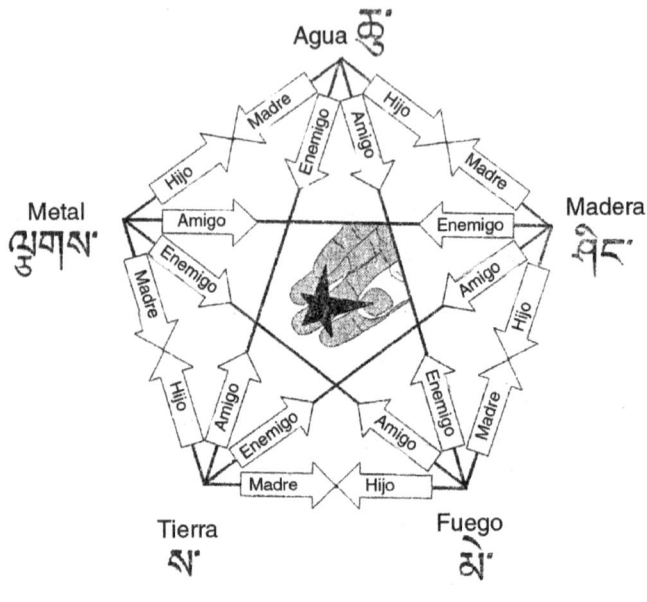

FIG. 1-8

Para entender mejor la relación entre los elementos nos podemos ayudar de la figura 1-8, situándonos en el elemento del que queremos saber la relación y dirigiéndonos al otro elemento. Por ejemplo, si queremos saber la relación fuego/agua, nos vamos al agua y vemos que la flecha dirección fuego indica amigo, por tanto será una relación buena.

Pongamos otro ejemplo: una persona nacida en un año de fuego quiere saber la relación con el año 2008 de tierra. Nos vamos al fuego y vemos que la flecha que se dirige a la tierra es su hijo.

Hay que tener muy clara la relación entre elementos, pues a partir de este momento será fundamental para todo el análisis y desarrollo de la astrología *byung-rtsis* (astrología de los elementos). Siempre nuestro año natal (compuesto por un elemento-animal, *mewa* y *parkha*) es el receptor de las energías que van moviéndose cíclicamente a nuestro alrededor. Por ejemplo: si la energía de este año es la madre de mi elemento natal, la relación será 000. Si es el hijo, la relación será 0X. Si es el amigo será 00 y si es el enemigo de mi elemento natal será XX. Si la energía es la misma en el caso de tierra/tierra y agua/agua la relación será de 0 y si la relación es entre fuego/fuego, metal/metal o madera/madera, la relación será X (figura 1-7).

LOS DOCE ANIMALES

En la astrología tibetana, los doce animales son utilizados para designar los años, meses, días y horas. Antiguamente en China se utilizaban doce divisiones.

Para determinar el ciclo de doce años, posteriormente estas doce divisiones se transformaron en los doce animales, los tibetanos nunca llegaron a utilizar las doce divisiones.

Los doce animales son rata (*chi*), buey (*lang*), tigre (*tak*), conejo (*yö*), dragón (*drug*), serpiente (*trül*), caballo (*ta*), oveja (*luk*), mono (*tre*), pájaro (*ja*), perro (*khyi*) y cerdo (*phak*).

Cada animal se asocia a un elemento que representa su fuerza de vida. El tigre y el conejo son madera. El caballo y la serpiente son fuego. El mono y el pájaro son metal. El cerdo y la rata son agua. El buey, el dragón, la oveja y el perro se asocian al elemento tierra.

También en la tortuga cósmica podemos observar que cada animal tiene su dirección. Cada punto cardinal tiene dos animales asociados y los puntos intermedios uno. Al Este están el tigre y el conejo. El dragón en el Sureste. En el Sur están la serpiente y el caballo. En el Suroeste está la oveja. En el Oeste están el mono y el pájaro. En el Noroeste está el perro. En el Norte están el cerdo y la rata. En el Noreste está el buey.

Cada animal tiene su propio sexo. Se consideran activos (+) el tigre, el dragón, la serpiente, el caballo, la oveja y el pájaro. Se consideran pasivos (–) la rata, el buey, el conejo, el perro y el cerdo. Al mono se le considera activo y pasivo. La polaridad de cada animal corresponde al simbolismo y arrastra su carácter psicológico.

Esta polaridad no es la misma en la astrología elemental, esta es diferente en algunos animales ya que hay una alternancia; en chino serían yang o ying, reuniendo los principios de activo (yang) y pasivo (ying). Los animales activos (+) son la rata, el tigre, el dragón, el caballo, el mono y el perro. Los animales pasivos (-) son el buey, el conejo, la serpiente, la oveja, el pájaro y el cerdo.

La rata (1936, 1948, 1960, 1972, 1984, 1996, 2008, 2020)

Su elemento asociado (fuerza de vida) es el agua, su dirección el Norte y su polaridad activa (+).

La rata es tranquila. No es muy amistosa, no le gusta mucho salir de su casa y tiene tendencia a la estabilidad. No es áspera. Aunque ella hace bien a otros, los otros no parecen responderle en su medida. A primera vista, es abierta y relajada en apariencia, pero su interior es muy fuerte y crítico. Muy expresiva, la rata dice lo que piensa. Es amable, pero no generosa. Pierde grandes oportunidades y aprovecha las pequeñas. La rata es un buscador incansable.

Es astuta, ambiciosa, inteligente, perseverante, visionaria, hábil, elegante, confiada y agresiva. Las ratas son animales inteligentes. Saben salir de los problemas de manera muy airosa, aunque se metan en ellos continuamente. Son astutas: manejan a su antojo ciertas situaciones. Son agresivas: quieren alcanzar sus metas de forma rápida, quieren llegar al final aunque tengan que sufrir y hacer sufrir a los demás. Tienen una percepción profunda de las personas y de las oportunidades que se les presentan.

Con esto, muchos no las entenderán. Es posible que en el trabajo, los colaboradores inmediatos tengan que tragar rabia e impotencia porque no pueden seguir su ritmo. Aunque no es su intención, pueden crear muchos enemigos. Siempre buscarán llegar muy lejos: alcanzar los puestos más altos de su empresa. No quieren que nada las detenga: ni siquiera los escrúpulos morales o de compañerismo. Su éxito está por encima de todo.

El dinero es un factor muy importante en sus vidas: todo lo convertirán en dinero, hasta sus creaciones artísticas, ya que también tienen tendencias hacia la creación.

Y fuera del trabajo, con los amigos, también es posible encontrar incomprensiones por esta agresividad.

Las ratas nacidas en verano son aún más agresivas, pero tienen tendencia a vivir felizmente y sin problemas. Son animales encantadores que atraerán a los demás hacia su lado y convencerán fácilmente con sus palabras.

Las ratas de invierno están preocupadas por el mañana y por el sustento, tal vez con tendencias a la gula.

A ambas, el amor por el lujo las convierte en algo vulnerables.

En el amor hacia otras personas, las ratas no tienen problemas en demostrar afecto, aunque son más pasionales que sentimentales. Si la otra persona no corresponde, tratarán de conseguir su amor por los más diversos medios. Son elegantes, atractivas y encantadoras.

El buey (1937, 1949, 1961, 1973, 1985, 1997, 2009, 2021)

Su elemento asociado (fuerza de vida) es la tierra, su dirección es el Noreste y su polaridad pasiva (–).

El buey es una persona difícil. Para el buey es duro tener que ir a trabajar y no es obediente. Le gusta dormir. Exhibe a menudo mala conducta. Es difícil hacerlo cambiar de pensamiento, es a menudo una persona agradable. Sin embargo su eslogan es: «¡No me líes!». Es muy lento y no se preocupa demasiado si las cosas son satisfactorias o no. El buey lo pospone todo. Posee un buen temperamento. Le gusta mucho comer y dormir.

Cómodo, respetable, tranquilo, sensual, paciente, bondadoso, constructor y confidente. Es el solitario de los signos. A pesar de que ante los demás parece conservador, en el fondo vive a su manera. Su sensibilidad está ligada a la materialidad y el trabajo. Los bueyes son animales pacientes y tranquilos. Aman el trabajo aunque no lo suficiente para estar todo el día en ello. Disfrutan de su tiempo libre y encuentran siempre algo con lo que agradar su existencia.

Suelen ser seres que infunden respeto y con cierto interés en las conversaciones, que suelen ser tranquilas y cómodas, ya que el buey gusta de la charla. Sin embargo nunca quiere entrar en polémica y prefiere dar la razón, antes que llevarse un disgusto por una discusión. No le importa ser el que cede en la mayor parte de las situaciones, aunque es posible que algún día se canse y sorprenda a todos con una mala actitud.

En el nivel emocional, el buey es lento e ingenuo y su fidelidad puede resistir cualquier prueba. Pero si se ha sentido engañado puede jugar sucio. Odia meterse en problemas y siempre preferirá un trabajo cómodo, estable y seguro, aunque peor pagado que uno mejor pagado pero que le produzca estrés y nervios. En el trabajo le gusta terminar las cosas con tiempo y prefiere quedarse, antes que dejar las cosas a medias. Confía en sí mismo y es posible que por su cabezonería encuentre más de una resistencia por parte de superiores o compañeros. Aunque no le gusta discutir, sí le gusta mandar y que le obedezcan, por lo que es posible que veamos a algún buey en puestos de mando. Serán jefes afables y fáciles de tratar si no se les lleva la contraria.

Por fuera, el buey parece áspero, hosco y reservado. Cuando no entiende algo o se siente insatisfecho, se pone rígido, autoritario, convencional y resistente al cambio. Aunque naturalmente paciente, no debe empujarse, porque entonces despliega un enojo terrible que vuelca todo en su camino. En la adversidad, el buey es imparcial pero al mismo tiempo no cambia a su mente fácilmente. Es obstinado y tradicionalista, materialista e impasible, y no puede persuadirse de otra manera que por su propia arma, la lógica. Fuera del trabajo, suelen ser sensibles y cariñosos y tratan de no hacer daño a la persona con la que conviven. Mientras al buey le dejen hacer lo que tenga que hacer y nadie meta las narices en sus asuntos, la convivencia irá sobre ruedas.

En cuanto al matrimonio, pueden ser personas muy celosas, por lo que habrá que andarse con cuidado para no enturbiar la paz. Por ser totalmente fieles le exigen lo mismo a su pareja. En el amor son dulces, amantes, serenos y sensuales, mucho más las mujeres que los hombres. Estos pueden entender de forma ocasional los deseos de su pareja.

La convivencia con el buey es en general buena, si se piensa que todo lo que él emprende lo hace con la mejor intención y que suelen conducirle los buenos sentimientos.

El tigre (1938, 1950, 1962, 1974, 1986, 1998, 2010, 2022)

Su elemento asociado (fuerza de vida) es la madera, su dirección el Este y su polaridad activa (+).

El tigre es valiente, activo y luminoso. Siempre orgulloso y fiel a los parientes íntimos, tiende a tener una conducta áspera y a ser hablador. Le gusta mucho pensar. Le gusta el juego con dinero y puede ser un buen negociante.

Idealistas, cazadores, orgullosos, entusiastas, vanidosos, osados, tozudos, enérgicos, aventureros y valientes. Pueden arrastrar a las multitudes con su energía, o ganarse grandes enemigos. El tigre es un animal que se hace respetar y en general mantiene las distancias. Es posible que se deje mimar por alguien muy cercano, pero normalmente mantiene las distancias y las otras personas no suelen sentir más sentimientos hacia él que la admiración, el miedo, el respeto o incluso la envidia.

A ellos les encanta todo lo que implique un movimiento. No suelen permanecer parados, esperando que la vida transcurra ante sus ojos; actúan y lo hacen buscando valientemente el camino más recto que les lleve hasta sus metas. No les importa cómo, más bien les importa la rapidez. Los demás suelen mirarlos con admiración, aunque más bien es por su apariencia o su forma de ser. Tienen una personalidad muy atrayente, con la que le es fácil la comunicación verbal con los demás y sobre todo les hace aptos para el liderazgo y el éxito. Les gusta participar en todo lo que implique acción. Se apuntan a liderar cualquier movimiento social, político o del tipo que sea, con tal de que se les permita mostrarse en público y demostrar su valía. Les gusta ser admirados.

El tigre elige profesiones de riesgo. No opta por trabajos tranquilos de oficina o por trabajos de detalle que requieran muchas horas antes de ver un resultado final. Le gusta salir a la calle, le gusta hablar con la gente, le encanta crear y le encanta inventar. Todo lo que sea movimiento, evolución. Quiere ver resultados. Los hay ingenieros, deportistas, militares, empresarios y políticos.

Defenderán sus ideas siempre que encuentren ocasión, por lo que también serán líderes de movimientos sociales. Lo que odian del mundo lo gritarán y tratarán de mejorarlo. No soportan la injusticia, ni tampoco los que luchan en contra de sus ideales.

Su capacidad para la lucha es lo que hace al tigre cabezota e incansable hasta cansar a los demás. Es posible que en el amor, esto sea una auténtica virtud que le hace maravilloso ante los ojos de su pareja. En la intimidad los tigres insisten para conseguir sus caprichos. Sin embargo, tan pronto aman como dejan de amar. Es posible que sus caprichos cabezotas cambien de la noche a la mañana. Por ello, y porque aman el riesgo y la aventura, tienen tendencia hacia la infidelidad.

La mujer de este signo puede ser infeliz en el amor si sigue demasiado los impulsos de su corazón. Buscan siempre mejorar en el amor y si encuentran a alguien mejor, pueden romper por ese motivo. En la amistad olvidan fácilmente las discusiones. No son rencorosos.

Los tigres nacidos por la noche serán más alegres y tendrán más equilibrio emocional que los nacidos durante el día (tendencia al nerviosismo).

El conejo (1939, 1951, 1963, 1975, 1987, 1999, 2011, 2023)

Su elemento asociado (fuerza de vida) es la madera, su dirección el Este y su polaridad pasiva (-).

«Simplemente soy para mí». El conejo es independiente, y no necesita o pide a otros su ayuda. «Yo puedo sobrevivir. Hay mucha oportunidad en el mundo para disfrutar. Yo estoy satisfecho con eso». Tiende a ser indirecto, desviado y posiblemente deshonesto, pero siempre hábil. Es tacaño, pero sonríe y es generoso en un primer momento. Las posibles enfermedades pueden ser del estómago y la vesícula.

Detesta el tumulto y la acción vertiginosa. Le encanta crear pero le faltan los medios para hacerlo, y aprovecha al máximo la originalidad de los demás. El conejo es modelo de calma, virtud, y prudencia. Se les ama por su elegancia, sus buenos modales y su bondad. Comprensivos, habladores, agradables, sensibles, bondadosos, perseverantes, cariñosos, tranquilos.

El conejo tiene tendencia a preocuparse por los demás, por el mundo, y poco por sí mismo. Los problemas de los demás pueden darle muchas preocupaciones, ya que tratará de ayudarlos siempre que pueda. Tiene tendencias bondadosas, hacia la solidaridad.

Cuando ve un anuncio sobre los problemas del mundo tiene propensión a desear enviar dinero o hacer algo para cambiar el mundo, aunque muy pocas veces toma una iniciativa de este tipo. Suele plantearse las cosas más de dos veces y toma decisiones muy de vez en cuando.

La tranquilidad con que viven es solo aparente porque sus preocupaciones a veces rallan lo inaudito. Es posible verlos tristes por motivos desconocidos, que querrán compartir con el primero que esté dispuesto a escuchar. Les gusta mucho hablar y lo hacen bien. Con algo de preparación el conejo puede ser un magnífico orador o realizar trabajos que impliquen conversaciones delicadas y comprensivas con los demás (diplomacia, venta, política, periodismo). Son magníficos en la interpretación de otros roles, porque son capaces de sentir de muy diversas maneras. Pueden emocionarse con las emociones de los demás, con la sola lectura de un libro se pueden identificar con sus personajes o también la visión de una película puede hacerles vivir emociones diversas.

Es por eso que resultan muy buenos consejeros. Sus amigos apreciarán su sensibilidad a la hora de aconsejar o simplemente escuchar los problemas. En el amor deben tener cuidado ya que tienen tendencia a esperar demasiado de los demás, con lo que es posible que idealicen a su pareja, con la consiguiente decepción y posterior ruptura. Por eso, los conejos deberán pensarse muy bien el matrimonio como algo estable y para siempre. Buscar los defectos en los demás y aceptarlos como algo real e inevitable. Odian la intrusión en su vida privada.

Son cabezotas y suelen guardar rencor a las personas que les han hecho ver su error. Por eso deberán estar alerta para aceptar todos los males de este mundo, incluidos los errores humanos y sobre todo los propios. Son muy sensibles a las críticas.

Desean ser felices, vivir en armonía y lograr la paz espiritual. Es posible que su búsqueda desesperada de estos valores idealistas se vea frustrada y se refugie en elementos de evasión. Su problema fundamental es la falta de sentido de la realidad.

Es solo la otra cara de la moneda: son seres llenos de bondad, deseosos de dar y recibir cariño.

A pesar de todo, son capaces de superar las dificultades como ningún otro signo, ya que están acostumbrados a sentir decepciones y frustraciones.

El dragón (1928, 1940, 1952, 1964, 1976, 1988, 2000, 2012, 2024)

Su elemento asociado (fuerza de vida) es la tierra, su dirección Sureste y su polaridad activa (+).

El dragón ni es bravo ni activo, pero es bueno. Nunca hace malas acciones. «Yo no soy muy poderoso, pero nadie me daña». No suele hacer muchos esfuerzos, pero tampoco aplaza las cosas. Cuando ha llegado el momento, hace lo que debe. El dragón tiene un temperamento fuerte, pero una buena disposición. Es hablador y escucha cuando otros hablan. Él tiene el problema de que se contiene a sí mismo. Tiene menos enfermedades que otros signos pero si enferma, puede ser serio.

Imaginativo, avispado, impredecible, ingenioso, inteligente, infiel y diferente. Es el loco del zodíaco tibetano. Un monstruo surgido de la fantasía que solo se siente a gusto sorprendiendo al mundo. Es capaz de convencer a cualquiera de sus ideas. Pero es posible que se sienta solo algunas veces.

Es difícil entender al dragón. Razona de tal manera las cosas que puede dar vueltas a cualquier tradición aceptada por todos… menos por él. Es capaz de convencer a cualquiera que sea un poco inteligente, pero le costará hacerse entender si su auditorio tiene una capacidad intelectual normal. Por eso es posible que se sienta solo algunas veces.

También el dragón disfruta de su condición diferente y a veces se escuda en ella para huir de muchos compromisos sociales. Los que le conocen se lo pueden pasar muy bien con él, ya que es imprevisible y nunca sabrán qué será lo próximo que diga o haga. Son independientes y procuran no necesitar a nadie en el trabajo. Por eso se les verá iniciando su propio negocio e impulsándolo con ideas imaginativas y novedosas.

Aunque no se lo digan, el dragón sabrá que siempre tiene la razón y que aunque se equivoque, habrá sido un experimento fallido, necesario en la rueda de la evolución hacia una perfección mayor, y que le servirá para no volverse a equivocar nunca más.

El dragón, por lo que hace y por lo que dice, dará la sensación a los demás de que es de otra dimensión, posiblemente de una dimensión superior al hombre. De ahí que unos lo admirarán y se someterán a sus órdenes, otros lo odiarán y procurarán tenderle zancadillas para verle caer, mientras que otros le observarán como un bicho raro, más bien desde lejos y sin acercarse. Mientras que los demás no saben muy bien cómo comportarse con el dragón, algunos dragones han aprendido, desde su inteligencia, a actuar de muy diversas formas, para adaptarse a los demás. Esta habilidad no la tienen todos los dragones. Más bien, la mayoría tiende a ser tal y como es, pensando que forzar su forma de ser es un gasto de energía inútil y pensando también que los que tienen que adaptarse son los demás y no ellos.

Aunque el dragón es inteligente es posible que no se dé cuenta de muchas cosas que están en un plano humano, como las segundas intenciones, los dobles sentidos y todas aquellas actitudes humanas tendentes al engaño y a la maldad. Por eso, los dragones pueden sufrir malos momentos en su relación con los demás.

A la mayor parte de los dragones les gusta la belleza en su pareja y suelen estar poco tiempo enamorados, si es que alguna vez se enamoran. En seguida encuentran otra pareja con la que disfrutar de otros breves momentos. Solo una pareja también ingeniosa e inteligente como el dragón será capaz de atraparle. Aunque el dragón tendrá siempre tendencia a buscar otras compañías. Tanto el hombre como la mujer tienen el mismo éxito en sus aventuras amorosas. No son celosos, porque nunca han tenido ocasión de estarlo. Y si su pareja les es infiel, se lo toman con filosofía, ya que no suelen enamorarse hasta extremos viscerales.

Buscan en su pareja conocimiento, experiencias nuevas para almacenar y en cuanto esta ya no ofrece nada nuevo, buscan a otra persona. Malo, cuando empiezan a aburrirse con su pareja.

Dan mucha más importancia a su profesión, por lo que la pareja deberá saber esperar y comprender.

La serpiente (1929, 1941, 1953, 1965, 1977, 1989, 2001, 2013, 2025)

Su elemento asociado (fuerza de vida) es el fuego, su dirección es el Sur y su polaridad pasiva (-).

La serpiente tiene mal genio, y siempre está quemando su propio flujo mental. Sin embargo, tiene un corazón bueno y es muy optimista o de mente avanzada. Aun cuando otros tienen celos de ella, nadie tiene poder para dominarla. Puede, sin embargo, destruirse a sí misma. Tienen un carácter algo áspero, y puede ser mala. Una vez ha tomado una decisión no la cambiará. Tiene tendencia a las enfermedades del estómago y del hígado.

Sensitiva, tentadora, clarividente, astuta, sabia, seductora, posesiva, desconfiada, afortunada y materialista. La serpiente tiene una notable tendencia hacia el aprovechamiento de facultades paranormales o psíquicas. El comúnmente llamado sexto sentido hace que las serpientes presientan los peligros y se aventuren a veces a ciegas con nuevos proyectos, simplemente porque han «sentido un presentimiento».

La serpiente es sensitiva. Percibe más allá de las emociones humanas y es capaz de desentrañar difíciles motivos para los actos humanos. Así encontramos psicólogos, psiquiatras, videntes y parapsicólogos entre muchos de los nacidos en el año de la serpiente. También son aptos para profesiones que requieren un alto grado de comprensión humana (profesores, actores, artistas…).

La serpiente sabrá ayudar a quien lo necesite, si este solo pide consejo. Mientras no le afecte a su economía, la serpiente se puede desvivir en consejos. Tiene tendencias al materialismo, pero si se contiene, logra no ser avara, aunque le cuesta ser generosa. Tiene tendencia a ahorrar más de la cuenta y luego a no saber qué hacer con el dinero, porque solo pensar en el gasto puede producirle preocupaciones inquietantes. Sin embargo le gusta jugar y no le importa apostar en algunos juegos, ya que la suerte suele estar de su parte.

En el amor es posesiva y no soportaría que su pareja la engañara. Tal vez por eso las serpientes son tan celosas. Sin embargo, son coquetas. Las mujeres se adornan y desean gustar a los demás (incluida su pareja, si es posible) y a los hombres les preocupa su aspecto físico y su ropa. Por eso, se puede ver a las serpientes indecisas entre dos parejas y pueden ser infieles en cualquier momento, aunque es posible ver a las serpientes intentando establecer vínculos no tradicionales con su pareja, en una especie de pacto: salimos juntos, pero también podemos salir con otras personas.

Les gusta tener todo en su sitio y también dejarse llevar por el control de otra persona, de manera apacible. Son tranquilas y no les gustará una vida llena de sobresaltos y sorpresas diarias. Son benevolentes consigo mismas, pero demuestran más dureza a la hora de exigir a los demás. La buena convivencia con ellas deberá pasar por reconocer que ni ellas mismas son perfectas.

Las serpientes aman el lujo, los adornos y rodearse de belleza. Por esto, es posible que muchas serpientes busquen en su pareja ese estatus económico, o lo busquen en una subida rápida de dinero, mediante el juego o la inversión arriesgada. Su tendencia hacia la buena suerte puede confundirlos y perjudicarles si no dejan ciertas prácticas para ganar dinero rápido que podrían arruinarles.

El caballo (1930, 1942, 1954, 1966, 1978, 1990, 2002, 2014, 2026)

Su elemento asociado (fuerza de vida) es el fuego, su dirección el Sur y su polaridad activa (+).

El caballo tiene poder milagroso y es capaz de realizar grandes esfuerzos. Aunque sus enemigos lo cacen, él no se sentirá derrotado. Su segunda mitad de la vida será mejor que su juventud. Escucha a los demás. Le gustan los caballos. Le gusta caminar rápido y disfruta jugando. Tiene un carácter sacrificado y siempre ayuda al prójimo. Necesita dormir poco. Su vida tiene muchos altos y bajos.

Irreflexivo, intrépido, impulsivo, amable, elocuente, pasional, dominante y artista. Ante el fracaso se desarma por completo y tiene tendencia a exagerar en sus pasiones. Su mente no es tan rápida como su lengua y deberá cuidarse.

El caballo es irreflexivo ya que se lanza hacia sus objetivos sin darle más vueltas. Parece como si nunca hubiera tropezado en su vida, ya que es capaz de estrellarse de vez en cuando y no por eso perder su ansia de éxito y su ímpetu para conseguirlo.

Son más bien simpáticos. Tienen tendencia a hablar desde el corazón y no piensan mucho lo que dicen. El caballo es el que en una fiesta cuenta los chistes, hace reír a todos, aunque tenga que meterse con los defectos de alguno de los presentes. Las miradas asesinas de los demás son algo que no le preocupa ya que solo tiene tiempo de mirarse a sí mismo y cumplir con sus objetivos. A pesar de eso, no actúa con mala intención, más bien sus actos son producto de la falta de responsabilidad, y si se da cuenta de sus errores, es capaz de pedir perdón y arrepentirse de verdad como un niño.

Les gusta ser independientes, por lo que si en su trabajo tienen que aguantar a un jefe, lo llevarán muy mal. Odiarán las órdenes de personas que consideran de peor categoría que ellos, aunque estas tengan cargos superiores. Por eso, el caballo estará como pez en el agua como profesional independiente, como empresario o como artista, dueño de su propia obra. La parte que no le gusta es convencer a los demás de que lo que ha hecho es lo mejor y lo más perfecto. Aunque le encanta hablar y hacerse notar, está tan convencido de lo perfecto de su trabajo que la evidencia le ciega y cree que puede cegar a los demás, por la sola exposición ante sus ojos.

Les gusta la libertad y sentirse libres en espacios libres. El hogar no es una palabra que encaje en sus ideales. Aunque es feliz consigo mismo y encuentre ocupaciones que le entretengan, siempre estará echando de menos salir con los amigos, ir a fiestas, exhibirse, en definitiva. Le gusta el movimiento, el cambio y tal vez el peligro. Si le ofrecen un trabajo inestable, pero que le permite ascender en la escala social o le pagan más dinero, se lanzará de cabeza sin pensarlo dos veces.

En el deporte, es amante de los más arriesgados. Y en el amor, desgraciadamente, sus impulsos hacen que elija las parejas más inconvenientes. Tal vez se enamore de alguien que vive en otra ciudad, o de alguien al que seguro no va a volver en su vida. Y el carácter de sus parejas suele ser difícil. Es posible ver al caballo locamente enamorado de personas casadas. El caso es buscar la emoción en cualquier momento.

Sin embargo, son los primeros que desean estabilidad en una vida algo alocada, la pareja que le atará será la que sepa encontrar el equilibrio entre una vida monótona a la que agarrarse y unas escapadas a lo desconocido.

La oveja (1931, 1943, 1955, 1967, 1979, 1991, 2003, 2015, 2027)

Su elemento asociado (fuerza de vida) es la tierra, su dirección Suroeste y su polaridad pasiva (–).

La oveja no habla mucho y tiene una clara tendencia a no ser demasiado brillante. Puede tener un carácter áspero. Le gusta comer. No causa a los demás ningún daño, pero no se sacrifica por ellos. Generalmente tiene buen temperamento y buen corazón. Siempre relajada, sin acelerarse. No es en cambio perezosa, pero no puede conseguir hacer las cosas a tiempo. Muchas veces no demuestra si algo le gusta o le disgusta. La oveja es un buen proveedor.

La oveja es amable, mansa, entretenida, cariñosa, afable, pesimista, insegura, introvertida y con un corazón caluroso y tierno, pero muy pasiva. Le encantan el bienestar y el lujo, y para procurárselo no intentará trabajar. Tiene dificultad para expresar sus emociones. Las ovejas se encuentran más seguras en su casa y con su familia.

La oveja mantiene un fondo pesimista que solo sale a la luz cuando de verdad ha pasado mucho tiempo sufriendo en silencio algún tipo de injusticia. No suele quejarse, tiene dificultad para expresar de verdad sus emociones y, por eso, es difícil conocer qué le molesta y qué no. Por ello es posible que de pronto lo manifieste, de forma exagerada y sin venir a cuento. Las personas que de verdad la conocen, descubren pequeñas señales de aviso cuando algo la ofende. En general tiende a preocuparse demasiado por pequeños problemas, que va acumulando.

La oveja tiene un sentido fuerte de justicia, pero es indulgente y perdona fácilmente. Ama la naturaleza y es sensible al arte pero nunca se desvía de las líneas establecidas. Independientes por naturaleza, las ovejas se pueden adaptar a las circunstancias y pueden buscar la protección de personas poderosas.

Es muy buena trabajadora si no se la presiona. Bajo presión, solo se consigue bloquear su paciente labor de todos los días. Se siente algo insegura con respecto a su trabajo, sobre todo si no se la anima o no se le dicen elogios merecidos con respecto a él. No soporta la insinceridad, aunque tampoco le sientan muy bien las verdades absolutas, por lo que a la hora de juzgar su trabajo casi es mejor empezar con un elogio y continuar con una crítica constructiva (diciendo cómo puede mejorarse).

Raramente se la puede ver en puestos de responsabilidad. Cuando es así, la oveja ha logrado encontrar un equilibrio entre su introversión y pesimismo y su capacidad de trabajo muy notable.

La oveja en el amor es cariñosa, amable y muy comprensiva. Si se la quiere y cuida convenientemente puede ser la pareja más maravillosa del mundo, porque la oveja cuando es feliz en el amor lo transmite a los demás y hace la vida más fácil a los que la rodean. Sin embargo si algo la molesta es posible que lo vaya guardando para sí y el día menos pensado tenga una discusión desagradable con su pareja.

La oveja es, además, muy enamoradiza. Tal vez ni siquiera se dé cuenta de cuándo ama de verdad o cuándo es simplemente un capricho. La oveja es muy receptiva a cualquier muestra de cariño y es capaz de enamorarse de alguien solo porque demuestre algo de romanticismo (regalar una flor, por ejemplo).

El mono (1932, 1944, 1956, 1968, 1980, 1992, 2004, 2016, 2028)

Su elemento asociado (fuerza de vida) es el metal, su dirección el Oeste y su polaridad activa (+).

Los monos son muy inteligentes, no muy habladores y con tendencia a tener mal genio. Sus cuerpos son ligeros y débiles. No siempre tienen su mente abierta y se dice que tienen poco poder mental. No destacarán por su sentido de la responsabilidad, les gusta jugar y distraerse. Sus palabras no serán de confianza y mentirán demasiado en cosas superficiales. Parecen limpios pero tienden a comer cosas sucias. Muy ambiciosos, siempre tienen grandes planes. Les gusta alabarse.

Inquieto, voluble, cínico, sabio, divertido, infiel, encantador y amoral. Su lengua es explosiva y le encantan los líos. De los doce signos, el mono es el que más contradicciones de sentimientos puede provocar entre los que le conocen. Unos le verán como alguien ingenioso y muy divertido, otros le tacharán de cínico y amoral, mientras que su pareja, si sabe entenderle, estará convencida de haber encontrado al ser más romántico y pasional del mundo.

Adapta sabiamente su forma de ser al medio donde está y sabrá comportarse como se le exige en casi cualquier ocasión. Sin embargo, si se siente cómodo, es posible que empiece a ser el alma de la fiesta, que intente divertir a los demás y que hasta hiera los sentimientos de más de uno tratando de ser ingenioso con sus certeros ataques. Al mono le preocupan muy poco los sentimientos de los demás, ya que no suele entenderlos demasiado bien. Él solo pretende divertirse y divertir, cuando los demás pueden creer que lo que quiere es molestar u ofender. Si se le entiende bien, puede ser tremendamente entretenido.

En las discusiones es mejor dejarle hablar, porque cualquier ataque o razonamiento que se intente llevar a cabo será hábilmente desarmado por el mono. Tal vez sea mejor aprender sus habilidades para salir airoso de las discusiones y llevarse siempre la razón y combatirle con esas mismas armas.

En el amor será muy difícil verles enamorados perdidamente. Más bien, provocan que los demás se enamoren, aunque más les valdría no decir por ahí tanto «te quiero», cuando lo que en realidad sienten es una simple pasión pasajera. Hacer daño a sus parejas es algo que conocen bien y no se plantean demasiado qué es lo que ocurre. Tal vez deban ir con la verdad desde el principio y no engañar a su pareja diciendo: «Es la primera vez que siento algo parecido» y cosas por el estilo. Prefieren la aventura al calor de un hogar en el matrimonio. Si llegan al matrimonio, será después de haber hecho toda una serie de pactos o tal vez después de haber encontrado otra persona que, como ellos, disfrute de la pasión de otros brazos (mientras no se entere todo irá bien).

Son tenaces y buscan siempre diversas salidas y soluciones a los distintos problemas a los que se enfrentan. Emprender negocios con ellos puede ser agotador e incluso ruinoso, porque pondrán todo lo que tienen para que la empresa salga adelante. Es precisamente esta capacidad para luchar lo que les hace muy aptos para el éxito, por lo que igual que bajan, también pueden subir con mucha rapidez.

Su capacidad de convencer les hace muy buenos para la política, la venta y prácticamente cualquier cosa que se propongan, ya que las entrevistas de trabajo son casi siempre el paso que tendrán que dar para conseguir cualquier empleo.

El pájaro (1933, 1945, 1957, 1969, 1981, 1993, 2005, 2017, 2029)

Su elemento asociado es el metal, su dirección es el Oeste y su polaridad pasiva (-).

Es fácil para el pájaro soltar sus posesiones, sus legados, la herencia, ¿qué tienes? Siempre están aconsejando a otros, pero raramente toman sus propios consejos. Poseen un deseo sexual muy fuerte, y siempre necesitan compañía. Les gusta ser aseados y limpios, y no necesitan dormir mucho. Hay una tendencia a la ceguera. Les gusta vestir bien, tienen estilo y sonríen mucho. Les gusta caminar y tienen un movimiento elegante. Tienen un buen comportamiento con los amigos.

Curioso, trabajador, amable, tranquilo, romántico y vanidoso. Es un ser sin personalidad propia que imita lo mejor de los demás y que, ante la falta de iniciativas, puede convertirse en un conservador. El Pájaro está dotado de un chispear, una naturaleza honrada y un gran apetito para la vida. Odia la rutina, le gusta la fantasía y busca la novedad con gran entusiasmo. El pájaro tiene una mente curiosa y una inteligencia viva.

Aunque presumido y pedante, es generoso y se rodea de muchos amigos. Su olfato lo asegura de la atención de personas importantes.

El pájaro es un ser orgulloso, pero con un corazón amable en su interior. Le gusta hacerse el digno y comportarse como alguien merecedor de respeto y admiración. Es un trabajador incansable, sigue las normas y no le gusta meterse en líos. Si hay que trabajar más de la cuenta, lo hará sin rechistar, ya que no le gusta nada dejar las cosas a medias. Esto, unido a una capacidad de concentración y serenidad, los hace muy aptos para trabajos de intenso esfuerzo intelectual y de trabajo incansable, como la medicina y carreras de largos estudios, policías, vigilantes, estudios artísticos, como tocar un instrumento, la pintura y en general todas las artes manuales. También se encuentran en otras ramas que se pueden considerar artísticas y que implican una habilidad manual, como la peluquería.

Saben gastarse el dinero para darse el gusto de vivir cómodamente. No son ahorradores ni derrochadores, aunque más bien tienden a gastar para comprarse sus caprichos, que más que caprichos son pequeños pellizcos de felicidad que saben aprovechar sabiamente.

El pájaro parece seguro de sí mismo pero está muy profundamente ansioso sobre su imagen. Ignorarlo es el peor insulto. Es egoísta y terco y piensa que siempre está en el derecho. Prefiere trabajar para sí mismo en lugar de exponerse a las críticas de superiores.

El pájaro es en el amor un buen amante en todos los sentidos. Le gusta ser romántico y espera que lo sean con él. Su forma de romanticismo tiene mucho de adornos, de gastos y de adulaciones; es decir, le gusta verse atractivo y se cuida para las ocasiones de ver a su amante, no le importa pagar una cena romántica y le gusta que le digan cosas bonitas igual que decirlas. No entra dentro de sus planes la infidelidad, ya que espera encontrar a una persona para toda la vida.

Es posible que si encuentra una pareja romántica como él, despierte en él hermosos ideales que permanecían ocultos.

El perro (1934, 1946, 1958, 1970, 1982, 1994, 2006, 2018, 2030)

Su elemento asociado (fuerza de vida) es la tierra, su dirección es el Noroeste y su polaridad activa (+).

El perro es orgulloso y algo colérico. No parece recibir las bondades de otros aunque lo intenta. Es muy interesado para él, y nunca para otros. Su mente siempre está llena de muchos pensamientos. Intenta hacer las cosas correctamente, pero tiene una tendencia a hacerlo mal o convertirlo en malo. Le gusta la carne. Tiene un caminar rápido. Muy sexual. Un viajero. Suelen ser altos o con buen pensamiento y le gustan las personas elegantes.

Bondadoso, confiable, generoso, fiel, cabezota, obediente, instintivo y organizador. Es el guardián de los otros mundos. Nada podrá interrumpirlo en sus incursiones en el conocimiento de lo escondido. Es un ser de gran fortaleza ante la adversidad. Buen colaborador y amigo.

A los perros les encanta hacer felices a los demás, aunque muchas veces su cabezonería y su forma de ver las cosas, tal vez con demasiada justicia, puedan provocar conflictos. Ellos consideran que el mundo no es como debería de ser, aunque no tratan de cambiarlo, sino de adaptarse lo mejor posible. Por eso son muy buenos colaboradores y buenos amigos; ayudan y se dejan la piel por ellos.

Sus jefes confían en él, sus amigos confían en él y su pareja también, ya que los perros son sumamente fieles. Su fidelidad también se demuestra en el amor, aunque eso no quiere decir que sean unos amantes excepcionales. Al perro le podemos ver en momentos apasionados, pero será solo en algunos momentos, ya que suele verse afectado por problemas y cuestiones mundanas que le ocupan su mente más que su pareja. Aunque no amen demasiado, aguantarán la relación y tratarán de sacarla a flote. Ellos tienen buenos sentimientos con respecto a casi todo el mundo y siempre tratarán de ayudar, por lo que su vida en común puede ser algo agobiante. Tratarán de resolver los problemas ajenos, incluso antes de que se produzcan. Es posible que tengan problemas con la gente, puesto que algunos pueden interpretarlo como intromisión. Su cabezonería no les dejará ver muchas veces que sus intentos de ayudar resultan incómodos para muchas personas.

En el trabajo son unos buenos consejeros y son fieles a órdenes y directrices superiores. Su instinto puede ayudar a mejorar situaciones en una empresa, aunque deberán encontrar además razones que apoyen sus decisiones instintivas. Esto, unido a su peculiar sentido de la justicia, les hace muy capaces para realizar trabajos de tipo social, especialmente si son mujeres. También los hay jueces y profesores, o con profesiones de tipo político, en las que no servirán para mentir o cometer actos amorales, por lo que desempeñarán cargos detrás de las cámaras, en un trabajo silencioso, sin reconocimiento, pero muy valioso.

El cerdo (1935, 1947, 1959, 1971, 1983, 1995, 2007, 2019, 2031)

Su elemento asociado (fuerza de vida) es el agua, su dirección es el Norte y su polaridad pasiva (–).

El cerdo no es brillante. Le gusta comer pero no se preocupa por qué tipo de comida. Come de todo. Tiene buena autodisciplina. Puede ser ávido y a menudo tiene ventaja sobre los demás. No suele beneficiarse y dice mentiras. Tiene un estómago grande. Raramente sonríe y es a menudo malo. El cerdo puede tener un carácter áspero.

Afortunado, sincero, atento, generoso, bondadoso, indeciso, fiel, comprensivo, dócil, ingenuo y bien intencionado, con tendencia a la decepción y sentido del humor. Es el signo más sensual. Le gusta la riqueza y trabajará mucho para lograrla, aunque se aprovecharán de su buena fortuna. Pese a todo, su furia puede ser sorprendente e incontenible.

Si el cerdo no fuera tan sincero tal vez hubiera conservado muchas más amistades o no hubiera perdido oportunidades laborales y de contactos profesionales. Pero lo que él piensa es que la verdad es lo más importante de todo. Las amistades perdidas no le preocupan más que mantener una relación de amistad basada en la sinceridad y en el «todo hay que decirlo». Algunas personas no soportan las verdades enteras y por eso sufren decepciones en todos los aspectos de la vida, de las que tratan de levantarse olvidando y procurando ocuparse más tiempo en sus propias cosas.

La inseguridad que muchos cerdos transmiten no es tal, sino que es producto de una reflexión tal vez excesiva. Tienen que pensarlo todo más de dos veces e incluso cuando se han decidido por algo, empiezan a pensar si hubiera sido mejor haber elegido el otro camino. A pesar de las dudas, una vez que han tomado su decisión les cuesta mucho cambiar y prefieren seguir ese camino hasta el final, con admirable determinación.

Son comprensivos, tolerantes, buenos amigos, rectos y justos. Sus cualidades le capacitan para trabajos sociales y trabajos en los que se necesite concentración, muchos estudios y reflexión (medicina, investigación y desarrollo). Es también adecuado para puestos de responsabilidad, en los que será admirado por su capacidad de trabajo y tenderá a la cordialidad y el control por la vía positiva de sus subordinados.

En el amor serán fieles, comprensivos y amables. Aunque tienen un gran sentido del humor (llevan muy bien sus propios defectos) y saben pasarlo bien disfrutando de las cosas buenas de la vida, en la convivencia no deberán unirse a personas exageradamente extrovertidas o a las que les guste demasiado la juerga, ya que les gusta la vida en el hogar y preferirán las fiestas con poca gente (amigos íntimos) y organizarlas en casa, que irse por ahí o reunirse con multitudes.

སྟག

དེ་ཡང་སྤར་ཕྱོགས་པ་རྣམས་ཀྱིས་སྟག་ལོའི་དབང་ཐང་
ཆེ་བ་དང་། སྙིང་སྟོབས་ཡོད་པ། མི་གཞན་དག་ལ་སྟོ་སེམས་
བསྐྱེད་དུ་འདུག་པ་བཅས་ལ་བརྟེན་པ་ཡིན་ཞིང་། ཁོ་ཚོའི་གཞན་
གྱི་འདོད་པའི་ལྟོག་ཕྱོགས་སུ་འགྲོ་བར་དགའ་བ་དང་། གཞན་
དག་གིས་ཁོ་ཚོར་དོ་སྣང་བྱེད་དགོས་པ་བྱུང་། མི་སུས་ཀྱང་

Parte del texto original en tibetano correspondiente al animal tigre.
FIG. 1-9

LA FUERZA DE LOS DOCE ANIMALES

Todos los signos de animales tienen características positivas y negativas pero las direcciones marcan la fuerza de cada animal. En esa agrupación tenemos tres categorías de cuatro animales cada una. La primera son los cuatro primeros animales de cada dirección cardinal. Estos son el tigre, la serpiente, el mono y el cerdo; son los animales más poderosos. Los siguientes cuatro signos ocupan también las cuatro direcciones pero es el segundo animal de esa dirección. Son el conejo, el caballo, el pájaro y la rata, y son los cuatro animales de un poder medio. Por último están los animales situados en direcciones intermedias: el buey, el dragón, la oveja y el perro, que son los cuatro animales más débiles.

LA RELACIÓN ENTRE ANIMALES

Cada animal se relaciona de manera diferente con cada uno de los otros once. Vamos a conocer unas reglas que nos den una referencia para comprender mejor este tipo de relación. Si situamos a todos los animales en un círculo como el de la figura 1-10 podremos establecer relaciones matemáticas entre ellos.

✓ Cada animal se relaciona mal con él mismo, es decir, una persona que sea perro no congenia con otra persona que también sea perro. Su relación será (XX).

✓ Los signos anterior y posterior de cada animal (vecinos) tendrán una relación difícil de incomprensión y un debilitamiento mutuo (X). Por ejemplo, es el caso del mono con el pájaro y la oveja.

✓ El tercer signo (contando el signo propio) hacia la derecha o hacia la izquierda corresponderá a relaciones de dispersión, y su relación será neutra y pasable (0X). Por ejemplo el tigre con el dragón y la rata.

✓ Los signos en cuarta posición (contando el signo propio) hacia la derecha o hacia la izquierda son enemigos, y con ellos se establece una muy mala relación (XX). Por ejemplo, el conejo con el caballo y la rata.

✓ Con el quinto signo hacia la derecha o hacia la izquierda (contando el signo propio) es con el que se establece la mejor relación posible (000). Por ejemplo, la serpiente con el buey y el pájaro.

✓ Con el sexto signo (contando el propio) hacia la derecha o hacia la izquierda, la relación será buena y fructuosa (0). Por ejemplo, el caballo con cerdo y el buey.

✓ Con el signo en oposición, es decir, el séptimo animal tanto si lo contamos hacia la derecha como hacia la izquierda, se establece la peor relación que podemos encontrar entre dos signos (XXX). Por ejemplo, el enemigo del dragón es el perro.

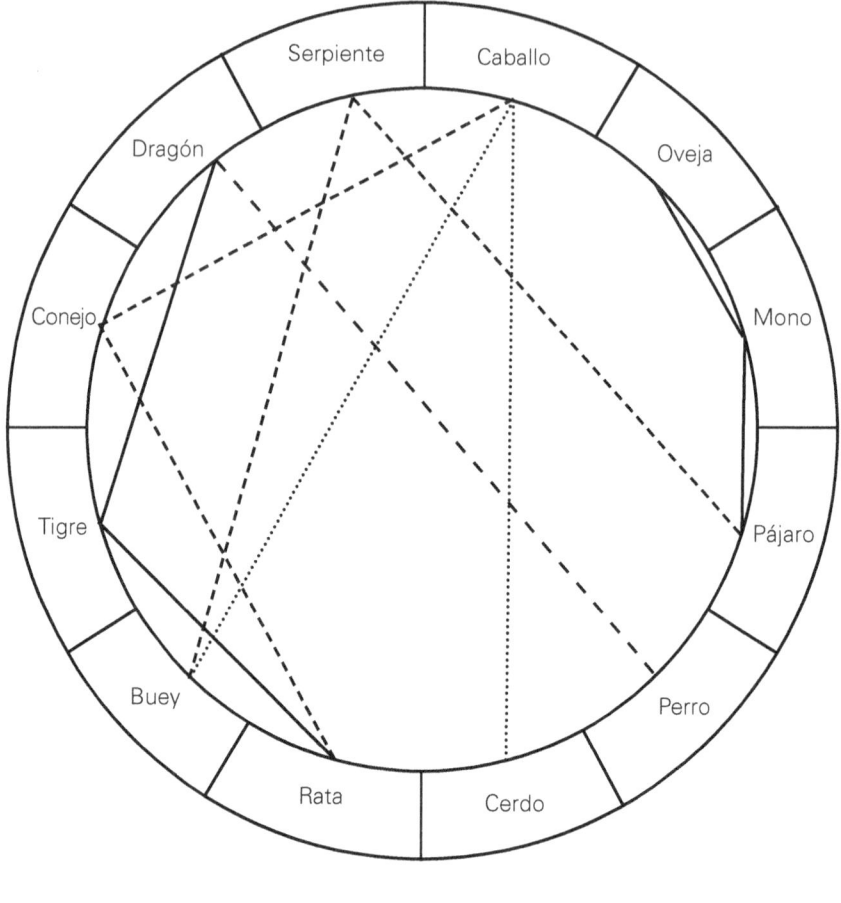

FIG. 1-10

En la figura 1-10 podemos apreciar las distintas combinaciones entre los animales que hemos puesto como ejemplo.

Para tener una relación detallada de todos los animales entre sí, podemos consultar la figura 1-11.
Recordemos que las relaciones que van desde 000 (la mejor) hasta XXX (la peor).

Signo	El mismo signo	Vecinos	3r. signo	4º signo	5º signo	6º signo	Signo opuesto
Relación	XX	X	0X	XX	000	0	XXX
Tigre	Tigre	Conejo Buey	Dragón Rata	Serpiente Cerdo	Caballo Perro	Oveja Pájaro	Mono
Conejo	Conejo	Dragón Tigre	Serpiente Buey	Caballo Rata	Oveja Cerdo	Mono Perro	Pájaro
Dragón	Dragón	Serpiente Conejo	Caballo Tigre	Oveja Buey	Mono Rata	Pájaro Cerdo	Perro
Serpiente	Serpiente	Caballo Dragón	Oveja Conejo	Mono Tigre	Pájaro Buey	Perro Rata	Cerdo
Caballo	Caballo	Oveja Serpiente	Mono Dragón	Pájaro Conejo	Perro Tigre	Cerdo Buey	Rata
Oveja	Oveja	Mono Caballo	Pájaro Serpiente	Perro Dragón	Cerdo Conejo	Rata Tigre	Buey
Mono	Mono	Pájaro Oveja	Perro Caballo	Cerdo Serpiente	Rata Dragón	Buey Conejo	Tigre
Pájaro	Pájaro	Perro Mono	Cerdo Oveja	Rata Caballo	Buey Serpiente	Tigre Dragón	Conejo
Perro	Perro	Cerdo Pájaro	Rata Mono	Buey Oveja	Tigre Caballo	Conejo Serpiente	Dragón
Cerdo	Cerdo	Rata Perro	Buey Pájaro	Tigre Mono	Conejo Oveja	Dragón Caballo	Serpiente
Rata	Rata	Buey Cerdo	Tigre Perro	Conejo Pájaro	Dragón Mono	Serpiente Oveja	Caballo
Buey	Buey	Tigre Rata	Conejo Cerdo	Dragón Perro	Serpiente Pájaro	Caballo Mono	Oveja

FIG. 1-11

LAS CINCO FUERZAS INDIVIDUALES

Dentro de la astrología elemental existen cinco fuerzas individuales generadas a través de la relación animal-elemento que nos serán de gran utilidad cuando queramos profundizar más en los horóscopos anuales. Estas cinco fuerzas se llaman Sok, Lu, Wang Thang, Lung Ta y La. Vamos a ver su significado y cómo calcularlas:

✓ El **Sok** es la «fuerza de la vida». Según las creencias tibetanas, la muerte nos sobreviene cuando desaparece el Sok. Representa nuestro potencial vital, su cálculo está basado en la dirección del signo (animal) que tenemos en el año de nuestro nacimiento. Es la más importante de las cinco. Según dicen los textos:

La vitalidad de los animales reside en sus direcciones, la vitalidad del tigre y del conejo es de madera, la vitalidad del caballo y de la serpiente es de fuego, la vitalidad del mono y del pájaro es de metal, la vitalidad de la rata y del cerdo es de agua, la vitalidad del buey, la oveja, el perro y el dragón es del elemento tierra.

✓ El **Lu** es la salud física, de su fuerza o flaqueza dependerán nuestra salud, la propensión a caer enfermo o nuestra recuperación física después de una enfermedad u operación. Para el cálculo del Lu los textos dicen:

La llave para los signos tigre, conejo, pájaro y mono es el agua. La llave para los signos buey, oveja, caballo y ratón es la madera y la llave para el Perro, Dragón, Cerdo y Serpiente es metal. La llave del signo hay que compararla con el elemento de nacimiento. Así, si el elemento es la madre, nuestro Lu será de madera; si el elemento es el hijo, nuestro Lu será agua; si el elemento es amigo, nuestro Lu será fuego; si el elemento es enemigo, nuestro Lu será tierra; y si el elemento es el mismo, nuestro Lu será metal.

> Madre = Madera
> Hijo = Agua
> Amigo = Fuego
> Enemigo = Tierra
> Mismo elemento = Metal

Por ejemplo, si somos Dragón de Madera, la llave del dragón es el metal. Si la comparamos con la madera y vemos que es el amigo, nuestro Lu será fuego. La figura 1-12 nos servirá de ayuda para encontrar el Lu.

✓ El **Wang Thang** es lo que podríamos llamar nuestro poder personal, la capacidad que tenemos de realizar nuestras ambiciones. Cuando es fuerte favorece la prosperidad, la riqueza y la abundancia, pero su debilidad nos lleva a la pobreza y a las pérdidas. No hace falta ningún cálculo para el Wang Thang, ya que es el elemento del año en que hemos nacido. Es especialmente importante para las mujeres. Su función es instantánea y espontánea.

✓ El **Lung Ta** es el elemento capaz de unir a los otro cuatro con armonía, es la energía que nos permite dirigir nuestra mente e incluso controlar la locura, simboliza la suerte, la buena fortuna y la capacidad de alejar las circunstancias adversas. Es muy importante para los hombres. Los textos dicen:

El tigre, el caballo y el perro tienen el lung ta del elemento de la vitalidad del mono, que es el metal. La rata, el dragón y el mono tienen el lung ta del elemento de la vitalidad del tigre, que es la madera. El pájaro, el buey y la serpiente tienen el lung ta del elemento de la vitalidad del cerdo, que es el agua. El cerdo, la oveja y el conejo tienen el lung ta del elemento de la vitalidad de la serpiente, el fuego. El elemento tierra no se asocia al lung ta.

✓ El **La** es lo que podríamos llamar «alma» si lo traducimos del inglés, pero en realidad es nuestro cuerpo astral, y según la creencia tibetana no se reencarna a nuestra muerte. Se disuelve a los trece años después de la muerte o con rituales específicos después de la defunción, reside en nuestro cuerpo y es una fuerza de protección del individuo. El La es la madre del Sok o fuerza de la vida, ya que ambos están relacionados. Según los textos:

El La es la madre del elemento del Sok. Así, para el tigre y el conejo es el agua, para el caballo y la serpiente es la madera, para el mono y el pájaro es la tierra, para la rata y el cerdo es el metal y para el buey, la oveja, el perro y el dragón es el fuego.

CICLO TIBETANO DE 60 AÑOS

	NOMBRE DEL AÑO	ELEMENTO CORRESPONDIENTE A:					Nº CICLO	
		Vitalidad Sok	Salud Lu	Poder Wang thang	Fortuna Lung ta	Alma La	16 Año	17 Año
1	Conejo de Fuego	Madera	Fuego	Fuego	Fuego	Agua	1927	1987
2	Dragón de Tierra	Tierra	Madera	Tierra	Madera	Fuego	1928	1988
3	Serpiente de Tierra	Fuego	Madera	Tierra	Agua	Madera	1929	1989
4	Caballo de Metal	Fuego	Tierra	Metal	Metal	Madera	1930	1990
5	Oveja de Metal	Tierra	Tierra	Metal	Fuego	Fuego	1931	1991
6	Mono de Agua	Metal	Metal	Agua	Madera	Tierra	1932	1992
7	Pájaro de Agua	Metal	Metal	Agua	Agua	Tierra	1933	1993
8	Perro de Madera	Tierra	Fuego	Madera	Metal	Fuego	1934	1994
9	Cerdo de Madera	Agua	Fuego	Madera	Fuego	Metal	1935	1995
10	Rata de Fuego	Agua	Agua	Fuego	Madera	Metal	1936	1996
11	Buey de Fuego	Tierra	Agua	Fuego	Agua	Fuego	1937	1997
12	Tigre de Tierra	Madera	Tierra	Tierra	Metal	Agua	1938	1998
13	Conejo de Tierra	Madera	Tierra	Tierra	Fuego	Agua	1939	1999
14	Dragón de Metal	Tierra	Metal	Metal	Madera	Fuego	1940	2000
15	Serpiente de Metal	Fuego	Metal	Metal	Agua	Madera	1941	2001
16	Caballo de Agua	Fuego	Madera	Agua	Metal	Madera	1942	2002
17	Oveja de Agua	Tierra	Madera	Agua	Fuego	Fuego	1943	2003
18	Mono de Madera	Metal	Agua	Madera	Madera	Tierra	1944	2004
19	Pájaro de Madera	Metal	Agua	Madera	Agua	Tierra	1945	2005
20	Perro de Fuego	Tierra	Tierra	Fuego	Metal	Fuego	1946	2006
21	Cerdo de Fuego	Agua	Tierra	Fuego	Fuego	Metal	1947	2007
22	Rata de Tierra	Agua	Fuego	Tierra	Madera	Metal	1948	2008
23	Buey de Tierra	Tierra	Fuego	Tierra	Agua	Fuego	1949	2009
24	Tigre de Metal	Madera	Madera	Metal	Metal	Agua	1950	2010
25	Conejo de Metal	Madera	Madera	Metal	Fuego	Agua	1951	2011
26	Dragón de Agua	Tierra	Agua	Agua	Madera	Fuego	1952	2012
27	Serpiente de Agua	Fuego	Agua	Agua	Agua	Madera	1953	2013
28	Caballo de Madera	Fuego	Metal	Madera	Metal	Madera	1954	2014
29	Oveja de Madera	Tierra	Metal	Tierra	Fuego	Fuego	1955	2015
30	Mono de Fuego	Metal	Fuego	Fuego	Madera	Tierra	1956	2016

	NOMBRE DEL AÑO	ELEMENTO CORRESPONDIENTE A:					Nº CICLO	
		Vitali-dad Sok	Salud Lu	Poder *Wang thang*	Fortuna *Lung ta*	Alma La	16 Año	17 Año
31	Pájaro de Fuego	Metal	Fuego	Fuego	Agua	Tierra	1957	2017
32	Perro de Tierra	Tierra	Madera	Tierra	Metal	Fuego	1958	2018
33	Cerdo de Tierra	Agua	Madera	Tierra	Fuego	Metal	1959	2019
34	Rata de Metal	Agua	Tierra	Metal	Madera	Metal	1960	2020
35	Buey de Metal	Tierra	Tierra	Metal	Agua	Fuego	1961	2021
36	Tigre de Agua	Madera	Metal	Agua	Metal	Agua	1962	2022
37	Conejo de Agua	Madera	Metal	Agua	Fuego	Agua	1963	2023
38	Dragón de Madera	Tierra	Fuego	Madera	Madera	Fuego	1964	2024
39	Serpiente de Madera	Fuego	Fuego	Madera	Agua	Madera	1965	2025
40	Caballo de Fuego	Fuego	Agua	Fuego	Metal	Madera	1966	2026
41	Oveja de Fuego	Tierra	Agua	Fuego	Fuego	Fuego	1967	2027
42	Mono de Tierra	Metal	Tierra	Tierra	Madera	Tierra	1968	2028
43	Pájaro de Tierra	Metal	Tierra	Tierra	Agua	Tierra	1969	2029
44	Perro de Metal	Tierra	Metal	Metal	Metal	Fuego	1970	2030
45	Cerdo de Metal	Agua	Metal	Metal	Fuego	Metal	1971	2031
46	Rata de Agua	Agua	Madera	Agua	Madera	Metal	1972	2032
47	Buey de Agua	Tierra	Madera	Agua	Agua	Fuego	1973	2033
48	Tigre de Madera	Madera	Agua	Madera	Metal	Agua	1974	2034
49	Conejo de Madera	Madera	Agua	Madera	Fuego	Agua	1975	2035
50	Dragón de Fuego	Tierra	Tierra	Fuego	Madera	Fuego	1976	2036
51	Serpiente de Fuego	Fuego	Tierra	Fuego	Agua	Madera	1977	2037
52	Caballo de Tierra	Fuego	Fuego	Tierra	Metal	Madera	1978	2038
53	Oveja de Tierra	Tierra	Fuego	Tierra	Fuego	Fuego	1979	2039
54	Mono de Metal	Metal	Madera	Metal	Madera	Tierra	1980	2040
55	Pájaro de Metal	Metal	Madera	Metal	Agua	Tierra	1981	2041
56	Perro de Agua	Tierra	Agua	Agua	Metal	Fuego	1982	2042
57	Cerdo de Agua	Agua	Agua	Agua	Fuego	Metal	1983	2043
58	Rata de Madera	Agua	Metal	Madera	Madera	Metal	1984	2044
59	Buey de Madera	Tierra	Metal	Madera	Agua	Fuego	1985	2045
60	Tigre de Fuego	Madera	Fuego	Fuego	Metal	Agua	1986	2046

FIG. 1-12

En la figura 1-12 podemos encontrar en una sola línea los cinco elementos de poder que nos corresponden en función del año de nacimiento y lógicamente de nuestro animal-elemento correspondiente a ese año. Pongamos por ejemplo una persona nacida en el año 1981, le corresponde el pájaro de metal, su fuerza de vida (Sok) será de metal, la salud de su cuerpo (Lu) será de madera, el poder personal (Wang Thang) será de metal (el mismo elemento que el natal), la suerte o fortuna (Lung Ta) será de agua y su alma o espíritu (La) será de tierra.

Lógicamente también podemos encontrar los elementos de poder del año en curso y compararlos con los de nuestro año de nacimiento. (Ver en el capítulo «Pronósticos y análisis de un tema natal» el apartado «Análisis de un tema natal»).

ELEMENTOS Y FUERZAS

Vamos a realizar un pequeño resumen de interrelación de elementos y fuerzas para que nos resulte más fácil la interpretación de características, así como las posibles enfermedades derivadas de nuestras fuerzas natales.

- El elemento tierra estabiliza y fortalece, y corresponde al color amarillo, el bazo, la boca, y la musculatura (carne).

- El elemento fuego es fuerte, rápido de movimientos y caliente, y corresponde con el color rojo, el corazón y la lengua.

- El elemento metal es fuerte, cortante, cambiante y directo y corresponde al color blanco, los huesos y el cabello.

- El elemento agua es suave, perspicaz, fluido y plácido, y corresponde al color negro o azul y a la sangre.

- El elemento madera es cambiante, duradero y hermoso, y posee una gran cantidad de energía mental. Corresponde al color verde y las venas.

✓ **Sok** (fuerza de la vida) marca los motivos de la persona por los que realizará acciones o seguirá una particular dirección en la vida y se asocia directamente con el elemento del animal del año de nacimiento. Es la vitalidad y la fuerza de la vida en forma física.

Podemos utilizar el Sok como base para relacionar a dos personas (sinastría) y ver cómo será su relación; hay que tener en cuenta que las relaciones no son iguales dependiendo de los elementos. Por ejemplo, si tenemos una persona agua y otra fuego, vemos que fuego>agua es una buena relación, pero agua>fuego es mala relación (siempre el segundo factor será la persona que recibe, como si del año natal se tratara).

✓ **Lu** (fuerza de la salud) es la fuente que identifica la salud física. Para una persona con el elemento agua, hay que tener en cuenta en el Lu la circulación y la sangre en su régimen de salud. Con el Lu fuego lo primero que debemos cuidar es el corazón y la lengua.

✓ **Wang Thang** (fuerza del poder) determina cómo la persona supera los obstáculos y obtiene éxito, y su condición financiera. Por ejemplo, una persona con el *wang* de agua soluciona los obstáculos con acciones fluidas y suaves, que parecen ligeras en la superficie pero que se mueven con la fuerza de un río. Una persona con el *wang* de madera superará las dificultades con su facilidad de cambiar, que será duradera y perpetuando la naturaleza; lo soluciona todo con la energía de sus pensamientos.

✓ **Lung Ta** (fuerza de la suerte). Cada persona es provista de una cantidad de suerte positiva y negativa en el momento del nacimiento. Es lo que trae suerte.

✓ **La** (fuerza del espíritu) es la fuerza que gobierna el estado emocional individual. Por ejemplo, las personas con el elemento fuego en el La tienen mucho genio, son muy posesivas y fuertes y tienen pasiones fogosas. Está directamente conectado con el Sok. Si en La está mal, tendremos problemas con el Sok. Es la esencia de la vida, es muy importante para el bienestar físico y la vitalidad.

El elemento del año

✓ La **madera** da movilidad y vitalidad al animal, un poder creativo suave y equilibrado, y una gran dulzura. Los años de madera son años de transformación.

✓ El **fuego** transmite vitalidad, brillantez y transformación de la energía, este elemento refuerza la expresión, la extroversión, y la habilidad para tomar las decisiones, aunque provoca a menudo violencia, intolerancia y destrucción. Los años de fuego están marcados por la evolución rápida, los conflictos y la sequedad.

✓ La **tierra** da estabilidad al signo del animal, junto con realismo y lentitud de acción. Los años de tierra son tranquilos, estabilizadores, prósperos y favorables para la agricultura.

✓ El **metal** hace al signo del animal más rígido. El carácter es claro y cortante, o a veces quebradizo y autoritario. Los años de metal son enérgicos y positivos pero algo molestos y se podrán esperar pocos beneficios.

✓ El **agua** da franqueza de mente, flexibilidad, reflexión, comunicación e intuición. El animal que se asocia con el agua se pone más pensativo, lúcido y sensible, pero también más pasivo. Los años de agua son prósperos para el cambio y la comunicación.

El animal del año

✓ El **Año de la Rata** es un año de prosperidad y abundancia. Es bastante tranquilo y permite progreso, crecimiento e inversión. Es necesario, sin embargo, tener precaución de correr demasiados riesgos.

✓ El **Año del Buey** es un año de trabajo. Sus frutos crecerán del trabajo constante y el esfuerzo sostenido. Es un año malo para el ocio. Uno debe ser firme, atento y paciente, y debemos afrontar las tareas sin cansarnos.

✓ El **Año del Tigre** es un año imprevisible. Pueden esperarse muchos desarrollos dramáticos: explosiones, revoluciones, la inquietud política, las catástrofes, los hechos heroicos, los ataques súbitos y atrevidos..., todos son característicos de este año. Es turbulento pero maneja bien sus sorpresas. Los años del Tigre son o buenos o malos, y debe observarse una cierta cautela en todas las tareas.

✓ El **Año del Conejo** es un año de relajación general, un año de vida fácil, así la calma es él, que nos lleva a un cierto grado de indolencia.

✓ El **Año del Dragón** es enérgico y da lugar a celebraciones y proyectos grandiosos. Es próspero para el matrimonio, el nacimiento y los nuevos principios. Es un año de sorpresas, cuando una oportunidad puede asirse o puede perderse. Hay también perturbaciones naturales.

✓ El **Año de la Serpiente** no será un año tranquilo. Sucesos catastróficos mundiales o difíciles pueden suceder. Individualmente es el momento de hacer un alto y reflexionar sobre nuestro futuro. Año sentimental y de estudio.

✓ El **Año del Caballo** es un período de gran actividad de todas las clases. Ofrece muchas libertades y es bueno para las personas enérgicas. Este es un año caracterizado por una vida de excitación y desafíos. Los impulsos poderosos permiten materializar proyectos para alcanzar la realización.

✓ El **Año de la Oveja** es un año de descanso después del esfuerzo y es favorable para el nacimiento de emociones y el interés en las artes, debemos dejarnos guiar por los sentimientos durante este año. Se aconseja la improvisación.

✓ El **Año del Mono** es sumamente rico y nos deparará muchas sorpresas. Este es un año en el cual debe ser hábil y asir las nuevas iniciativas. Todas las oportunidades están abiertas y uno debe ser bastante flexible para saberlas utilizar. Este es un año de atreverse al progreso, no será un buen año para el lento o el tímido.

✓ El **Año del Pájaro** es un año enérgico pero disperso. Hay muchas oportunidades, pero la concentración es necesaria para disfrutar de sus frutos. En la balanza global, hay endurecimiento político y represión.

✓ El **Año del Perro** es la señal de idealismo y justicia, trae generosidad y reflexión. Es un año bastante serio y recibirán favores aquellos que tienen buenas intenciones.

✓ El **Año del Cerdo** es más optimista e indulgente que el año precedente, traerá seguridad, prosperidad y una tendencia para gastar. La abundancia de este año nos puede llevar al exceso de sibaritismo.

Es igualmente importante saber cómo viaja cada signo a través de los doce años del ciclo. Así tendremos para cada signo una apreciación global de años favorables y aquellos en que los obstáculos pueden aparecer. Como regla general, los años más buenos son aquéllos gobernados por animales que están en la armonía con el animal nativo, mientras los años más difíciles corresponden con los signos enemigos o en discordancia.

EL CALENDARIO TIBETANO

El movimiento en el espacio de la Luna y el Sol es la base para los cálculos en la astrología djoungtsi o astrología negra proveniente de China.

El año tibetano está compuesto de doce meses lunares de aproximadamente 29,5 días solares de duración. Por lo tanto, su año tendrá una duración media de 354 días con una diferencia de 11,25 días respecto al calendario solar occidental. Para que el calendario tibetano siga coincidiendo con las estaciones solares, habrá que habrán de intercalar siete meses (que se llamarán dobles) cada período de 19 años o, lo que es lo mismo, cada 32,5 meses solares se intercalará un mes doble (una vez el mes doble se intercala a los 32 meses y otra se intercala a los 33 meses).

Los ciclos energéticos de la astrología tibetana están basados en los cinco elementos y los doce animales.

A cada año se le asigna un animal en el orden consecutivo correspondiente (conejo, dragón, serpiente, caballo, oveja, mono, pájaro, perro, cerdo, rata, buey y tigre) y un elemento (fuego, tierra, metal, agua y madera), lo cual nos dará un ciclo de 60 años en el que volverán a coincidir el animal y el elemento. El elemento tiene una duración de dos años (24 meses tibetanos), y se mantiene por tanto durante dos animales. Así el año 2009 fue buey de tierra, el 2010 tigre de metal, el 2011 será conejo de metal y así sucesivamente hasta llegar al año 2046, que será tigre de fuego, y con él se cerrará el 17º ciclo (ver figura 2-1).

EL CICLO TIBETANO DE 60 AÑOS

	NOMBRE DEL AÑO	CICLO TIBETANO		
		1º	16º	17º
1	Conejo de Fuego	1027	1927	1987
2	Dragón de Tierra	1028	1928	1988
3	Serpiente de Tierra	1029	1929	1989
4	Caballo de Metal	1030	1930	1990
5	Oveja de Metal	1031	1931	1991
6	Mono de Agua	1032	1932	1992
7	Pájaro de Agua	1033	1933	1993
8	Perro de Madera	1034	1934	1994
9	Cerdo de Madera	1035	1935	1995
10	Rata de Fuego	1036	1936	1996
11	Buey de Fuego	1037	1937	1997
12	Tigre de Tierra	1038	1938	1998
13	Conejo de Tierra	1039	1939	1999
14	Dragón de Metal	1040	1940	2000
15	Serpiente de Metal	1041	1941	2001
16	Caballo de Agua	1042	1942	2002
17	Oveja de Agua	1043	1943	2003
18	Mono de Madera	1044	1944	2004
19	Pájaro de Madera	1045	1945	2005
20	Perro de Fuego	1046	1946	2006
21	Cerdo de Fuego	1047	1947	2007
22	Rata de Tierra	1048	1948	2008
23	Buey de Tierra	1049	1949	2009
24	Tigre de Metal	1050	1950	2010
25	Conejo de Metal	1051	1951	2011
26	Dragón de Agua	1052	1952	2012
27	Serpiente de Agua	1053	1953	2013
28	Caballo de Madera	1054	1954	2014
29	Oveja de Madera	1055	1955	2015
30	Mono de Fuego	1056	1956	2016
31	Pájaro de Fuego	1057	1957	2017
32	Perro de Tierra	1058	1958	2018

	NOMBRE DEL AÑO	CICLO TIBETANO		
		1º	16º	17º
33	Cerdo de Tierra	1059	1959	2019
34	Rata de Metal	1060	1960	2020
35	Buey de Metal	1061	1961	2021
36	Tigre de Agua	1062	1962	2022
37	Conejo de Agua	1063	1963	2023
38	Dragón de Madera	1064	1964	2024
39	Serpiente de Madera	1065	1965	2025
40	Caballo de Fuego	1066	1966	2026
41	Oveja de Fuego	1067	1967	2027
42	Mono de Tierra	1068	1968	2028
43	Pájaro de Tierra	1069	1969	2029
44	Perro de Metal	1070	1970	2030
45	Cerdo de Metal	1071	1971	2031
46	Rata de Agua	1072	1972	2032
47	Buey de Agua	1073	1973	2033
48	Tigre de Madera	1074	1974	2034
49	Conejo de Madera	1075	1975	2035
50	Dragón de Fuego	1076	1976	2036
51	Serpiente de Fuego	1077	1977	2037
52	Caballo de Tierra	1078	1978	2038
53	Oveja de Tierra	1079	1979	2039
54	Mono de Metal	1080	1980	2040
55	Pájaro de Metal	1081	1981	2041
56	Perro de Agua	1082	1982	2042
57	Cerdo de Agua	1083	1983	2043
58	Rata de Madera	1084	1984	2044
59	Buey de Madera	1085	1985	2045
60	Tigre de Fuego	1086	1986	2046

FIG. 2-1

Ahora vamos a dar un pequeño resumen de las sesenta combinaciones animal-elemento en el ciclo tibetano de los 60 años.

Conejo de Fuego (1927, 1987)

Las personas nacidas en este año tendrán una mente débil y una voz desagradable. Nunca dirán la verdad y serán complicados. Pueden conocer con exactitud las debilidades de los demás y les gustará alabar sus conocimientos. Son muy ególatras, necesitan que los adulen para levantarles la moral. Les gustará tener muchos amigos/asamantes. Casi siempre alcanzan sus objetivos. Estas personas serán ricas y pueden vivir hasta los setenta y cinco años. Tendrán que experimentar siete obstáculos durante su vida. Estos nativos pueden ser dañados por Sadak (el espíritu de Tierra) y el Rey de los Espíritus. Pueden padecer desórdenes de Peken. (Ver nota al final del texto).

Dragón de Tierra (1928, 1988)

Las personas nacidas en este año suelen ser mentirosas, perezosas y lentas por naturaleza. Les gusta beber alcohol y hacer el amor con personas que tengan pareja para propia satisfacción. Físicamente, serán muy fuertes y tendrán pocas enfermedades. Serán cariñosos y de mente abierta pero un poco evasivos. Su esperanza de vida puede ser de cincuenta y cinco años y probablemente experimentarán seis obstáculos en su vida. Es probable que tengan de tres a cinco hijos. Estos nativos pueden convertirse en una persona adinerada o educada durante esta vida. (Ver nota al final del texto).

Serpiente de Tierra (1929, 1989)

Las personas nacidas en este año son obedientes, fuertes y muy activas. Pueden disfrutar de una vida rica y lujosa, pero hay una alta posibilidad de que alguien robe sus riquezas. Si eres una mujer, puedes tener un accidente o morir durante un viaje. Estas personas pueden ser dañadas por los espíritus fuertes que residen en los bosques o los árboles. Son egoístas por naturaleza y se pueden hacer daño fácilmente. Son celosos y controladores. Son un poco perezosos. Tendrán amigos con muchos problemas. Serán adinerados en esta vida y su esperanza de vida será de setenta y nueve años. Es probable que se enfrenten a cuatro dificultades y podrán tener hasta seis niños en esta vida. Pueden padecer ciertas enfermedades que necesiten largos tratamientos de medicación. (Ver nota al final del texto).

Caballo de Metal (1930, 1990)

Las personas nacidas en este año serán perezosas y sentirán un fuerte afecto hacia los parientes y miembros de la familia. Siempre notarán las debilidades de otras personas y esconderán sus propias faltas. Tendrán buen apetito y disfrutarán la comida. Su expectativa de vida es de cincuenta y siete años. Pueden tener cuatro niños y podría haber hasta nueve obstáculos en su vida. Sus propiedades pueden perderse o ser robadas. Tendrán dificultades en la educación de sus hijos. Pueden ser provocados por espíritus que habitan en las casas y trabajos arqueológicos. Sus enfermedades físicas pueden ser de Lumg o Peken. (Ver nota al final del texto).

Oveja de Metal (1931, 1991)

Una persona nacida en este año será físicamente muy fuerte, con poca memoria. Pueden sufrir enfermedades del ojo. Su expectativa de vida es de ochenta años. Habrá cuatro obstáculos en su vida y como son habladores se crearán muchos enemigos. Tendrán pocos niños. Los Nagas y los espíritus que viven en las montañas los pueden dañar. (Ver nota al final del texto).

Mono de Agua (1932, 1992)

Las personas nacidas en este año pueden destacar en el arte, tendrán muy desarrolladas las funciones de los órganos sensoriales y serán inteligentes. Les gusta la acción tanto física como mentalmente. Serán ricos y de rápido pensamiento. Serán líderes en su trabajo. Su expectativa de vida es de cincuenta y siete años. Probablemente, pueden pasar siete obstáculos durante su vida. Tendrán tres hijos. Se tienen que proteger por un espíritu que reside en los volcanes. (Ver nota al final del texto).

Pájaro de Agua (1933, 1993)

Una persona nacida en este año será física y mentalmente dispersa y tendrá una mente inestable y olvidadiza. Le gustará viajar y tener muchos amigos. Hará toda clase de artimañas y no sabrá mantener sus compromisos. Será una persona que puede influenciar en la vida de otras personas. Poco a poco sus amigos, vecinos y parientes se convertirán en sus enemigos. La expectativa de vida es de sesenta años y puede haber nueve obstáculos en ese tiempo. Podrán tener dos niños. Pueden padecer desórdenes de Lumg y fiebre. Pueden recibir provocaciones de espíritus que residen en los árboles. (Ver nota al final del texto).

Perro de Madera (1934, 1994)

Una persona nacida en este año destacará en el atletismo y tendrá muy desarrollados los órganos sensoriales y la conciencia así como buena memoria. Estos nativos serán hermosos. Pueden ser dirigentes de alguna ciudad. Su expectativa de vida es de setenta y nueve años. Habrá cinco obstáculos en su vida. Estos nativos están protegidos por Nagas buenos y espíritus que viven en las montañas y en los volcanes. Tendrán tres niños y posiblemente serán ricos. (Ver nota al final del texto).

Cerdo de Madera (1935, 1995)

Una persona nacida en este año será gruesa y de constitución fuerte. Aparentemente de naturaleza cruel y nerviosa, pero internamente poco egoísta. Será fácilmente engañado por amigos y amantes. Su expectativa de vida es sesenta y cuatro años. Tendrá cinco obstáculos en su vida. Pueden padecer influencias negativas en su vida. Para evitar esto, pueden ser de ayuda propiedades heredadas de una pareja sin hijos. (Ver nota al final del texto).

Rata de Fuego (1936, 1996)

Las personas nacidas en este año poseen un gran valor, muchos pensamientos en su mente y un fuerte deseo hacia las propiedades y la comida. Generalmente, estas personas parecen charlatanes, sin embargo son profundas. Son interesadas y tienen una gran facilidad en descubrir los defectos de otras personas. Su expectativa de vida es de sesenta y ocho años y tendrán cinco obstáculos. Los Nagas de la medicina que habitan en las montañas y las montañas nevadas los protegerán. Físicamente, padecerán dolores de barriga crónicos, fiebre y problemas cardiovasculares. (Ver nota al final del texto).

Buey de Fuego (1937, 1997)

Una persona nacida en este año será fuerte físicamente. Tendrá sueño y no tendrá una gran claridad mental. Pueden tener problemas de pérdida de visión. Serán ricos. Pueden tener propiedades de cosechas y de agricultura anual. Su expectativa de vida es de setenta y un años y tendrán ocho obstáculos. Tendrán un hijo y dos hijas. Recibirán una provocación de un rGyal-po (espíritu) que mora en un monasterio o en un templo. Los espíritus de sus enemigos intentarán provocarlo, sin éxito. Padecerán desórdenes de Peken. (Ver nota al final del texto).

Tigre de Tierra (1938, 1998)

Una persona nacida en este año se construirá muy bien físicamente, pero será mentalmente furiosa. Le gustará la comida, para la que tendrá un fuerte deseo. Sabrá argumentar mentiras contundentes y será un historiador bueno. Sufrirá desde muy pequeño de sus enemigos y de los espíritus negativos. Físicamente padecerá un tumor o un edema. Su expectativa de vida es de setenta y dos años y tendrá siete obstáculos. Podrá tener dos niños. Un espíritu que mora en una tierra similar a la parte trasera de un tigre puede provocarlo. Otro espíritu que vive en la base de una montaña rocosa también lo puede provocar. (Ver nota al final del texto).

Conejo de Tierra (1939, 1999)

Las personas nacidas en este año serán habladoras e inteligentes. Tendrán una gran cultura y conocerán religiones. No poseerán grandes riquezas. Les gustarán las esposas o esposos de otras parejas y disfrutarán haciendo chistes y trucos. Su expectativa de vida será de cincuenta años. Tendrán seis obstáculos en la vida y pueden tener un niño. Tienen que cuidar sus pulmones. Le encanta figurar y son unos genios para relacionarse socialmente. (Ver nota al final del texto).

Dragón de Metal (1940, 2000)

Las personas nacidas en este año tendrán un cuerpo fuerte, un ego elevado y serán expertas hablando. Debido a esto, tendrán una fuerte inclinación a ser involucradas en trabajos sucios, posponiendo por el contrario trabajos de mérito buenos. Serán personas con un carácter áspero tanto internamente como externamente, que hablarán agradablemente pero siempre con una mente negativa. Tienen una mente estable y aman subrayar las faltas de otras personas. Les gusta la comida y dicen mentiras. Serán muy ricas, y podrán llevar una vida de lujo. Puede haber obstáculos relativos a sus propiedades. Su expectativa de vida será de ochenta años. Tendrán tres obstáculos en su vida. Tendrán de uno a cinco niños. Pueden tener problemas de tipo nervioso. (Ver nota al final del texto).

Serpiente de Metal (1941, 2001)

Las personas nacidas en este año tienen una mente clara y serán buenos trabajadores en las artes manuales. Sabrán analizar las faltas de los demás. Pueden padecer robos y se relacionarán con malas amistades. Las riquezas serán al principio pocas, pero después aumentarán. Su expectativa de vida es setenta ocho años y tendrán seis obstáculos. Durante el corto tiempo que convivan con sus padres recibirán mucho cariño. Tendrán un máximo de tres niños. Pueden ser poseídos por un espíritu o sufrir ataques de magia negra. (Ver nota al final del texto).

Caballo de Agua (1942, 2002)

Una persona nacida en este año tendrá gran inteligencia. Nunca examinará o intentará descubrir faltas en otras personas. Será honrado y no se dejará influenciar por otros. Será bueno en las artes manuales y también será bueno en trabajos mágicos. Su fortuna tendrá altos y bajos. La alimentación y las propiedades serán abundantes. Su expectativa de vida está alrededor de cincuenta y siete años, pero si superan esta edad, llegarán hasta los setenta y siete con ocho obstáculos en su vida. El número de niños que tendrán estas personas será de tres a cuatro. Pueden tener problemas de corazón y esto le puede producir depresión. Pueden recibir provocaciones de espíritus de infortunio relacionados a una pareja estéril. (Ver nota al final del texto).

Oveja de Agua (1943, 2003)

Una persona nacida en este año será inteligente, le gustará viajar y tendrá una fuerte atadura a todo. Tendrán pocos niños pero las provisiones y propiedades serán abundantes. Sufrirán robos. Hay que tener cuidado pues en algún momento de la vida pueden perder propiedades y animales. La expectativa de vida es de setenta y tres años con cinco obstáculos. Pueden recibir provocaciones de espíritus peligrosos que residen en los árboles y estanques. Físicamente, padecerán los desórdenes de Peken. (Ver nota al final del texto).

Mono de Madera (1944, 2004)

Una persona nacida en este año estará bien construida físicamente y tendrá una compasión fuerte y amor para los otros. Tendrá una mente complicada y muchos enemigos. Pensarán poco en ellos y mantendrán dos lugares (las casas y las familias). Por la naturaleza son poco dormilones. Tendrán muchas pequeñas enfermedades. Los hechos pequeños pueden traerles riñas grandes. Su fortuna y propiedades serán inestables. Su expectativa de vida será de setenta y ocho años con siete obstáculos. Podrán tener de uno a cinco niños. El espíritu de la morada montañés, Sadak (el espíritu de Tierra) y el espíritu del Rey, que reside en la cima de montañas altas y los grandes ríos, pueden hacer provocaciones. (Ver nota al final del texto).

Pájaro de Madera (1945, 2005)

Una persona nacida en este año tendrá desórdenes crónicos. Es tan exigente y minuciosa que a veces se torna insoportable. Poco a poco los amigos y parientes se convertirán en sus enemigos. Les gusta reñir y luchar. El número de niños que podrán tener será de uno a tres. Su expectativa de vida será de sesenta años. (Ver nota al final del texto).

Perro de Fuego (1946, 2006)

Una persona nacida en este año padecerá enfermedades crónicas, como aquellas que hacen a una pareja estéril. Con una mente buena y feliz, será sin embargo mentalmente lenta. Un espíritu que reside en las áreas remotas puede hacerle una provocación. Será una enfermedad habitual la fiebre, y las enfermedades de Tripa pueden darle también muchos problemas. El espíritu de la morada montañés y Sadak (el espíritu de Tierra) lo provocarán. Su expectativa de vida es de sesenta y ocho años con siete obstáculos y tendrá tres niños. (Ver nota al final del texto).

Cerdo de Fuego (1947, 2007)

Una persona nacida en este año tendrá una salud pobre y puede padecer enfermedades frecuentemente. Las personas de la clase alta pueden convertirse en enemigas y pueden sufrir porque su casa o cuarto pudieran quemarse por el fuego. Físicamente padecerán fiebres y enfermedades de Tripa. Un Dre-wo o un espíritu de la morada montañés o un Sadak (el espíritu de Tierra) lo provocarán. Su expectativa de vida es de sesenta y ocho años con siete obstáculos. Tendrán tres niños. (Ver nota al final del texto).

Rata de Tierra (1948, 2008)

Una persona nacida en este año tendrá un cuerpo corto. Será tranquila pero tendrá una mente difícil y una tendencia fuerte a la agresividad. Hablará dulcemente pero con un fuerte ego. Físicamente, sufrirá alteraciones de Peken y los desórdenes del estómago crónicos. Su expectativa de vida es de sesenta y ocho años con siete obstáculos. Tendrá un niño. (Ver nota al final del texto).

Buey de Tierra (1949, 2009)

Las persona nacidas en este año se sentirán físicamente pesadas y perezosas. Serán orgullosas y ambiciosas y con algunas lagunas mentales. Serán psicológicamente y mentalmente ásperas y agresivas, con un carácter duro. Su expectativa de vida es de cincuenta años con siete obstáculos. Tendrán un niño. La vida diaria y la propiedad de una casa serán suficientes para ellos. Recibirán una provocación de un espíritu de Sadak. Serán objeto de las chismografías de muchas personas. (Ver nota al final del texto).

Tigre de Metal (1950, 2010)

Una persona nacida en este año será por naturaleza nerviosa y agresiva. Serán ofensivos pero a veces también actuarán generosamente. Tendrán un cuerpo físico bueno y una piel blanca. Les gustarán el vino y la carne, los deseos fuertes y las ataduras. Serán habladores y usarán palabras ásperas. Las riquezas serán inestables. Su expectativa de vida es de sesenta años. Cinco obstáculos interferirán con su vida. Podrán tener de dos a cuatro niños. Recibirán una provocación del espíritu de morada de montaña y el espíritu del Rey de los Espíritus. (Ver nota al final del texto).

Conejo de Metal (1951, 2011)

Las personas nacidas en este año poseerán una mente profunda y estable. Inteligentes y con una mente rápida, conseguirán buenos logros. Serán simpáticos para las personas y amarán ser generosos. Padecerán dolores menores y enfermedades, pero serán personas muy sabias y sus riquezas serán medianas. Su expectativa de vida es de sesenta años con cinco obstáculos y el número de niños posible es de dos a cinco. Probablemente recibirán una provocación de un Sadak (el espíritu de Tierra) u otro espíritu de Sen-mo que reside en la cima de una casa o un monasterio. (Ver nota al final del texto).

Dragón de Agua (1952, 2012)

Una persona nacida en este año tiene muchos lunares en el cuerpo. Necesitará cambiar su casa o lugar de residencia. Le gustarán mucho los deportes y puede ser especialista en el tiro de arco. Su expectativa de vida es de sesenta y dos años con seis obstáculos y el número de niños que tendrá puede ir de uno a cinco. Pueden tener dificultades para engendrar niños por un problema hereditario. Sus riquezas sufrirán altos y bajos. (Ver nota al final del texto).

Serpiente de Agua (1953, 2013)

Las personas nacidas en este año serán enojosas por naturaleza. Otras personas usarán sus amigos y sus propiedades. Serán especialistas en las artes manuales y también expertos en la calumnia. Les gustará ser el centro de atención pública pero poseen un «corazón» muy pequeño (serán cobardes). Por su dinero recibirán una provocación de un espíritu del Rey y un espíritu del propietario que reside en una piedra roja. Físicamente padecerán enfermedades relacionadas con Peken y Lumg. Su expectativa de vida será de sesenta y ocho años. Estas personas tendrán mucha dificultad en tener niños. Sus descendientes serán aún más estériles. (Ver nota al final del texto).

Caballo de Madera (1954, 2014)

Una persona nacida en este año será pícara, dispuesta e intranquila. Nerviosa y con una mente embotada, tendrá poca fe y será antipática con las personas. Físicamente será fuerte, tendrá una resistencia buena al trabajo físico. Será habladora y gustará a los amigos. Su expectativa de vida será de sesenta años con un niño. Sus enfermedades serán de tipo Lumg y desórdenes de Peken. Recibirá las provocaciones de un espíritu del Rey y un espíritu de Sadak. (Ver nota al final del texto).

Oveja de Madera (1955, 2015)

Una persona nacida en este año estará físicamente bien construida, con los órganos sensoriales desarrollados. No será muy inteligente y le gustará la comida. Su expectativa de vida es de sesenta años con tres obstáculos. Puede tener dos niños. (Ver nota al final del texto).

Mono de Fuego (1956, 2016)

Una persona nacida en este año vivirá sesenta y siete años con cinco obstáculos. Los problemas patológicos pueden ser de tipo Peken y desórdenes de Tripa. Le gustarán los vestidos y objetos como ornamentos. Será habladora, malhumorada y físicamente bien construida [con una fuerza física buena]. Son sexys y siempre están preparados para mencionar las faltas de otros. Con un ego fuerte, estarán muy atados a los bienes materiales. Pueden convertirse en alcaldes o dirigentes de ciudades. Los alimentos y las propiedades serán muchas. Pueden tener cinco niños. (Ver nota al final del texto).

Pájaro de Fuego (1957, 2017)

Una persona nacida en este año tiene muchos pensamientos y será un portavoz capaz y poderoso. También serán hábiles en las artes manuales. Tendrán una «cara» fuerte y serán dominantes. Frecuentemente padecerán de olvido y tendrán fuertes deseos. Recibirán una provocación de un espíritu del templo del cementerio y de un De-mo. Su expectativa de vida será de sesenta y cinco años con seis obstáculos. Pueden tener uno o dos hijos, alguno de los cuales puede ser ilegítimo. (Ver nota al final del texto).

Perro de Tierra (1958, 2018)

Una persona nacida en este año se enfada fácilmente, es agresiva y tiene muchos pensamientos. Le gusta hacer muchas planificaciones y tiene fuertes ataduras. Le gusta mofarse de otros. Le gustan los deportes. Hay posibilidades de sufrir desórdenes de Lumg y de

Tripa. Soñarán con personas muertas. Tienen bastantes posibilidades de ser infelices y pobres. Su expectativa de vida será de setenta años con siete obstáculos y pueden esperar tener tres o cuatro niños. Recibirán una provocación de espíritus de Za-dre que fue originada por su bisabuelo. (Ver nota al final del texto).

Cerdo de Tierra (1959, 2019)

Una persona nacida en este año tendrá una gran inteligencia. Tendrá muchos enemigos. Pueden proporcionar beneficio a sus parientes, amigos y a sus líderes espirituales. Su expectativa de vida es de sesenta y siete años con seis obstáculos. Podrán tener dos niños. La comida y las riquezas serán abundantes. Recibirán una provocación de un espíritu que previamente fue propiciado por su familia y de un espíritu del propietario de una tierra similar a la forma de un pez. (Ver nota al final del texto).

Rata de Metal (1960, 2020)

Una persona nacida en este año estará físicamente bien construida y tendrá los sentidos claros. Le gustará la broma y se distinguirá entre las personas debido a su buena fe y su habilidad en todos los campos. Puede hacer buenos trabajos para otros pero pocos para él. Puede tener grandes beneficios así como ocasionar daños a otros. Son grandes luchadores. Tendrá pocos enemigos y encontrará pocas interferencias en su vida. Esta persona no se dejará influenciar por altas personalidades y será respetada por todos. La propiedad, animales y cosechas serán estables. Su duración de vida es de cincuenta y siete años con seis obstáculos. Podrá tener un máximo de cinco niños. (Ver nota al final del texto).

Buey de Metal (1961, 2021)

Una persona nacida en este año tendrá un cuerpo ligero y destacará en el arte. Hará un trabajo bueno y tendrá una gran comprensión de las personas. Solo sufrirán pequeñas enfermedades y enemigos.

Serán perezosos y tendrán un deseo fuerte de dormir. Le gustará hacer amigos. Generalmente serán agresivos y tendrán un carácter duro. Su expectativa de vida es de cincuenta cinco años con siete obstáculos. Pueden tener dos niños. Recibirán una provocación de un espíritu que reside en el agua. (Ver nota al final del texto).

Tigre de Agua (1962, 2022)

Una persona nacida en este año tendrá un cuerpo áspero, pero fuerte y activo. Les gusta exponer orgullosamente su cuerpo físico. Tendrán malas ideas y su mente será difícil de cambiar. Hablarán muy bien pero tendrán una mente negativa. Les gustará mucho el sexo contrario y hacer el acto sexual, pero sobre todo les gustará enamorar a las parejas de otros. Se divorciarán de su pareja. Su expectativa de vida es de setenta y un años con siete obstáculos. Tendrán solo un niño. Las riquezas serán inestables. (Ver nota al final del texto).

Conejo de Agua (1903, 1963, 2023)

Una persona nacida en este año nunca confía en otras personas. Incluso las discusiones pequeñas la hacen sentir mal. Tendrá muchos amigos malos. Le gustarán los negocios y dormir. Gradualmente irá tomando ejemplo de su padre. Será una persona olvidadiza y ávida. Recibirá una provocación de un espíritu que reside en el templo del cementerio. Su expectativa de vida es de setenta y dos años. Podrá tener de uno a dos niños. Soñará a menudo con grandes abismos. (Ver nota al final del texto).

Dragón de Madera (1904, 1964, 2024)

Una persona nacida en este año tendrá la mente abierta y será un artista. Con un habla dulce y gentil, hará amigos fácilmente. Por naturaleza serán personas muy celosas. Practicarán muchas actividades. Tendrán muchas propiedades y gran riqueza. Sufrirán enfermedades de humor de Tripa. Su expectativa de vida es de sesenta y seis años con seis obstáculos. Tendrán pocos niños. Recibirán una provocación de un espíritu que reside en un río pequeño. (Ver nota al final del texto).

Serpiente de Madera (1905, 1965, 2025)

Una persona nacida en este año será de «corazón» pequeño, es decir, será emocionalmente sensible, con la mente abierta y físicamente alta. Aparentemente parecen tener la mente abierta pero internamente son muy cautos. Están muy orgullosos de sí mismos. Tienen una gran autoestima y una atadura fuerte a la propiedad. Las personas de la clase alta serán simpáticas con ellas, la clase baja estarán contra ellas. Sus riquezas serán abundantes. Su expectativa de vida es de setenta y siete años con cuatro obstáculos. Generalmente tendrán pocas enfermedades y tendrán más hijos que hijas. (Ver nota al final del texto).

Caballo de Fuego (1906, 1966, 2026)

Las personas nacidas en este año serán nerviosas y con mal genio pero con una mente abierta. Les gustará luchar, ganar dinero y hacerse famosos. Les gustan mucho los caballos y los perros. Se preocupan de sus amigos, pero pueden hacer daño a otras personas. Les hablarán dulcemente a sus parejas. Sus riquezas no serán estables porque tienen muchos caprichos. Su expectativa de vida es de setenta y ocho años con siete obstáculos. Tendrán dos niños. Físicamente padecerán bronquitis o pulmonías y diferentes tipos de fiebres. Recibirán una provocación del Rey de los Espíritus o del espíritu Drewo. (Ver nota al final del texto).

Oveja de Fuego (1907, 1967, 2027)

Las personas nacidas en este año estarán físicamente bien constituidas, con una voz agradable y una buena apariencia. Tendrán un buen corazón y mostrarán gratitud a aquellos que les han ayudado. Cumplirán sus deseos. Tendrán una fuerte atadura a su propiedad. Su expectativa de vida es de setenta y siete años con siete obstáculos. Tendrán muchos hijos y sobrinos. Recibirán una provocación de un espíritu del propietario que reside en un pedazo triangular de tierra. Sufrirán una enfermedad crónica del riñón. (Ver nota al final del texto).

Mono de Tierra (1908, 1968, 2028)

Las personas nacidas en este año tienen un buen carácter y resulta fácil congeniar con ellas. Son lentas de mente pero hablan bien. Cumplirán sus deseos. Tendrán el ego un poco elevado pero respetarán a las personas. Tendrán abundantes animales y riquezas. Su expectativa de vida es de setenta y ocho años con nueve obstáculos críticos de vida. Podrán tener tres niños. Sufrirán desórdenes de Lumg y de Peken. Una provocación vendrá del rey de los espíritus que reside en una forma redonda de tierra. (Ver nota al final del texto).

Pájaro de Tierra (1909, 1969, 2029)

Las personas nacidas en este año tendrán una mente abierta y clara. Les resultarán simpáticas a los demás pero serán nerviosas. Fácilmente irritables, usarán a veces palabras ásperas. Serán celosas, con una mente ávida, orgullosas, ambiciosas y con un fuerte deseo hacia el sexo. Su expectativa de vida será de setenta años con siete obstáculos. Pueden tener hasta seis niños. Físicamente padecerán los desórdenes del humor Tripa. Habrá el peligro de que puedan perder sus ojos u otros órganos sensorios. Recibirán una provocación de un espíritu del propietario que reside en una tierra o en una casa. (Ver nota al final del texto).

Perro de Metal (1910, 1970, 2030)

Una persona nacida en este año tendrá una mente clara y un carácter bueno. Con una mente bondadosa, harán un gran esfuerzo para realizar buenas acciones y trabajos espirituales. Serán buenos artistas. Poco habladores y muy dormilones. Saben bien lo que una vida moral significa pero ellos no serán sabios en el trabajo duro. Su nacimiento puede aumentar cosechas y animales. Su expectativa de vida es de setenta y siete años con siete obstáculos. Tendrán tres o cuatro niños. Estas personas deben prestar atención a los ladrones. (Ver nota al final del texto).

Cerdo de Metal (1911, 1971, 2031)

Una persona nacida en este año tendrá una mente clara y un carácter bueno. Sabrán ganarse el respeto de los demás. Pueden ser bígamos. Serán muy adinerados pero el primer grupo de sus sirvientes o amigos saldrá perjudicado. Tendrán dos o cuatro niños. Su expectativa de vida es de setenta años con siete obstáculos. (Ver nota al final del texto).

Rata de Agua (1912, 1972, 2032)

Una persona nacida en este año será hermosa y tendrá una gran paciencia. Su ganado y riquezas serán inestables. Tendrán grandes deseos sexuales y les gustará tener hijos ilegítimos. Su corazón está lleno de trucos y mentiras. Les gusta mucho la comida y aumentar las propiedades. Su expectativa de vida es de setenta y dos años con siete obstáculos. Pueden tener dos o cinco niños. Recibirán una provocación de un espíritu que reside en un árbol peligroso localizado en el lado Este. (Ver nota al final del texto).

Buey de Agua (1913, 1973, 2033)

Las personas nacidas en este año serán dormilonas y perezosas, un poco necias en las discusiones. Tendrán mal carácter, se sentirán orgullosas de ellas mismas y serán egoístas, usarán palabras ásperas y dirán mentiras. Desafiarán a las personas a través de las palabras. Su expectativa de vida será de setenta años con siete obstáculos. Pueden ver morir algún hijo y recibirán una provocación de un espíritu que reside en un cementerio. (Ver nota al final del texto).

Tigre de Madera (1914, 1974, 2034)

Una persona nacida en este año será nerviosa y agresiva. Le gustarán el trabajo y los desafíos. En su interior son muy posesivas y egoístas, y por consiguiente intentarán engañar a otras personas. La propiedad y las riquezas serán prominentes. Tendrán un fuerte deseo de sexo y serán muy celosas. Generalmente, les gustarán las esposas o los esposos de otras personas y caminar por la noche. Se casarán tarde. Se separarán de su esposa y niños. Su expectativa de vida es de cincuenta y seis años con cinco obstáculos. Pueden tener tres niños. Recibirán una provocación de un espíritu de tierra o del Rey de los Espíritus. Pueden padecer tumores, difteria y enfermedades infecciosas. (Ver nota al final del texto).

Conejo de Madera (1915, 1975, 2035)

Una persona nacida en este año tendrá una mente complicada. Le gustarán las mujeres y sobre todo las esposas o los esposos de otras personas y también es posible que sea homosexual. Tendrá un ego fuerte y muchos pensamientos. Le gustarán mucho los deportes, además del canto y el baile. Será padre en la parte más adulta de su vida. Su esposa puede tener niños de otros hombres. Puede perder a su esposa o marido y niños y él/ella creará otra familia. Su expectativa de vida es de sesenta y siete años con seis obstáculos. Esta persona tendrá muchas enfermedades y enemigos. Recibirá una provocación del espíritu de Se-rak. (Ver nota al final del texto).

Dragón de Fuego (1916, 1976, 2036)

Una persona nacida en este año estará físicamente bien constituido y será rica. Tendrán problemas con ladrones y enemigos. Pueden casarse con una viuda o un viudo. Serán ávidas por naturaleza, pero pueden ser buenos artesanos. Serán en general buenas personas. Su expectativa de vida es de setenta años con siete obstáculos. Pueden tener dos niños. Tendrán desórdenes de Lumg combinados con los desórdenes de Tripa. Recibirán una provocación de un espíritu de Theurang. (Ver nota al final del texto).

Serpiente de Fuego (1917, 1977, 2037)

Una persona nacida en este año estará bien constituida, con pocas enfermedades. Tendrá muchos/as amantes. Serán ricos y también serán el líder del pueblo. Quieren a las personas y las personas sentirán respeto por ellas. Pueden ser especialistas en las artes así como en doctrinas religiosas. Su expectativa de vida es de setenta y un años con siete obstáculos. Tendrán dos niños. Pueden sufrir alguna enfermedad relacionada con Lumg y Tripa. Tendrán una provocación de un Naga. (Ver nota al final del texto).

Caballo de Tierra (1918, 1978, 2038)

Una persona nacida en este año será valiente por naturaleza pero tendrá rabietas. Cambiará a menudo de opinión. Serán personas con buena visión de futuro y por eso serán consultadas. Tendrán buenos sentimientos pero habrá muchas interferencias. Sufrirán a menudo enfermedades y tendrán muchos enemigos. La duración de su vida es de setenta y cinco años con siete obstáculos. Podrán tener dos niños. Tendrán una provocación por haber sido hostiles con los devas y demonios, puede venir del espíritu de Phurkha que reside en una tierra de forma redonda. (Ver nota al final del texto).

Oveja de Tierra (1919, 1979, 2039)

Una persona nacida en este año sufrirá muchas enfermedades y estará amenazada por sus enemigos. Probablemente aparecerá un enemigo del sitio donde tiene una propiedad o donde viven sus niños y parientes. Hablará de una manera ambigua. Su mente siempre irá dirigida a las mujeres y si la persona es una mujer será al contrario. Estará orgulloso de sí misma y será egoísta. Por la naturaleza, serán personas frágiles. Experimentarán dolor y felicidad alternadamente. Su expectativa de vida es de sesenta años con cuatro obstáculos. Sus descendientes serán solo varones. Recibirán una provocación de un espíritu de Phurkha. (Ver nota al final del texto).

Mono de Metal (1920, 1980, 2040)

Una persona nacida en este año dará felicidad a todas las personas que se le acerquen. Serán extremadamente hermosos. Sus riquezas serán prominentes. Serán activos en el trabajo físico, pero pueden causar riñas y peleas entre sus parientes. Ayudarán a que las personas encuentren un trabajo. Tendrán mucha felicidad en la última parte de su vida. Su expectativa de vida es de setenta años con ocho obstáculos. Tendrán dos o cinco niños. Pueden tener un accidente o ser heridos por enemigos. Posiblemente, una provocación se levantará de un espíritu de Phurkha. Pueden padecer problemas de epilepsia. (Ver nota al final del texto).

Pájaro de Metal (1921, 1981, 2041)

Una persona nacida en este año será rica y poderosa. El ganado y la comida serán abundantes. Les gustará mucho comer y beber. Tendrán deseos fuertes y ataduras. Les gustará tener enemigos. Pueden ser líderes. Sus riquezas serán estables. Su expectativa de vida es de setenta años con siete obstáculos. Pueden tener hasta cuatro niños. Las enfermedades físicas serán los desequilibrios del humor de Lumg y fiebres. Recibirán una provocación del espíritu de un pariente o antepasado muerto en extrañas circunstancias. (Ver nota al final del texto).

Perro de Agua (1922, 1982, 2042)

Una persona nacida en este año tendrá una vida complicada y eso le hará ser dura con las personas. Estará amenazada por sus enemigos. Frecuentemente tendrá noticias y signos desfavorables. Su salud no será muy buena y se pondrá en peligro por las armas. Sin el conocimiento de sus parientes y amigos, se involucrará en actividades incorrectas. Su expectativa de vida es de sesenta y tres años. Tendrá pocos niños y la riqueza será pequeña. Probablemente experimentará problemas legales. Recibirá una provocación de un espíritu, un Geg, o un Serak. (Ver nota al final del texto).

Cerdo de Agua (1923, 1983, 2043):

Una persona nacida en este año será muy estudiosa y tendrá una mente estable. Serán orgullosas y celosas. Serán ricas y pueden tener un estilo de vida propio y muchas propiedades. La duración estimada de la vida es de sesenta años con cinco obstáculos. Pueden tener hasta cuatro niños. Recibirán una provocación de un espíritu que reside en un árbol o un Naga. Deben tener cuidado con los accidentes. (Ver nota al final del texto).

Rata de madera (1924, 1984, 2044)

Las personas nacidas en este año serán inteligentes e ingeniosas. Destacarán en las artes y manualidades. Tendrán una fuerte inclinación a realizar engaños y una gran locuacidad, de esta manera estas personas podrán utilizar a los demás en su beneficio. Podrán conseguir buenas riquezas y propiedades. Físicamente podrán padecer enfermedades causadas por energías negativas (Naga). Su esperanza de vida será de setenta y cinco años y pueden tener tres o cinco hijos. Es probable que superen siete obstáculos en su vida. (Ver nota al final del texto).

Buey de madera (1925, 1985, 2045)

A las personas nacidas en este año les gustará dormir y su sueño será profundo por naturaleza. Tendrán un corazón bueno pero nunca despilfarrarán sus riquezas. Pueden tener éxito en las propiedades colectivas. Su esperanza de vida será de sesenta años y pueden experimentar seis obstáculos en su vida. Estas personas recibirán una provocación de los espíritus de infortunio, espíritus del propietario y espíritu de la Madera que residen en bosques o árboles. (Ver nota al final del texto).

Tigre de fuego (1926, 1986, 2046)

Las personas nacidas en este año serán un poco nerviosas y pueden llegar a ser crueles. De constitución física fuerte, sus ojos serán redondos. Son ambiciosas y flojas de carácter. Sus trabajos no les satisfarán. Podrán casarse dos veces y tendrán de tres a cuatro niños. Su esperanza de vida es de setenta años y podrán superar cinco obstáculos. Padecerán enfermedades crónicas interiores. Su enfermedad básica serán provocaciones de espíritus de Naga y enfermedades del humor de Peken. (Ver nota al final del texto).

Notas:

Estos textos mantienen sus raíces tibetanas, y por eso nosotros debemos adaptarlos a nuestra sociedad. Por ejemplo, cuando se habla de tener mucho ganado, para ellos es riqueza.

Los lamas tibetanos confirman los posibles ataques por provocación a través de la astrología, los dados o los pulsos adivinatorios. El médico tibetano estudia cuatro capítulos del tantra del diagnóstico dedicados exclusivamente a determinar en la orina y en el pulso del paciente el tipo de espíritu que le puede causar la enfermedad.

Para combatir o prevenir las enfermedades por provocaciones los lamas tienen *pujas* u oraciones específicas para cada tipo de energía y alteración.

La duración de la vida hay que tomarla como referencia y ajustarla con otros factores como la posición de la Luna en el momento del nacimiento o *gyoukar* (ver capítulo «Astrología *kartsi*») y la duración estimada correspondiente al año de nacimiento directamente relacionado con el binomio animal-elemento (ver capítulo «El calendario tibetano»).

En medicina tibetana el cuerpo está dividido en tres humores o características psicofísicas: *Lumg, Tripa* y *Peken*. Las características de cada uno de ellos son:

- *Lumg* (viento): el elemento es el aire (movimiento). Las características son: ligero, seco, móvil, veloz, frío. Rige las funciones de movimiento, respiración, excreción, circulación sanguínea, los nervios y el cerebro. En la salud tiene que ver con el estreñimiento, dolores musculares, artritis, problemas nerviosos, digestión irregular y resfriados. Este desorden está causado por apegos y deseos.

- *Tripa* (bilis): el elemento es el fuego (calor). Las características son caliente, afilado, agudo, rápido. Rige las funciones de la sangre, la digestión, el metabolismo y la temperatura. En la salud tiene que ver con problemas inflamatorios, herpes, úlceras, hígado, infecciones y dolores agudos. Este desorden está causado por el odio, la rabia y la obsesión.
- *Peken* (Flema): el elemento es agua y tierra (frío). Las características son duro, frío, rudo y mucoso. Rige las funciones de los líquidos del cuerpo, los músculos, los huesos, los tejidos. En la salud tiene que ver con la obesidad, la digestión lenta, la sinusitis y resfriados.

ཤིང་བྱི།

ཤིང་ཕོ་བྱི་པའི་ལོར་སྐྱེས་པ་དེའི་གཤིས་ཀ་ནི། ཤེས་པ་གསལ་ཞིང་བཟོ་རིག་པའི་ཕྱོགས་ལ་མཁས་པ་དང་། གཡོ་དང་ཁ་ཕོ་གཉིས་ཀ་ཆེ་བ་ལ་ཐབས་ཀྱིས་སྐྱེ་བོ་སླུ་བར་མཁས་པ་ཡིན། རྒྱུ་ནོར་ལོངས་སྤྱོད་འབྲིང་ཙམ་ལ་ཀླུས་གནོད་པ་ལས་བྱུང་བའི་ནད་འབྱུང་བ་མང་། གོས་དང་རྒྱན་ཆའི་རིགས་ཁ་དོག་ལྗང་ཁུ་དང་། དམར་པོ། སྔོན་པོ་བཅས་འཕྲོད། གཉེན་དུ་རྟ་ལོ་བ་དང་། སྟག་ལོ་བ། ཡོས་ལོ་བ། ཁྱི་ལོ་བ། བྱ་ལོ་བ་བཅས་ལ་གཉེན་བསྟེབས་མི་རུང་། སྡོད་ཁྱིམ་གྱི་སྒོ་དང་ཉལ་སའི་སྔས་ནི་བྱང་ཕྱོགས་སུ་བསྟན་ན་བཟང་། ཚེ་ཚད་བདུན་ཅུ་དོན་ལྔ་ལ་བར་ཆད་བདུན་དང་བུ་ཚ་གསུམ་ནས་ལྔའི་བར་དུ་ཡོད་པ་ཡིན།

FIG. 2-2

En la figura 2-2 podemos ver el texto original tibetano correspondiente al año de la Rata de Madera.

CÁLCULO DE LOS DÍAS TIBETANOS

Un día para los tibetanos es el tiempo que transcurre desde la salida del Sol hasta la salida del Sol del día siguiente, a este período se le da el nombre de los siete planetas (lunes para la Luna, martes para Marte, etc.). Como norma tomaremos las 5 de la mañana como hora de comienzo del día solar tibetano.

El motor del calendario tibetano es la posición relativa del Sol con la Luna. Vamos a intentar explicar cómo funciona el movimiento: cuando hay Luna nueva (es decir, conjunción Sol-Luna, o lo que es lo mismo, el Sol y la Luna están en el mismo grado y signo zodiacal) empieza el mes tibetano que se divide en treinta sectores de 12º (aunque la Luna tendrá que recorrer 390º, es decir, una vuelta a la Tierra, y 30º, más pues los sectores se establecen con la distancia de la Luna al Sol, pero el Sol se mueve aproximadamente 1º cada día). La Luna tarda en recorrer cada sector de 12º de 21 a 27 horas, pues su velocidad es variable con respecto al ángulo visual desde la Tierra (no a la velocidad lineal de desplazamiento, que siempre es la misma), ya que su órbita alrededor de la Tierra no es circular sino elíptica.

Para calcular el día lunar tibetano se parte de la conjunción Sol-Luna (Luna nueva). A partir de este momento en la próxima salida del Sol empezará el primer día del mes tibetano. El segundo día del mes ocurrirá cuando la distancia de la Luna al Sol sea de 12º de arco, sin olvidar que en ese tiempo el Sol habrá recorrido aproximadamente 1º (para que el Sol recorra los 360º de la circunferencia y se sitúe en el mismo punto del cosmos tarda 365 días y ¼, resultando por tanto el avance de casi 1º por día). Para alejarse la Luna 12º, tendrá que haber recorrido 13º. Cuando vuelva a salir el Sol será el segundo día del mes tibetano, y el siguiente día será cuando la Luna se aleje 24º del Sol y a su vez este haya recorrido 2º en el mismo sentido de la Luna desde el momento de la Luna Nueva, que sumados a los 24º de la Luna serán unos 26º (es decir, la Luna tiene que haber recorrido 26º), y así sucesivamente hasta completar una vuelta y unos casi 30º más con la siguiente lunación. En las figuras 2-4, 2-5 y 2-6 podemos ver el movimiento del Sol y la Luna desde la lunación (Luna nueva) hasta el tercer día lunar del calendario tibetano.

SOL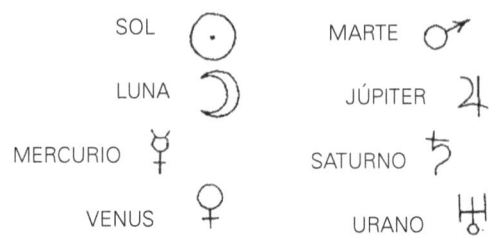
LUNA
MERCURIO
VENUS
MARTE
JÚPITER
SATURNO
URANO

FIG. 2-3

```
Radix                      MC    10 15 Ari         Sun      25 50 Vir    3
                           ASC    8 39 Cnc         Moon     25 50 Vir    3
tibetana                         Plac              Mercury   9 46 Vir    3
                           11.   11 51 Tau         Venus    14 29 Vir    3
Date:    19 Sep 1990 Wed   12.   10 59 Gem         Mars      8  7 Gem   11
Time:     0 47 00           2.    7  1 Leo         Jupiter   6 16 Leo    1
Zone:     0 00 E            3.    7 44 Vir         Saturn   18 43 Cap R  7
Latitude: 0 00 N                                   Uranus    5 36 Cap    6
Longitude: 0 00 E          Node   4 38 Aqr R  7    Neptune  11 48 Cap R  7
                           Point  8 39 Cnc     1   Pluto    15 49 Sco    5
                                                   Chiron   25 27 Cnc    1
```

tibetana

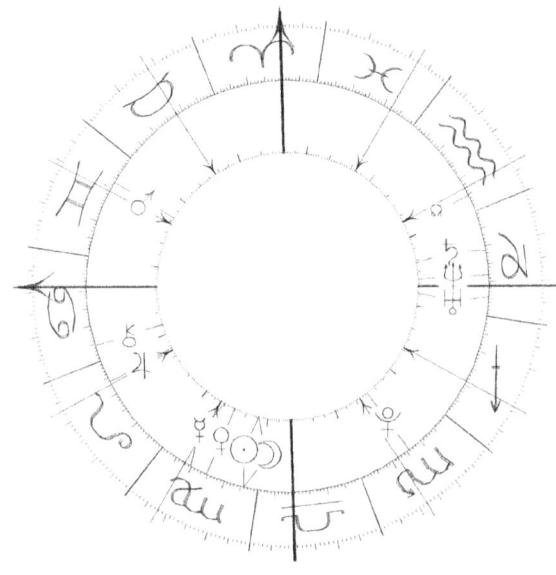

El Sol y la Luna, en el momento exacto de la Luna nueva, ocupan el mismo grado y signo [en este caso 25° 50' del signo de Virgo [arriba a la derecha podemos leer Sun (Sol) y Moon (Luna)]. El ejemplo muestra la posición el día 19 de septiembre del año 1990 a las 0:47, hora solar, en el meridiano de Greenwich; son los preliminares del nuevo mes tibetano que comenzará cuando amanezca.

FIG. 2-4

```
Radix                          MC    19  9 Ari      Sun      26 50 Vir     3
─────                          ASC   16 18 Cnc      Moon      8 50 Lib     3
tibetana                       ──── Plac ────       Mercury  10  6 Vir     2
                               11.   20  7 Tau      Venus    15 45 Vir     2
Date:      20 Sep 1990 Thu     12.   18 40 Gem      Mars      8 30 Gem    11
Time:       1 16 00            2.    15 13 Leo      Jupiter   6 27 Leo     1
Zone:       0 00   E           3.    16 36 Vir      Saturn   18 43 Cap R   7
Latitude:   0 00   N                                Uranus    5 36 Cap     6
Longitude:  0 00   E           Node   4 35 Aqr R 7  Neptune  11 48 Cap R   6
                               Point 28 18 Cnc   1  Pluto    15 51 Sco     4
                                                    Chiron   25 31 Cnc     1
```

tibetana

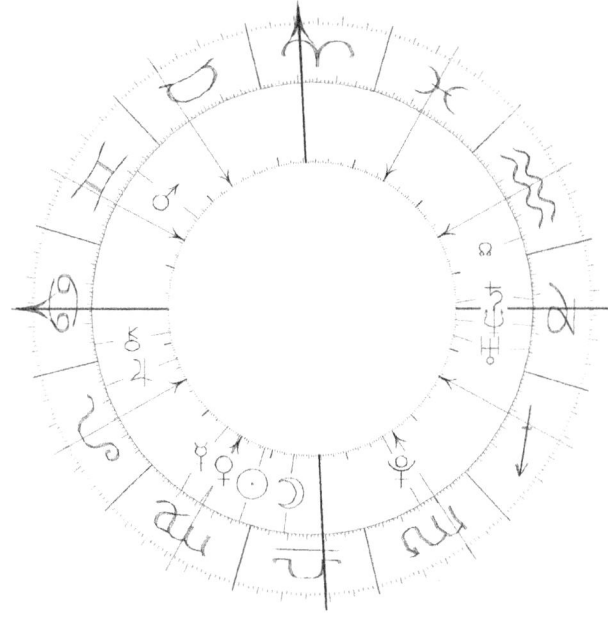

La figura 2-5 nos muestra el Sol y la Luna a una distancia de 12°; es decir, el punto de partida del segundo día del mes. Entre la figura 2-4 y la 2-5 han transcurrido poco más de 24 horas. El desplazamiento de la Luna y el Sol siempre es en el sentido contrario a las agujas del reloj. En la figura 2-4 el Sol y la Luna estaban en Virgo, en la figura 2-5 el Sol se ha desplazado 1°, pero sigue en Virgo; la Luna ya está en Libra.

FIG. 2-5

```
Radix                       MC      5 29 Tau      Sun     27 51 Vir    2
─────                       ASC     0 59 Leo      Moon    21 51 Lib    3
tibetana                            Plac          Mercury 10 36 Vir    2
                            11.     5  8 Gem      Venus   17  2 Vir    2
Date:      21 Sep 1990 Fri  12.     2 56 Cnc      Mars     8 52 Gem   11
Time:       2 14 00         2.      1 10 Vir      Jupiter  6 38 Leo    1
Zone:       0 00 E          3.      3 29 Lib      Saturn  18 42 Cap R  6
Latitude:   0 00 N                                Uranus   5 37 Cap    6
Longitude:  0 00 E          Node    4 32 Aqr R  7 Neptune 11 48 Cap R  6
                            Point  24 59 Leo    1 Pluto   15 52 Sco    4
                                                  Chiron  25 36 Cnc   12
```

tibetana

En la figura 2-6 podemos ver cómo la Luna se ha distanciado 24º del Sol, lo cual nos coloca en el inicio del tercer día del 10º mes tibetano, exactamente a las 2:14, hora solar, del día 21 de septiembre de 1990, en el meridiano de Greenwich. Cuando amanezca, comenzará el tercer día del 10º mes.

FIG. 2-6

Para los tibetanos el día comienza cuando cae el día anterior, es decir, cuando es el momento exacto de la Luna nueva no es el primer día del calendario tibetano, hay que esperar a que amanezca para que las energías sean esparcidas por el planeta Tierra. Esto puede suceder en cualquier momento del día, pero para los tibetanos el día comienza a las 5 de la mañana, cuando se pueden leer las líneas de la palma de la mano (según está escrito en los textos). Para acabar de completar la explicación hay que tener en cuenta que la Luna puede tardar en recorrer los 12º de distancia al Sol de 21 a 27 horas, con lo cual habrá días que en el intervalo solar de un día a las 5 a. m. a otro día a las 5 a. m. la Luna habrá recorrido dos períodos de distanciamiento al Sol de 12º (a ese día se le llamará inexistente, ya que no podemos alterar los días solares, lunes, martes, etc.) o bien no se habrá producido ningún distanciamiento de 12º en el período de un día hasta el otro día y a ese día le llamaremos doble. Por suerte solo suele haber un par de días de esas características en un mes.

También hay meses que tienen solo 29 días solares, a los que se les llama «pequeño mes». Esto puede suceder si hay un día omitido o bien un día doble y dos omitidos. A los meses de 30 días solares se les llama «gran mes», donde el número de días dobles es igual que el de días omitidos. si un mes no tiene ningún día doble ni inexistente se le llama «Tashi» y es un mes de buena suerte.

Para conocer exactamente la posición de la Luna con el Sol hay que consultar en un libro de astronomía llamado efemérides en el que están detallados todos los movimientos planetarios día a día o utilizar un programa de astrología o astronomía para ordenador, donde podremos ir analizando las diferentes posiciones Sol-Luna.

En astrología djoungtsi el año oficial comienza alrededor del mes de febrero de nuestro calendario, pero las energías cambian dos meses antes, es decir, alrededor de nuestro mes de diciembre, que es cuando astrológicamente empieza el año con el primer mes «el mes del tigre» y el hijo del elemento del nuevo año (ver capítulo anterior). El siguiente mes tibetano será el animal consecutivo, en ese caso el conejo, y tendrá el mismo elemento del mes anterior, ya que para el elemento, al igual que ocurre con los años, la duración es de dos meses. Recordemos que el hijo de la madera es el fuego, el del fuego es la tierra, el de la tierra el metal, el del metal el agua y el del agua es la madera.

El ciclo será: el tigre (primer mes), el conejo (segundo mes), el dragón (tercer mes), la serpiente (cuarto mes), después el caballo, la oveja, el mono, el pájaro, el perro, el cerdo, la rata y, finalmente, el buey, que corresponderá al último mes del año.

Vamos a poner por ejemplo el año 2003, que es oveja de agua. El primer mes astrológico del año será tigre, porque siempre empieza el año por el mes del tigre, y de madera, porque es el hijo del agua; el segundo mes será conejo de madera; el tercer mes será dragón de fuego, porque el fuego es el hijo de la madera, y así sucesivamente (ver figura 2-8). Realmente lo complicado es situar los meses en nuestro calendario. Para ello hay que consultar la figura 2-9 donde podremos encontrar la fecha en que comienza cada mes tibetano en relación con el calendario solar occidental.

AÑO	INICIO	FIN	AÑO	INICIO	FIN
Mono de Agua	10/12/1931	27/12/1932	Perro de Fuego	5/12/1945	23/12/1946
Pájaro de Agua	28/12/1932	17/12/1933	Cerdo de Fuego	24/12/1946	12/12/1947
Perro de Madera	18/12/1933	6/12/1934	Rata de Tierra	13/12/1947	30/12/1948
Cerdo de Madera	7/12/1934	25/12/1935	Buey de Tierra	31/12/1948	19/12/1949
Rata de Fuego	26/12/1935	13/12/1936	Tigre de Metal	20/12/1949	9/12/1950
Buey de Fuego	14/12/1936	1/1/1938	Conejo de Metal	10/12/1950	28/12/1951
Tigre de Tierra	2/1/1938	21/12/1938	Dragón de Agua	29/12/1951	16/12/1952
Conejo de Tierra	22/12/1938	10/12/1939	Serpiente de Agua	17/12/1952	6/12/1953
Dragón de Metal	11/12/1939	28/12/1940	Caballo de Madera	7/12/1953	25/12/1954
Serpiente de Metal	29/12/1940	18/12/1941	Oveja de Madera	26/12/1954	14/12/1955
Caballo de Agua	19/12/1941	7/12/1942	Mono de Fuego	15/12/195	31/12/1956
Oveja de Agua	8/12/1942	27/12/1943	Pájaro de Fuego	1/1/1957	21/12/1957
Mono de Madera	28/12/1943	15/12/1944	Perro de Tierra	22/12/1957	10/12/1958
Pájaro de Madera	16/12/1944	4/12/1945	Cerdo de Tierra	11/12/1958	29/12/1959

AÑO	INICIO	FIN
Rata de Metal	30/12/1959	18/12/1960
Buey de Metal	19/12/1960	7/12/1961
Tigre de Agua	8/12/1961	26/12/1962
Conejo de Agua	27/12/1962	15/12/1963
Dragón de Madera	16/12/1963	3/12/1964
Serpiente de Madera	4/12/1964	22/12/1965
Caballo de Fuego	23/12/1965	11/12/1966
Oveja de Fuego	12/12/1966	30/12/1967
Mono de Tierra	31/12/1967	19/12/1968
Pájaro de Tierra	20/12/1968	9/12/1969
Perro de Metal	10/12/1969	28/12/1970
Cerdo de Metal	29/12/1970	17/12/1971
Rata de Agua	18/12/1971	5/12/1972
Buey de Agua	6/12/1972	24/12/1973
Tigre de Madera	25/12/1973	13/12/1974
Conejo de Madera	14/12/1974	1/1/1976
Dragón de Fuego	2/1/1976	20/12/1976
Serpiente de Fuego	21/12/1976	10/12/1977
Caballo de Tierra	11/12/1977	29/12/1978
Oveja de Tierra	30/12/1978	19/12/1979
Mono de Metal	20/12/1979	7/12/1980
Pájaro de Metal	8/12/1980	26/12/1981

AÑO	INICIO	FIN
Perro de Agua	27/12/1981	15/12/1982
Cerdo de Agua	16/12/1982	3/1/1984
Rata de Madera	4/1/1984	22/12/1984
Buey de Madera	23/12/1984	11/12/1985
Tigre de Fuego	12/12/1985	30/12/1986
Conejo de Fuego	31/12/1986	20/12/1987
Dragón de Tierra	21/12/1987	9/12/1988
Serpiente de Tierra	10/12/1988	27/12/1989
Caballo de Metal	28/12/1989	17/12/1990
Oveja de Metal	18/12/1990	6/12/1991
Mono de Agua	7/12/1991	23/12/1992
Pájaro de Agua	24/12/1992	13/12/1993
Perro de Madera	14/12/1993	1/1/1995
Cerdo de Madera	2/1/1995	21/12/1995
Rata de Fuego	22/12/1995	10/12/1996
Buey de Fuego	11/12/1996	29/12/1997
Tigre de Tierra	30/12/1997	19/12/1998
Conejo de Tierra	20/12/1998	7/12/1999
Dragón de Metal	8/12/1999	25/12/2000
Serpiente de Metal	26/12/2000	14/12/2001
Caballo de Agua	15/12/2001	2/1/2003
Oveja de Agua	3/1/2003	23/12/2003

AÑO	INICIO	FIN
Mono de Madera	24/12/2003	11/12/2004
Pájaro de Madera	12/12/2004	31/12/2005
Perro de Fuego	1/1/2006	20/12/2006
Cerdo de Fuego	21/12/2006	9/12/2007
Rata de Tierra	10/12/2007	27/12/2008
Buey de Tierra	28/12/2008	16/12/2009
Tigre de Metal	17/12/2009	5/12/2010
Conejo de Metal	6/12/2010	24/12/2011
Dragón de Agua	25/12/2011	13/12/2012
Serpiente de Agua	4/12/2012	1/1/2014
Caballo de Madera	2/1/2014	21/12/2014
Oveja de Madera	22/12/2014	11/12/2015
Mono de Fuego	12/12/2015	29/12/2016
Pájaro de Fuego	30/12/2016	18/12/2017
Perro de Tierra	19/12/2017	7/12/2018

AÑO	INICIO	FIN
Cerdo de Tierra	8/12/2018	26/12/2019
Rata de Metal	27/12/2019	14/12/2020
Buey de Metal	15/12/2020	2/1/2022
Tigre de Agua	3/1/2022	23/12/2022
Conejo de Agua	24/12/2022	12/12/2023
Dragón de Madera	13/12/2023	30/12/2024
Serpiente de Madera	31/12/2024	19/12/2025
Caballo de Fuego	20/12/2025	8/12/2026
Oveja de Fuego	9/12/2026	27/12/2027
Mono de Tierra	28/12/2027	15/12/2028
Pájaro de Tierra	16/12/2028	5/12/2029
Perro de Metal	6/12/2029	24/12/2030
Cerdo de Metal	25/12/2030	14/12/2031
Rata de Agua	15/12/2031	2/1/2033

El año astrológico tibetano comienza normalmente en el mes de diciembre. En las tablas está puesta la fecha de inicio del primer mes astrológico, en la mayoría de años el inicio del segundo mes corresponde al año siguiente. Por ejemplo: el día 5 de diciembre del año 1945 comienza el año del **Perro de Fuego**, que terminará el día 23 de diciembre del año 1946. Hay excepciones, como sucede en el año 1995, el año del **Cerdo de Madera**, en que el primer mes astrológico comienza el día 2 de enero y acaba el 21 de diciembre del mismo año. La celebración oficial de la entrada del año nuevo se hace unos dos meses después, sobre el mes de febrero. En la página web http://www.kalacakra.org/calendar/tiblist.htm podéis encontrar el calendario completo desde el año 1450 al año 2049 (gregoriano) en el calendario Phugpa.

FIG. 2-7

TABLA DE LOS ELEMENTOS DEL MES EN FUNCIÓN DEL ELEMENTO DEL AÑO TIBETANO

MES	ANIMAL	ELEMENTO DEL AÑO TIBETANO				
		METAL	AGUA	MADERA	FUEGO	TIERRA
1er mes	Tigre	Agua	Madera	Fuego	Tierra	Metal
2º mes	Conejo	Agua	Madera	Fuego	Tierra	Metal
3er mes	Dragón	Madera	Fuego	Tierra	Metal	Agua
4º mes	Serpiente	Madera	Fuego	Tierra	Metal	Agua
5º mes	Caballo	Fuego	Tierra	Metal	Agua	Madera
6º mes	Oveja	Fuego	Tierra	Metal	Agua	Madera
7º mes	Mono	Tierra	Metal	Agua	Madera	Fuego
8º mes	Pájaro	Tierra	Metal	Agua	Madera	Fuego
9º mes	Perro	Metal	Agua	Madera	Fuego	Tierra
10º mes	Cerdo	Metal	Agua	Madera	Fuego	Tierra
11º mes	Rata	Agua	Madera	Fuego	Tierra	Metal
12º mes	Buey	Agua	Madera	Fuego	Tierra	Metal

FIG. 2-8

En la figura 2-9 podremos localizar la fecha en horario solar del meridiano de Greenwich (tiempo universal) en la que comienza cada mes tibetano.

Para saber la hora en el Tíbet (si queremos tomar como referencia su energía) hay que sumar cinco horas a la hora solar universal (indicada en las tablas), ya que el momento exacto de los 12º de distanciamiento de la Luna al Sol habrá sucedido cinco horas antes en Tíbet. Lógicamente, si al realizar la suma la hora es mayor de las 24 p. m., tendremos que avanzar al día siguiente a la hora resultante de la madrugada. Para España y toda la Comunidad Europea hay una hora de adelanto con respecto al Sol (tiempo universal) en horario de invierno y dos horas en horario de verano. Habrá que restarle al tiempo oficial una hora en invierno y dos en verano para poder saber la hora correspondiente al meridiano de Greenwich.

Ejemplo: si una persona ha nacido a las 17 horas del día 15 de febrero del 1987, su hora de nacimiento correspondiente al meridiano de Greenwich será las 16 horas; si el nacimiento hubiera sido en el mes de agosto del mismo año a las 17 horas, habría que restarle dos horas y por tanto habría nacido según la hora del meridiano de Greenwich a las 15 horas. (Desde el año 1950 al 1973 en España no hubo cambios horarios en verano por lo que solo habrá que restar 1 hora). En estos momentos se adelanta una hora el reloj el último domingo de marzo y se vuelve al horario normal (+1 hora solar) el último domingo de octubre.

Nota: El año astrológico tibetano comienza normalmente el mes de diciembre, las energías ya han cambiado en esa fecha. La primera columna corresponde normalmente al año anterior aunque haya años como 1938 ó 1957 ó 1976 en que el año astrológico comienza con el primer mes del año solar del calendario gregoriano (ver figura 2-9).

AÑO	1er MES	2º MES	3er MES	4º MES	5º MES	6º MES	7º MES	8º MES	9º MES	10º MES	11º MES	12º MES
1931/32 MONO AGUA	10/12	8/1	7/2	8/3	6/4	6/5	5/6 --- 4/7	3/8	1/9	1/10	30/10	28/11
1932/33 PÁJARO AGUA	28/12	26/1	25/2	27/3	25/4	25/5	24/6	23/7	22/8	20/9	20/10	18/11
1933/34 PERRO MADERA	18/12 (*)	16/1	14/2	16/3	14/4	14/5	13/6	12/7	11/8	9/9	9/10	8/11
1934/35 CERDO MADERA	7/12	6/1	4/2 --- 6/3 (*)	4/4	3/5	2/6	1/7	31/7	29/8	28/9	28/10	26/11
1935/36 RATA FUEGO	26/12	25/1	23/2	24/3	22/4	21/5	20/6	19/7	18/8	16/9	16/10	15/11
1936/37 BUEY FUEGO	14/12	13/1	12/2	13/3	12/4	11/5	9/6	9/7	7/8	5/9	5/10	4/11 --- 3/12
1938 TIGRE TIERRA	2/1	1/2	3/3	1/4	1/5	30/5	28/6	28/7	26/8	24/9	24/10	22/11
1938/39 CONEJO TIERRA	22/12	21/1	20/2	21/3	20/4	20/5	18/6	17/7	16/8	14/9	13/10	12/11

AÑO	1er MES	2º MES	3er MES	4º MES	5º MES	6º MES	7º MES	8º MES	9º MES	10º MES	11º MES	12º MES
1939/40 DRAGÓN METAL	11/12	10/1	9/2	9/3	8/4	8/5	6/6	6/7 ------- 4/8	3/9	2/10	31/10	30/11
1940/41 SERPIENTE METAL	29/12	28/1	27/2	28/3	27/4	27/5	25/6	25/7	23/8	22/9	21/10	19/11
1941/42 CABALLO AGUA	19/12	17/1	16/2	17/3	16/4	16/5	14/6	14/7	13/8	11/9	11/10	9/11
1942/43 OVEJA AGUA	8/12	7/1	5/2	7/3	5/4 ------- 5/5	3/6	3/7	2/8	31/8	30/9	29/10	28/11
1943/44 MONO MADERA	28/12 (*)	26/1	24/2	25/3	23/4	23/5	21/6	21/7	19/8	18/9	18/10	16/11
1944/45 PÁJARO MADERA	16/12	15/1	13/2	15/3 (*)	13/4	12/5	11/6	10/7	8/8	7/9	7/10	5/11
1945/46 PERRO FUEGO	5/12 ------- 4/1	3/2	4/3	3/4	2/5	31/5	30/6	29/7	27/8	26/9	25/10	24/11
1946/47 CERDO FUEGO	24/12	23/1	21/2	23/3	22/4	21/5	19/6	19/7	17/8	15/9	15/10	13/11
1947/48 RATA TIERRA	13/12	12/1	10/2	11/3	10/4	10/5	8/6	7/7	6/8	4/9 ------- 3/10	2/11	1/12
1948/49 BUEY TIERRA	31/12	29/1	28/2	30/3	29/4	28/5	27/6	26/7	25/8	23/9	22/10	21/11
1949/50 TIGRE METAL	20/12	19/1	17/2	19/3	18/4	17/5	16/6	16/7	14/8	13/9	12/10	10/11
1950/51 CONEJO METAL	10/12	8/1	7/2	8/3	7/4	7/5 ------- 5/6	5/7	3/8	2/9	1/10	31/10	29/11
1951/52 DRAGÓN AGUA	29/12	27/1	26/2	26/3	25/4	24/5	23/6	22/7	21/8	20/9	19/10	18/11
1952/53 SERPIENTE AGUA	17/12	16/1	14/2	16/3	14/4	14/5	12/6	12/7	10/8	9/9	8/10	7/11
1953/54 CABALLO MADERA	7/12	5/1	4/2 ------- 6/3 (*)	4/4	3/5	2/6	1/7	30/7	29/8	27/9	27/10	26/11

AÑO	1er MES	2º MES	3er MES	4º MES	5º MES	6º MES	7º MES	8º MES	9º MES	10º MES	11º MES	12º MES
1954/55 OVEJA MADERA	26/12	24/1	23/2	25/3	23:4	22/5	21/6	20/7	18/8	17/9	16/10	15/11
1955/56 MONO FUEGO	15/12	13/1	12/2	13/3	12/4	11/5	9/6	9/7	7/8	5/9	5/10 ------ 3/11	3/12
1957 PÁJARO FUEGO	1/1	31/1	2/3	1/4	30/4	30/5	28/6	28/7	26/8	24/9	24/10	22/11
1957/58 PERRO TIERRA	22/12	20/1	19/2	21/3	20/4	19/5	18/6	17/7	16/8	14/9	13/10	12/11
1958/59 CERDO TIERRA	11/12	10/1	8/2	10/3	9/4	8/5	7/6	7/7 ------ 5/8	4/9 (*)	3/10	1/11	1/12
1959/60 RATA METAL	30/12	29/1	27/2	28/3	26/4	26/5	25/6	24/7	23/8	21/9	21/10	19/11
1960/61 BUEY METAL	19/12	17/1	16/2	17/3	16/4	15/5	14/6	13/7	12/8	11/9	10/10	9/11
1961/62 TIGRE AGUA	8/12	7/1	5/2	7/3 ------ 5/4	5/5	3/6	2/7	1/8	31/8	29/9	29/10	28/11
1962/63 CONEJO AGUA	27/12	26/1	24/2	26/3	24/4	24/5	22/6	21/7	20/8	18/9	18/10	17/11
1963/64 DRAGÓN MADERA	16/12	15/1	14/2	14/3	13/4	12/5	11/6	10/7	8/8	7/9	6/10	5/11
1964/65 SERPIENTE MADERA	4/12 ------ 3/1	2/2	4/3	2/4	2/5	31/5	30/6	29/7	27/8	26/9 (*)	25/10	24/11
1965/66 CABALLO FUEGO	23/12	22/1	21/2	23/3	21/4	21/5	19/6	19/7	17/8	15/9	15/10	13/11
1966/67 OVEJA FUEGO	12/12	11/1	10/2	12/3	10/4	10/5	9/6	8/7	7/8 ------ 5/9	4/10	3/11	2/12
1967/68 MONO TIERRA	31/12	30/1	29/2	29/3	28/4	28/5	26/6	26/7	24/8	23/9	22/10	21/11
1968/69 PÁJARO TIERRA	20/12	19/1 (*)	17/2	19/3	17/4	17/5	15/6	15/7	14/8	12/9	12/10	10/11

AÑO	1er MES	2º MES	3er MES	4º MES	5º MES	6º MES	7º MES	8º MES	9º MES	10º MES	11º MES	12º MES
1969/70 PERRO METAL	10/12	8/1	7/2	8/3	7/4	6/5 ------ 5/6	4/7	3/8	1/9	1/10	31/10	29/11
1970/71 CERDO METAL	29/12	27/1	26/2	27/3	26/4	25/5	23/6	23/7	21/8	20/9	20/10	18/11
1971/72 RATA AGUA	18/12	17/1	15/2	16/3	14/4	14/5	12/6	11/7	10/8	8/9	8/10	6/11
1972/73 BUEY AGUA	6/12	5/1 ------ 4/2	5/3	4/4	3/5	2/6	1/7	30/7	29/8	27/9	27/10	25/11
1973/74 TIGRE MADERA	25/12	24/1	23/2	24/3	23/4	22/5	21/6	20/7	18/8	17/9 (*)	16/10	14/11
1974/75 CONEJO MADERA	14/12	13/1	12/2	13/3	12/4	12/5	10/6	10/7	8/8	6/9	6/10 (*) ------ 4/11	3/12
1976 DRAGÓN FUEGO	2/1	1/2	1/3	31/3	30/4	30/5	28/6	28/7	26/8	24/9	24/10	22/11
1976/77 SERPIENTE FUEGO	21/12	20/1	19/2 (*)	20/3	19/4	19/5	17/6	17/7	15/8	14/9	13/10	12/11
1977/78 CABALLO TIERRA	11/12	10/1 (*)	8/2	10/3 (*)	8/4	8/5	6/6 ------ 6/7	5/8	3/9	3/10	1/11	1/12
1978/79 OVEJA TIERRA	30/12	29/1	27/2	29/3 (*)	27/4	26/5	25/6	25/7	23/8	22/9	21/10	20/11
1979/80 MONO METAL	20/12	18/1	17/2	17/3	16/4	15/5	13/6	13/7	11/8	10/9	10/10	8/11
1980/81 PÁJARO METAL	8/12	7/1	5/2	7/3 ------ 5/4	5/5	3/6	2/7	1/8	30/8	29/9	28/10	27/11
1981/82 PERRO AGUA	27/12	26/1	24/2	26/3	24/4	24/5	22/6	21/7	20/8 (*)	18/9	17/10	16/11
1982/83 CERDO AGUA	16/12	15/1	13/2	15/3	14/4	13/5	12/6	11/7	9/8	7/9	7/10	5/11 ------ 5/12
1984 RATA MADERA	4/1	2/2	3/3	2/4	2/5	31/5	30/6	29/7	27/8	25/9	25/10	23/11

AÑO	1er MES	2º MES	3er MES	4º MES	5º MES	6º MES	7º MES	8º MES	9º MES	10º MES	11º MES	12º MES
1984/85 BUEY MADERA	23/12	21/1	20/2	22/3	21/4	20/5	19/6	18/7	17/8	15/9	15/10	13/11
1985/86 TIGRE FUEGO	12/12	11/1	9/2	11/3	10/4	9/5	8/6	8/7	6/8 ----- 5/9	4/10	3/11	2/12

17 º CICLO

AÑO	1er MES	2º MES	3er MES	4º MES	5º MES	6º MES	7º MES	8º MES	9º MES	10º MES	11º MES	12º MES
1986/87 CONEJO FUEGO	31/12	30/1	28/2	30/3	28/4	28/5	27/6	26/7	25/8	24/9	23/10	22/11
1987/88 DRAGÓN TIERRA	21/12	20/1	18/2	18/3	17/4	16/5	15/6	14/7	13/8	12/9	11/10	10/11
1988/89 SERPIENTE TIERRA	10/12	8/1	7/2	8/3	7/4 ----- 6/5	4/6	4/7	2/8	1/9	30/9	30/10	29/11
1989/90 CABALLO METAL	28/12	27/1	26/2	27/3	26/4	25/5	23/6	23/7	21/8	19/9	19/10	18/11
1990/91 OVEJA METAL	18/12	16/1	15/2	17/3	15/4	15/5	13/6	12/7	10/8	9/9	8/10	7/11
1991/92 MONO AGUA	7/12	5/1 ----- 4/2	5/3	4/4	3/5	2/6	1/7	30/7	28/8	27/9	26/10	25/11
1992/93 PÁJARO AGUA	24/12	23/1	22/2	24/3	22/4	22/5	21/6	20/7	18/8	17/9	16/10	14/11
1993/94 PERRO MADERA	14/12	12/1	11/2	13/3	11/4	11/5	10/6	9/7	8/8	6/9 ----- 6/10	4/11	3/12
1995 CERDO MADERA	2/1	31/1	2/3	31/3	30/4	30/5	28/6	28/7	27/8	25/9	25/10	23/11
1995/96 RATA FUEGO	22/12	21/1	19/2	20/3	18/4	18/5	17/6	16/7	15/8	13/9	13/10	12/11
1996/97 BUEY FUEGO	11/12	10/1 (*)	8/2	9/3	8/4	7/5	6/6 ----- 5/7	4/8	2/9	2/10	1/11	30/11

AÑO	1er MES	2º MES	3er MES	4º MES	5º MES	6º MES	7º MES	8º MES	9º MES	10º MES	11º MES	12º MES
1997/98 TIGRE TIERRA	30/12	29/1	27/2	29/3 (*)	27/4	26/5	25/6	24/7	23/8	21/9	21/10	20/11
1998/99 CONEJO TIERRA	20/12	18/1	17/2	18/3	17/4	16/5	14/6	14/7	12/8	10/9	10/10	9/11
1999/2000 DRAGÓN METAL	8/12	7/1	6/2 -------- 7/3	5/4	5/5	3/6	2/7	1/8	30/8	28/9	8/10	26/11
2000/01 SERPIENTE METAL	26/12	25/1	24/2	26/3	24/4	24/5	22/6	21/7	20/8	18/9	17/10	16/11
2001/02 CABALLO AGUA	15/12	14/1	13/2	14/3	13/4	3/5	11/6	11/7	9/8	8/9	7/10	5/11 -------- 5/12
2003 OVEJA AGUA	3/1	2/2	3/3	2/4	2/5	1/6	30/6	30/7	28/8	27/9	26/10	24/11
2003/04 MONO MADERA	24/12	22/1	21/2	21/3	20/4	20/5	18/6	18/7	16/8	15/9	15/10 (*)	13/11
2004/05 PÁJARO MADERA	12/12	11/1	9/2	11/3	9/4	9/5	7/6	7/7 -------- 6/8	4/9	4/10	2/11	2/12
2006 PERRO FUEGO	1/1 (*)	30/1	28/2	30/3	28/4	28/5	26/6	26/7	24/8	23/9	23/10	21/11
2006/07 CERDO FUEGO	21/12	20/1	18/2	20/3 (*)	18/4	17/5	16/6	15/7	13/8	12/9	12/10	10/11
2007/08 RATA TIERRA	10/12	9/1	7/2	8/3	7/4 -------- 6/5	4/6	4/7	2/8	31/8	30/9	29/10	28/11
2008/09 BUEY TIERRA	28/12	27/1	25/2	27/3	26/4	25/5	23/6	23/7	21/8	19/9	19/10	17/11
2009/10 TIGRE METAL	17/12	16/1	14/2	16/3	15/4	14/5	13/6	12/7	11/8	9/9	8/10	7/11
2010/11 CONEJO METAL	6/12 -------- 5/1	3/2	5/3	4/4	4/5	2/6	2/7	31/7	30/8	28/9	27/10	26/11
2011/12 DRAGÓN AGUA	25/12	24/1	22/2	23/3	22/4	21/5	20/6	20/7	18/7	17/9 (*)	16/10	14/11

AÑO	1er MES	2º MES	3er MES	4º MES	5º MES	6º MES	7º MES	8º MES	9º MES	10º MES	11º MES	12º MES
2012/13 SERPIENTE AGUA	14/12	12/1	11/2	12/3	11/4	10/5	9/6	9/7	7/8	6/9 ------- 5/10	4/11	3/12
2014 CABALLO MADERA	2/1	31/1	2/3	31/3	30/4	29/5	28/6	27/7	26/8	25/9	24/10	23/11
2014/15 OVEJA MADERA	22/12	21/1	19/2	21/3	19/4	19/5	17/6	17/7	15/8	14/9	13/10	12/11
2015/16 MONO FUEGO	12/12	10/1	9/2	10/3 (*)	8/4	7/5 ------- 6/6	5/7	3/8	2/9	1/10	31/10	30/11
2016/17 PÁJARO FUEGO	30/12	29/1	27/2	29/3 (*)	27/4	26/5	25/6	24/7	22/8	21/9	20/10	19/11
2017/18 PERRO TIERRA	19/12	17/1	16/2	18/3	16/4	16/5	14/6	14/7	12/8	10/9	10/10	8/11
2018/19 CERDO TIERRA	8/12	7/1	5/2 ------- 7/3	6/4	5/5	4/6	3/7	2/8	31/8	29/9	29/10	27/11
2019/20 RATA METAL	27/12	25/1	24/2	25/3	23/4	23/5	22/6	21/7	20/8	18/9	17/10	16/11
2020/21 BUEY METAL	15/12	14/1 (*)	12/2	14/3	13/4	12/5	11/6	10/7	9/8	7/9	7/10 ------- 5/11	5/12
2022 TIGRE AGUA	3/1	2/2	3/3	2/4	1/5	31/5	30/6	29/7	28/8	26/9	26/10	24/11
2022/23 CONEJO AGUA	24/12	22/1	21/2	22/3	21/4	20/5	19/6	18/7	17/8	15/9	15/10	14/11
2023/24 DRAGÓN MADERA	13/12	12/1	10/2	11/3	9/4	9/5	7/6	6/7 ------- 5/8	3/9	3/10	2/11	2/12
2024/25 SERPIENTE MADERA	31/12	30/1	28/2	30/3	28/4	28/5	26/6	25/7	24/8	22/9	22/10	21/11
2025/26 CABALLO FUEGO	20/12	19/1	18/2	19/3	18/4	17/5	16/6	15/7	13/8	12/9	11/10	10/11
2026/27 OVEJA FUEGO	9/12	8/1	7/2	9/3 ------- 7/4	7/5	5/6	5/7	3/8	1/9	1/10 (*)	30/10	28/11

AÑO	1er MES	2º MES	3er MES	4º MES	5º MES	6º MES	7º MES	8º MES	9º MES	10º MES	11º MES	12º MES
2027/28 MONO TIERRA	28/12	27/1	26/2	26/3	25/4	25/5	23/6	23/7	21/8	19/9	19/10 (*)	17/11
2028/29 PAJARO TIERRA	16/12	15/1	14/2	15/3	14/4	14/5	13/6	12/7	11/8	9/9	8/10	7/11
2029/30 PERRO METAL	6/12 ------ 4/1	3/2	5/3	3/4	3/5	2/6	1/7	31/7	29/8	28/9	27/10	26/11
2030/31 CERDO METAL	25/12	24/1 (*)	22/2	24/3	22/4	22/5	20/6	20/7	19/8	17/9	17/10	15/11
2031/32 RATA AGUA	15/12	13/1	12/2	12/3	11/4 (*)	10/5	9/6	8/7	7/8 ------ 5/9	5/10	4/11	3/12

Nota: en los meses que hay un (*), este indica que el mes comienza en un día omitido, y por tanto la fecha indicada corresponde al segundo día del mes.

FIG. 2-9

El año tibetano se compone de doce meses lunares, cada 32,5 meses hay un mes doble, lo que significa que el segundo mes tiene las mismas características del mes anterior (animal y elemento), es como si ese mes no existiera, ya que es exactamente igual en cuanto al animal y elemento que el mes que le precede. Al primer mes doble se le llamará, por ejemplo, «décimo» y al mes doble se le llamará «décimo B», luego ya irá el onceavo y así sucesivamente.

Año 2008
Rata de Tierra

7/4
6/5

Tomemos por ejemplo el quinto mes del año 2008 (Rata de Tierra). Se repetirán dos veces el mismo animal y elemento. Se iniciará el mes 5 del Caballo de Madera el 7 de abril y el mes 5 bis del Caballo de Madera el 6 de mayo (ver figuras 2-13 y 2-14).

Como no se puede partir un mes, se intercala una vez el mes doble a los 32 meses y la siguiente a los 33, dando como resultado 32,5. Por ejemplo, desde el tercer mes del año 2019 del Cerdo de Tierra, hasta el onceavo mes del año 2021 del Buey de Metal, hay 32 meses, y entre el mes doceavo del año 2021 del Buey de Metal y el octavo mes del año 2024 del Dragón de Madera hay 33 meses.

A su vez, el mes tibetano se compone de treinta días lunares (definidos por los tibetanos). El elemento del primer día del mes es el hijo del elemento del mes, el elemento del segundo día será el hijo del elemento del primer día y así sucesivamente (ver figura 2-10).

Para el cálculo del animal del día hay que tener en cuenta que si el animal del mes es activo (+) (tigre, dragón, caballo, mono, perro, y rata; meses 1º, 3º, 5º, 7º, 9º y 11º) comenzaremos el primer día del mes por el animal tigre y en orden (ver figura 2-11) se irán sucediendo: conejo, dragón, serpiente, caballo, oveja, mono, pájaro, perro, cerdo, ratón, buey, tigre, etc. La Luna llena (15º día) tendrá lugar el día del dragón y la Luna nueva (30º día), el día de la oveja. Si el animal del mes es pasivo (-) (conejo, serpiente, oveja, pájaro, cerdo y buey; meses 2º, 4º, 6º, 8º, 10º y 12º) empezaremos por el animal mono y seguiremos en el orden (ver figura 2-11): pájaro, perro, cerdo, ratón, buey, tigre, conejo, dragón, serpiente, caballo, oveja, mono. La Luna llena tendrá lugar el 15º día del perro y la Luna nueva (30º día), el día del buey. Es decir, que el animal del día primero de mes se repetirá el día 13º y el día 25º.

TABLA DEL ELEMENTO DEL DÍA
EN FUNCIÓN DEL ELEMENTO DEL MES

DÍA	MES METAL	MES AGUA	MES MADERA	MES FUEGO	MES TIERRA
1	Agua	Madera	Fuego	Tierra	Metal
2	Madera	Fuego	Tierra	Metal	Agua
3	Fuego	Tierra	Metal	Agua	Madera
4	Tierra	Metal	Agua	Madera	Fuego
5	Metal	Agua	Madera	Fuego	Tierra
6	Agua	Madera	Fuego	Tierra	Metal
7	Madera	Fuego	Tierra	Metal	Agua
8	Fuego	Tierra	Metal	Agua	Madera
9	Tierra	Metal	Agua	Madera	Fuego
10	Metal	Agua	Madera	Fuego	Tierra
11	Agua	Madera	Fuego	Tierra	Metal
12	Madera	Fuego	Tierra	Metal	Agua
13	Fuego	Tierra	Metal	Agua	Madera
14	Tierra	Metal	Agua	Madera	Fuego
15	Metal	Agua	Madera	Fuego	Tierra
16	Agua	Madera	Fuego	Tierra	Metal
17	Madera	Fuego	Tierra	Metal	Agua
18	Fuego	Tierra	Metal	Agua	Madera
19	Tierra	Metal	Agua	Madera	Fuego
20	Metal	Agua	Madera	Fuego	Tierra
21	Agua	Madera	Fuego	Tierra	Metal
22	Madera	Fuego	Tierra	Metal	Agua
23	Fuego	Tierra	Metal	Agua	Madera
24	Tierra	Metal	Agua	Madera	Fuego
25	Metal	Agua	Madera	Fuego	Tierra
26	Agua	Madera	Fuego	Tierra	Metal
27	Madera	Fuego	Tierra	Metal	Agua
28	Fuego	Tierra	Metal	Agua	Madera
29	Tierra	Metal	Agua	Madera	Fuego
30	Metal	Agua	Madera	Fuego	Tierra

FIG. 2-10

Vamos a realizar un ejemplo de utilización de las tablas 2-10 y 2-11: estamos en el mes del Perro de Agua y queremos saber el animal y elemento correspondiente al día 13 de ese mes. Buscaremos en la tabla 2-10: para un mes agua el día 13 será tierra y, según podemos ver en la figura 2-8, el mes del perro es el noveno mes. Buscaremos en la tabla 2-11 la parte de la izquierda y veremos que el día 13º del noveno mes es tigre. Tendremos por tanto que el día 13º de un mes Perro de Agua será Tigre de Tierra.

TABLA DEL ANIMAL DEL DÍA EN FUNCIÓN DEL MES TIBETANO

DÍA	MES ASTROLÓGICO TIBETANO	
	1º, 3º, 5º, 7º, 9º, 11º	2º, 4º, 6º, 8º, 10º, 12º
1	Tigre	Mono
2	Conejo	Pájaro
3	Dragón	Perro
4	Serpiente	Cerdo
5	Caballo	Rata
6	Oveja	Buey
7	Mono	Tigre
8	Pájaro	Conejo
9	Perro	Dragón
10	Cerdo	Serpiente
11	Rata	Caballo
12	Buey	Cordero
13	Tigre	Mono
14	Conejo	Pájaro
15	Dragón	Perro
16	Serpiente	Cerdo
17	Caballo	Rata
18	Cordero	Buey
19	Mono	Tigre
20	Pájaro	Conejo
21	Perro	Dragón
22	Cerdo	Serpiente

DÍA	MES ASTROLÓGICO TIBETANO	
	1º, 3º, 5º, 7º, 9º, 11º	2º, 4º, 6º, 8º, 10º, 12º
23	Rata	Caballo
24	Buey	Cordero
25	Tigre	Mono
26	Conejo	Pájaro
27	Dragón	Perro
28	Serpiente	Cerdo
29	Caballo	Rata
30	Oveja	Buey

FIG. 2-11

En la figura 2-12 vamos a analizar cómo comienza el año astrológico tibetano con un ejemplo, comparando los dos calendarios (tibetano y gregoriano). Tomaremos como referencia el mes de diciembre del año 2007, en el que finaliza el año astrológico del Cerdo de Fuego y comienza el año astrológico de la Rata de Tierra. También vemos que es el mes 12 del Buey de Tierra hasta el día 9 de diciembre y que el día 10 de diciembre comienza el año nuevo astrológico tibetano, con el mes del Tigre de Metal. La fiesta del Losar (año nuevo gubernamental) será dos meses después del año nuevo astrológico.

Dentro de los cuadrados podemos ver la siguiente información: en la parte superior del rectángulo aparece subrayado el día que corresponde al día tibetano, más abajo encontramos el animal y el elemento del día, la *mewa* del día y la *parkha* del día y, por último, el día correspondiente al calendario gregoriano.

Dándole un vistazo por encima a la figura 2-12, vemos que entre los días 23 y 24 de diciembre del calendario gregoriano falta el día tibetano 15, o sea que la Luna se ha distanciado del Sol más de 12º entre el amanecer del día 23 y el amanecer del día 24, por tanto ese día es inexistente, se salta el animal dragón y el elemento metal y se pasa directamente a la serpiente de agua.

Diciembre 2007 - Año del cerdo de fuego (hasta el día 9)
Diciembre 2007 - Año de la rata de tierra (a partir del día 10)

Mes: 12 Buey de Tierra Hasta el 9 de diciembre	Mes: 1 Tigre de Metal A partir del 10 de diciembre

Domingo	Lunes	Martes	Miércoles	Jueves	Viernes	Sábado
Día Lunar · Animal Elemento *Mew. / Par.* · Día Solar						**22** Serpiente Agua **1-B/W/Zon** **1**
23 Caballo Madera **2 / Li** **2**	**24** Oveja Fuego **3 / Khon** **3**	**25** Mono Tierra **4 / Dha** **4**	**26** Pájaro Metal **5 / Khen** **5**	**27** Perro Agua **6 / Kham** **6**	**28** Cerdo Madera **7 / Gin** **7**	**29** Rata Fuego **8 / Zin** **8**
30 Buey Tierra **9 / Zon** **9**	**1** Tigre Agua **1 / Li** **10**	**2** Conejo Madera **2 / Khon** **11**	**3** Dragón Fuego **3 / Dha** **12**	**4** Serpiente Tierra **4 / Khen** **13**	**5** Caballo Metal **5 / Kham** **14**	**6** Oveja Agua **6 / Gin** **15**
7 Mono Madera **7 / Zin** **16**	**8** Pájaro Fuego **8 / Zon** **17**	**9** Perro Tierra **9 / Li** **18**	**10** Cerdo Metal **1 / Khon** **19**	**11** Rata Agua **2 / Dha** **20**	**12** Buey Madera **3 / Khen** **21**	**13** Tigre Fuego **4 / Kham** **22**
14 Conejo Tierra **5 / Gin** **23**	**16** Serpiente Agua **7 / Zon** **24**	**17** Caballo Madera **8 / Li** **25**	**18** Oveja Fuego **9 / Khon** **26**	**19** Mono Tierra **1 / Dha** **27**	**20** Pájaro Metal **2 / Khen** **28**	**21** Perro Agua **3 / Kham** **29**
22 Cerdo Madera **4 / Gin** **30**	**23** Rata Fuego **5 / Zin** **31**					

FIG. 2-12

El año astrológico de la Rata de Tierra comienza el día 10 de diciembre de nuestro calendario. Como es Rata de Tierra, el primer mes del año será tigre por ser el primer mes y metal por ser el hijo de la tierra, es decir, Tigre de Metal (ver figura 2-7), y el primer día del mes será Tigre de Agua, tigre por ser un mes impar y agua por ser el hijo del metal (ver figuras 2-9 y 2-10).

La *mewa* correspondiente será la 1 (el primer día del primer mes, ver figura 3-14) y la *parkha* será Li, por ser el primer día del primer mes (ver figura 4-9).

El día 11 de diciembre del año 2007 (día 2 tibetano del primer mes o del mes Tigre de Metal) será la continuación del día 10, es decir, el siguiente animal al tigre es el conejo, en el sentido de las agujas del reloj (ver figura 1-10) y el hijo del agua, es la madera, o sea será Conejo de Madera, la *mewa* será la 2 y la *parkha* la siguiente en el sentido de las agujas del reloj (ver figura 4-7), o sea la *parkha* Khon. Como podemos ver, siempre es una sucesión de animales, elementos, *mewas* y *parkhas* en un orden determinado.

El día 31 de diciembre de 2007 para los tibetanos es el día de la Rata de Fuego y se continuará con el 1 de enero, Buey de Tierra.

Ahora vamos a analizar el mes de abril del año 2008 (figura 2-13), con otras características. Será el cuarto mes del año de la Rata de Tierra, que finalizará el 6 de abril (mes de la Serpiente de Agua); y el día 7 de abril comenzará el quinto mes tibetano (Caballo de Madera). Así pues, vemos que el día 6 de abril es el día del Buey de Agua (el día 30 del calendario tibetano) y que el día 7 es el día del Tigre de Fuego (el primer día del quinto mes astrológico). Vemos que entre el día 7 y el 8 hay un día inexistente, como en el anterior ejemplo del mes de diciembre de 2007. El mes es del Caballo de Madera, por tanto al ser un mes impar el primer día será tigre y además el hijo de la madera, que es el fuego. Por tanto el primer día será Tigre de Fuego, la *mewa* por ser el quinto mes le corresponde el cuatro verde (ver figura 3-14) y la *parkha* le corresponde la *parkha* Li (ver figura 4-9).

En el espacio web http://www.magastral.com/ hay mucha información sobre el calendario tibetano en inglés y en francés y calendarios tibetanos del año actual.

Abril 2008 (gregoriano)
Año de la Rata de Tierra (2135 tibetano)

Mes: 4	Mes: 5
Serpiente de Agua	**Caballo de Madera**
Hasta el 6 de abril	Desde el 7 de abril

Domingo	Lunes	Martes	Miércoles	Jueves	Viernes	Sábado
Día Lunar . Animal Elemento *Mewa* *Parkha* **Día Solar**		25 Mono Agua 7 Dha **1**	26 Pájaro Madera 8 Khen **2**	27 Perro Fuego 9 Kham **3**	28 Cerdo Tierra 1 Gin **4**	29 Rata Metal 2 Zin **5**
30 Buey Agua 3 Zon **6**	1 Tigre Fuego 4 Li **7**	3 Dragón Metal 6 Dha **8**	4 Serpiente Agua 7 Khen **9**	5 Caballo Madera 8 Kham **10**	6 Oveja Fuego 9 Gin **11**	7 Mono Tierra 1 Zin **12**
8 Pájaro Metal 2 Zon **13**	9 Perro Agua 3 Li **14**	10 Cerdo Madera 4 Khon **15**	11 Rata Fuego 5 Dha **16**	12 Buey Tierra 6 Khen **17**	13 Tigre Metal 7 Kham **18**	14 Conejo Agua 8 Gin **19**
15 Dragón Madera 9 Zin **20**	16 Serpiente Fuego 1 Zon **21**	17 Caballo Tierra 2 Li **22**	18 Oveja Metal 3 Khon **23**	19 Mono Agua 4 Dha **24**	20 Pájaro Madera 5 Khen **25**	21 Perro Fuego 6 Kham **26**
22 Cerdo Tierra 7 Gin **27**	23 Rata Metal 8 Zin **28**	24 Buey Agua 9 Zon **29**	25 Tigre Madera 1 Li **30**			

FIG. 2-13

Mayo 2008 (gregoriano)
Año de la Rata de Tierra (2135 tibetano)

Mes: 5	Mes: 5 bis
Caballo de Madera	**Caballo de Madera**
Hasta el 5 de mayo	Desde el 6 de mayo

Domingo	Lunes	Martes	Miércoles	Jueves	Viernes	Sábado
Día Lunar · Animal Elemento *Mewa* *Parkha* · Día Solar				26 Perro Fuego 2 Khon **1**	27 Dragón Tierra 3 Dha **2**	28 Serpiente Metal 4 Khen **3**
29 Caballo Agua 5 Kham **4**	30 Oveja Madera 6 Gin **5**	1 Tigre Fuego 4 Li **6**	2 Conejo Tierra 5 Khon **7**	3 Dragón Metal 6 Dha **8**	4 Serpiente Agua 7 Khen **9**	5 Caballo Madera 8 Kham **10**
7 Mono Tierra 1 Zin **11**	8 Pájaro Metal 2 Zon **12**	9 Perro Agua 3 Li **13**	10 Cerdo Madera 4 Khon **14**	11 Rata Fuego 5 Dha **15**	12 Buey Tierra 6 Khen **16**	13 Tigre Metal 7 Kham **17**
14 Conejo Agua 8 Gin **18**	15 Dragón Madera 9 Zin **19**	16 Serpiente Fuego 1 Zon **20**	16 Serpiente Fuego 1 Zon **21**	17 Caballo Tierra 2 Li **22**	18 Oveja Metal 3 Khon **23**	19 Mono Agua 4 Dha **24**
20 Pájaro Madera 5 Khen **25**	21 Perro Fuego 6 Kham **26**	22 Cerdo Tierra 7 Gin **27**	23 Rata Metal 8 Zin **28**	24 Buey Agua 9 Zon **29**	25 Tigre Madera 1 Li **30**	26 Conejo Fuego 2 Khon **31**

FIG. 2-14

Ahora vamos a analizar el mes de mayo de 2008 (figura 2-14), que corresponde al año tibetano de la Rata de Tierra. Es un mes doble, es decir que se repite todo igual que el mes anterior. Como vemos el quinto mes tibetano acaba el día 5 de mayo y el 6 de mayo comienza el 5º bis exactamente igual que comenzaba el mes anterior, el día 7 de abril, pero esta vez el 6 de mayo del 2008, con el «Tigre de Fuego», la *mewa* 4 y la *parkha* Li. Otro punto a destacar de este mes es que tenemos un día doble, o sea, los días 20 y 21 de mayo son exactamente iguales; la Luna no se ha llegado a distanciar 12º del Sol desde el amanecer del día 20 hasta el amanecer del día 21 de mayo, por lo tanto arrastra las energías del día anterior, siendo Serpiente de Fuego, la *mewa* 1 y la *parkha* Zon.

Como último ejemplo vemos el principio de junio de 2008 (figura 2-15), el sexto mes tibetano en el año de la Rata de Tierra. Es mes de la Oveja de Madera y comienza el miércoles 4 de junio. Vemos que entre 2 y 3 de junio hay el día tibetano inexistente 29, pasando de la Serpiente de Metal a la Oveja de Madera.

Junio 2008 (gregoriano)
Año de la Rata de Tierra (2135 tibetano)

Mes: 5 bis Caballo de Madera Hasta el 3 de junio			Mes: 6 Oveja de Madera Desde el 4 de junio			
Domingo	Lunes	Martes	Miércoles	Jueves	Viernes	Sábado
27 Dragón Tierra 3 / Dha **1**	**28** Serpiente Metal 4 / Khen **2**	**30** Oveja Madera 6 / Gin **3**	**1** Mono Fuego 7 / Zin **4**	**2** Pájaro Tierra 8 / Zon **5**	**3** Perro Metal 9 / Li **6**	**4** Cerdo Agua 1 / Khon **7**
5 Rata Madera 2 / Dha **8**	**6** Buey Fuego 3 / Khen **9**	**7** Tigre Tierra 4 / Kham **10**	**8** Conejo Metal 5 / Gin **11**	**9** Dragón Agua 6 / Zin **12**	**10** Serpiente Madera 7 / Zon **13**	Día Lunar · Animal Elemento *Mew. / Par.* · Día Solar

FIG. 2-15

Y ya por último tenemos que calcular el animal-elemento correspondiente a la hora de nacimiento. Tomaremos como primera hora las 5 de la mañana, o en nuestro caso cuando amanece, es decir, cuando podemos leer la palma de nuestra mano. Entonces es la hora del primer animal, el conejo al que le seguirá la hora del dragón, la serpiente, etc. Cada dos horas irá cambiando el animal y a su vez el elemento. El primer elemento será el hijo del elemento del día y a partir de ahí cada dos horas se irá sucediendo. Por ejemplo, suponemos que hoy es día del Cerdo de Agua, la primera hora (de 5 a 7 a. m.) estará regida por el Conejo de Madera, la segunda hora (de 7 a 9 a. m.) estará regida por el Dragón de Fuego y así sucesivamente (ver figura 2-16).

Recordemos que el hijo de la Madera es el fuego, el hijo del fuego es la tierra, el hijo de la tierra es el metal y el hijo del metal es el agua, y a su vez el hijo del agua es la madera, con lo cual volvemos a iniciar el ciclo.

**TABLA DE CORRESPONDENCIA
ENTRE LOS ANIMALES Y LAS HORAS**

5 a 7 h.	Conejo
7 a 9 h.	Dragón
9 a 11 h.	Serpiente
11 a 13 h.	Caballo
13 a 15 h.	Oveja
15 a 17 h.	Mono
17 a 19 h.	Pájaro
19 a 21 h.	Perro
21 a 23 h.	Cerdo
23 a 1 h.	Rata
1 a 3 h.	Buey
3 a 5 h.	Tigre

FIG. 2-16

Establecer dos horas para cada animal y elemento es correcto para latitudes cercanas al ecuador, donde la duración del día es parecida a la noche, pero para latitudes cercanas a los trópicos, para conocer realmente el animal y el elemento de la hora hay que dividir el día en dos partes (diurna y nocturna) y de cada una esas partes hacer seis divisiones.

Comenzaremos pues en la hora que se ha hecho de día, en la que empezaremos por el primer animal (figura 2-16), el conejo, luego irán el dragón, la serpiente, el caballo, la oveja y el mono, que son los animales de día, y empezaremos cuando se ha hecho de noche con el pájaro, el perro, el cerdo, el ratón, el buey y el tigre, que son los animales que le corresponden a la noche. En latitudes como España (40º), el reparto de horas es muy importante, ya que en invierno los días son muy cortos y las noches muy largas, con lo cual se han de repartir las horas diurnas (unas 9 horas: de 8 a 17 h) entre seis animales, y las 15 horas nocturnas en otros seis animales, correspondiéndoles unas 2 ½ horas por animal y elemento, en tanto que al día le corresponderán tan solo 1 ½ horas por animal y elemento. El mismo efecto pero al contrario surge en verano, cuando los días son muy largos y las noches cortas.

Por ejemplo, un día Conejo de Tierra queremos saber el animal y elemento que le corresponde a una persona que ha nacido a las 12 del mediodía en un período en que la noche y el día tengan horas parecidas (primavera u otoño). Si miramos en la figura 2-16 veremos que a las 12 del mediodía le corresponde el animal caballo. Para saber el elemento tendremos que empezar por el hijo de la tierra, que será el metal, que correspondía de 5 a 7; el hijo del metal será el agua que correspondería de 7 a 9; el hijo del agua será la madera, que correspondería de 9 a 11; y el hijo de la madera será el fuego, que le corresponde a la cuarta hora de 11 a 13. Así por tanto será Caballo de Fuego la persona nacida a las 12 del mediodía de un día Conejo de Tierra.

Elemento del día →	MADERA	FUEGO	TIERRA	METAL	AGUA
5 a 7 h.	Fuego	Tierra	Metal	Agua	Madera
7 a 9 h.	Tierra	Metal	Agua	Madera	Fuego
9 a 11 h.	Metal	Agua	Madera	Fuego	Tierra
11 a 13 h.	Agua	Madera	Fuego	Tierra	Metal
13 a 15 h.	Madera	Fuego	Tierra	Metal	Agua
15 a 17 h.	Fuego	Tierra	Metal	Agua	Madera
17 a 19 h.	Tierra	Metal	Agua	Madera	Fuego
19 a 21 h.	Metal	Agua	Madera	Fuego	Tierra
21 a 23 h.	Agua	Madera	Fuego	Tierra	Metal
23 a 1 h.	Madera	Fuego	Tierra	Metal	Agua
1 a 3 h.	Fuego	Tierra	Metal	Agua	Madera
3 a 5 h.	Tierra	Metal	Agua	Madera	Fuego

FIG. 2-17

En la figura 2-17 podemos localizar con facilidad el elemento de la hora en función del elemento del día, solo tendremos que localizar en la parte superior el elemento del día y cruzarlo con la hora de nacimiento y obtendremos el elemento de esa hora.

Si sabemos con certeza la hora de nacimiento y de su combinación animal-elemento, nos permitirá aportar más conocimiento en el momento de la confección de una natalidad. Lo realmente importante es el animal de la hora de nacimiento y en algunos textos se compara este animal con el ascendente de la astrología occidental.

Las personas nacidas en la hora del **conejo** serán afortunadas.

Las personas nacidas en la hora del **dragón** tendrán dificultades para hacerse famosas o tener buena reputación.

Las personas nacidas en la hora del **caballo** y de la **serpiente** son favorables.

Las personas nacidas en la hora de la **oveja** y del **mono** no serán favorables para los hombres, tendrán una tendencia a no saber ser útiles y tendrán problemas de salud. Estos nativos pueden tener una voz ronca.

La hora del pájaro no es favorable, estos nativos tendrán que hacer rituales de la larga vida para estabilizar la energía vital.

Las personas nacidas en la hora del perro son difíciles de cuidar, parlanchinas y maliciosas.

Las personas nacidas en la hora del cerdo son difíciles de cuidar y permanecer a su lado.

La hora de la rata es indiferente.

Y la hora del buey no es favorable tanto para los hombres como para las mujeres.

También se puede comparar el animal del año de nacimiento con el animal de la hora de nacimiento, en ese caso tendremos las siguientes comparaciones:

- Si los dos animales son iguales, esto reforzará la característica indicada por el animal del año de nacimiento.
- Si los animales están en armonía (ver capítulo primero), nos indicará una segunda faceta de la personalidad complementaria a la primera.
- Si son de signos inarmónicos (opuestos o cuadraturas), esto significará una doble personalidad con contradicciones internas.

El elemento de la hora es de menor importancia, pero también se puede establecer una comparación de este con el elemento del año, del mes y del día de nacimiento para poder aportar así más datos a la carta natal.

Resumiendo un poco este análisis tenemos:

- El análisis del elemento y animal del año de nacimiento nos dará una indicación general del carácter de la persona.
- En el análisis del mes tibetano de nacimiento, el elemento tiene mayor importancia que el animal, al revés que sucede con el día tibetano de nacimiento, donde el animal tiene mayor relevancia que el elemento. En la hora del nacimiento el animal es más importante que el elemento.

LAS NUEVE *MEWAS*

DESCRIPCIÓN DE LAS NUEVE *MEWAS* (*BU KHA GU*)

Un factor importante en la astrología tibetana es el cálculo de la *mewa*. La palabra «*mewa*» simboliza los nueve orificios que existen en el cuerpo humano, que en tibetano se llama «bu kha gu». *Mewa* significa «mole» o marca de nacimiento, pues a través de la *mewa* podremos averiguar en qué parte de nuestro cuerpo está situada dicha marca. Representan las nueves categorías de espíritus astrológicos. La *mewa* nos indica la relación kármica de una vida con otra. Este sistema numerológico tiene un origen chino y ha sido usado durante cientos de años. Existen nueve *mewas* (números del 1 al 9) en el sistema astrológico tibetano.

Los nueve números (*mewas*) se colocan en un cuadrado de base tres. En su disposición primera (con el número cinco en el centro), sumados tres números en cualquier dirección nos darán 15. Además hay otros ocho cuadrados con posiciones diferentes que completarán los nueve, de manera que en cada uno hay un número diferente en el centro al que corresponde la *mewa* central. El cuadrado origen tiene el número 5 en el centro ya que se corresponde con el cuadrado de Saturno y el 5 es el número central del 1 al 9.

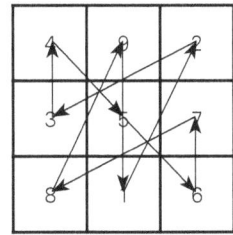

A partir de este cuadrado y haciendo circular los números en lo que se llama el «movimiento del pájaro en vuelo» obtendremos los otros ocho cuadrados. El número uno ocupará el lugar del número dos, el dos ocupará el lugar del número tres, el tres el del cuatro y así sucesivamente hasta llegar al número nueve, que ocupará el lugar del número uno, con lo que obtendremos el siguiente cuadrado, que tendrá el número cuatro en el centro:

3	8	1
2	4	6
7	9	5

A partir de ese nuevo cuadrado volveremos a realizar el movimiento del pájaro volando (o le restamos una unidad a cada número) y en lugar del uno ponemos el nueve. Obtendremos el siguiente cuadrado mágico:

2	7	9
1	3	5
6	8	4

Continuaremos así hasta conseguir los nueve diferentes cuadrados (ver figura 3-1).

A cada *mewa* se le asocia un color y un elemento. Para los números 1, 6 y 8 su color es el blanco y se relacionan con el elemento metal; el color negro es para el número 2, y el azul para el número 3, que representan al elemento agua; el número 4 tiene el color verde y se relaciona con el elemento madera; el número 5 es amarillo y se relaciona con el elemento tierra; para el 7 y el 9 su color es el rojo y se asocian con el elemento fuego. El número más fuerte de los nueve es el 2, que era la *mewa* correspondiente al año 1998 y lo fue de nuevo el año 2007. Las personas nacidas en estos años y todos los que tengan la *mewa* 2 (ver figura 3-2) serán famosas y podrán generar una buena posición si saben utilizar los recursos que les han sido concedidos.

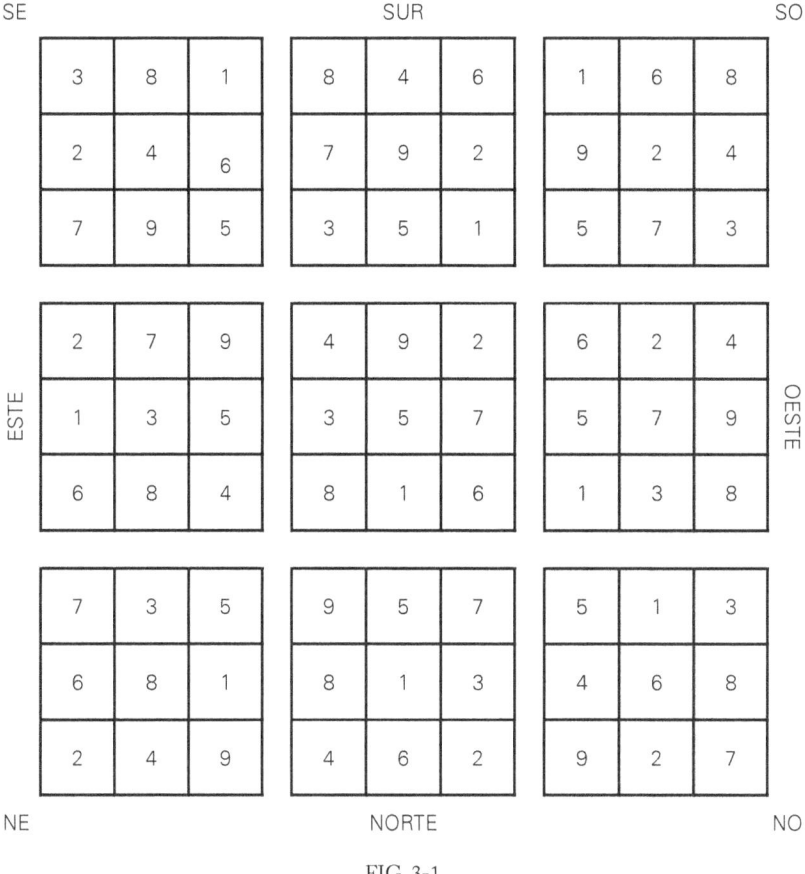

FIG. 3-1

Anualmente la *mewa* anual «ba mé» decrece un número, es decir, si al año 2004 le corresponde una *mewa* 5 amarillo, al próximo año, 2005, le corresponderá una *mewa* 4 verde (ver figura 3-2). Las *mewas* con los números 2, 5, 8 siempre están relacionadas con los cuatro animales más fuertes: el tigre, la serpiente, el mono y el cerdo. Las *mewas* con los números 1, 4 y 7 están relacionadas con los signos medianos: el conejo, el caballo, el pájaro y el ratón. Y las *mewas* con los números 3, 6, y 9 están relacionadas con los signos más débiles: el dragón, la oveja, el perro y la vaca.

Ciclo Superior		Ciclo Medio		Ciclo Inferior	
1er métreng	MEWA	**2º métreng**	MEWA	**3er. métreng**	MEWA
año 1864	1 - blanco	año 1924	4 - verde	año 1984	7 - rojo
año 1865	9 - rojo	año 1925	3 - azul	año 1985	6 - blanco
año 1866	8 - blanco	año 1926	2 - negro	año 1986	5 - amarillo
año 1867	7 - rojo	año 1927	1 - blanco	año 1987	4 - verde
año 1868	6 - blanco	año 1928	9 - rojo	año 1988	3 - azul
año 1869	5 - amarillo	año 1929	8 - blanco	año 1989	2 - negro
año 1870	4 - verde	año 1930	7 - rojo	año 1990	1 - blanco
año 1871	3 - azul	año 1931	6 - blanco	año 1991	9 - rojo
año 1872	2 - negro	año 1932	5 - amarillo	año 1992	8 - blanco
año 1873	1 - blanco	año 1933	4 - verde	año 1993	7 - rojo
año 1874	9 - rojo	año 1934	3 - azul	año 1994	6 - blanco
año 1875	8 - blanco	año 1935	2 - negro	año 1995	5 - amarillo
año 1876	7 - rojo	año 1936	1 - blanco	año 1996	4 - verde
año 1877	6 - blanco	año 1937	9 - rojo	año 1997	3 - azul
año 1878	5 - amarillo	año 1938	8 - blanco	año 1998	2 - negro
año 1879	4 - verde	año 1939	7 - rojo	año 1999	1 - blanco
año 1880	3 - azul	año 1940	6 - blanco	año 2000	9 - rojo
año 1881	2 - negro	año 1941	5 - amarillo	año 2001	8 - blanco
año 1882	1 - blanco	año 1942	4 - verde	año 2002	7 - rojo
año 1883	9 - rojo	año 1943	3 - azul	año 2003	6 - blanco
año 1884	8 - blanco	año 1944	2 - negro	año 2004	5 - amarillo
año 1885	7 - rojo	año 1945	1 - blanco	año 2005	4 - verde
año 1886	6 - blanco	año 1946	9 - rojo	año 2006	3 - azul
año 1887	5 - amarillo	año 1947	8 - blanco	año 2007	2 - negro
año 1888	4 - verde	año 1948	7 - rojo	año 2008	1 - blanco
año 1889	3 - azul	año 1949	6 - blanco	año 2009	9 - rojo
año 1890	2 - negro	año 1950	5 - amarillo	año 2010	8 - blanco
año 1891	1 - blanco	año 1951	4 - verde	año 2011	7 - rojo
año 1892	9 - rojo	año 1952	3 - azul	año 2012	6 - blanco
año 1893	8 - blanco	año 1953	2 - negro	año 2013	5 - amarillo
año 1894	7 - rojo	año 1954	1 - blanco	año 2014	4 - verde
año 1895	6 - blanco	año 1955	9 - rojo	año 2015	3 - azul
año 1896	5 - amarillo	año 1956	8 - blanco	año 2016	2 - negro
año 1897	4 - verde	año 1957	7 - rojo	año 2017	1 - blanco
año 1898	3 - azul	año 1958	6 - blanco	año 2018	9 - rojo
año 1899	2 - negro	año 1959	5 - amarillo	año 2019	8 - blanco
año 1900	1 - blanco	año 1960	4 - verde	año 2020	7 - rojo
año 1901	9 - rojo	año 1961	3 - azul	año 2021	6 - blanco
año 1902	8 - blanco	año 1962	2 - negro	año 2022	5 - amarillo

Ciclo Superior		Ciclo Medio		Ciclo Inferior	
1er *métreng*	*MEWA*	**2º *métreng***	*MEWA*	**3er. métreng**	*MEWA*
año 1904	6 - blanco	año 1964	9 - rojo	año 2024	3 - azul
año 1905	5 - amarillo	año 1965	8 - blanco	año 2025	2 - negro
año 1906	4 - verde	año 1966	7 - rojo	año 2026	1 - blanco
año 1907	3 - azul	año 1967	6 - blanco	año 2027	9 - rojo
año 1908	2 - negro	año 1968	5 - amarillo	año 2028	8 - blanco
año 1909	1 - blanco	año 1969	4 - verde	año 2029	7 - rojo
año 1910	9 - rojo	año 1970	3 - azul	año 2030	6 - blanco
año 1911	8 - blanco	año 1971	2 - negro	año 2031	5 - amarillo
año 1912	7 - rojo	año 1972	1 - blanco	año 2032	4 - verde
año 1913	6 - blanco	año 1973	9 - rojo	año 2033	3 - azul
año 1914	5 - amarillo	año 1974	8 - blanco	año 2034	2 - negro
año 1915	4 - verde	año 1975	7 - rojo	año 2035	1 - blanco
año 1916	3 - azul	año 1976	6 - blanco	año 2036	9 - rojo
año 1917	2 - negro	año 1977	5 - amarillo	año 2037	8 - blanco
año 1918	1 - blanco	año 1978	4 - verde	año 2038	7 - rojo
año 1919	9 - rojo	año 1979	3 - azul	año 2039	6 - blanco
año 1920	8 - blanco	año 1980	2 - negro	año 2040	5 - amarillo
año 1921	7 - rojo	año 1981	1 - blanco	año 2041	4 - verde
año 1922	6 - blanco	año 1982	9 - rojo	año 2042	3 - azul
año 1923	5 - amarillo	año 1983	8 - blanco	año 2043	2 - negro

FIG. 3-2

Para realizar un ciclo completo *mewa*-animal-elemento se necesitan 180 años, o lo que en tibetano se llama *mênkor*, que a su vez está compuesto de tres ciclos de 60 años que se llaman *métreng*. El actual *mênkor* comenzó con el número 1 blanco en el año 1864, que correspondía al Ratón de Madera; era el *métreng* superior que finaliza con el número 5 amarillo. Se inició otro *métreng* en el año 1924 con el número 4 verde, llamado *métreng* medio. Este finalizó el año 1983 con el número 8 blanco. El tercer *métreng* o *métreng* inferior comenzó en el año 1984 con el número 7 rojo. En el año 2044 comenzará un nuevo *mênkor* con el número 1 blanco y el año activo (+) de la Rata de Madera.

En la figura 3-3 vemos los números y sus asociaciones con el color, elemento, dirección y deidad protectora. Más adelante indicaremos el mantra que corresponde a cada número, que servirá de protección y ayuda a las personas que han nacido ese año.

Mewa	COLOR	ELEMENTO	DIRECCIÓN	TIPO DE DEIDAD
1	Blanco	Metal	Norte	Lha
2	Negro	Agua	Suroeste	Dü
3	Azul	Agua	Este	Semnoç
4	Verde	Madera	Sureste	Lou
5	Amarillo	Tierra	Centro	Sadak
6	Blanco	Metal	Noroeste	Gyalpo
7	Rojo	Fuego	Oeste	Tsen
8	Blanco	Metal	Noreste	Lha
9	Rojo	Fuego	Sur	Mamo

FIG. 3-3

La *mewa* de nacimiento se llama «*kyeme*» y también es la *mewa* de la energía del cuerpo «*lü me*». A partir de esta *mewa* vamos a conocer la *mewa* de la vitalidad, del poder y de la suerte.

Para hacerlo, tomaremos el cuadrado que tenga a nuestra *mewa* natal en el centro. Por ejemplo, los nacidos en el año 1972 tendrán la *mewa* 1 blanco. Tomando el cuadrado de la figura 3-1 que tiene el número 1 en el centro, la *mewa* de la vitalidad le corresponderá al número que tiene en dirección sur-oeste, es decir, el número 7 rojo, y la *mewa* del poder le corresponderá a la dirección norte-este, es decir, el número 4; la *mewa* del cuerpo (*lü me*) le corresponderá al número 1, ya que es también la *mewa* natal.

Para facilitar el trabajo podemos utilizar la tabla de la figura 3-4, donde buscando la *mewa* natal encontraremos las otras tres (hay que recordar que la *mewa* natal es el del cuerpo).

Mewa natal (*lü me*)	1	2	3	4	5	6	7	8	9
Mewa de la vitalidad	7	8	9	1	2	3	4	5	6
Mewa del poder	4	5	6	7	8	9	1	2	3

FIG. 3-4

Es decir, a la *mewa* natal le sumamos seis, y si el resultado es diez o mayor de diez, le restaremos nueve, obteniendo así la *mewa* de la vitalidad. Para calcular la *mewa* del poder le sumaremos tres a la *mewa* natal, y si el resultado es diez o mayor de diez, le restaremos nueve y obtendremos así la correspondiente *mewa*.

Para calcular la *mewa* de la suerte o fortuna debemos remitirnos al estudio del Lungta de las energías individuales, donde los textos explican:

> *El tigre, el caballo y el perro tienen el viento de la vitalidad (suerte) del elemento del Mono llamado metal. La rata, el dragón y el mono tienen el viento de la vitalidad del tigre llamada madera. El pájaro, el buey y la serpiente tienen el viento de la vitalidad del cerdo llamada agua. El cerdo, la oveja y el conejo tienen el viento de la vitalidad de la serpiente llamado fuego. Estos animales están agrupados armoniosamente en grupos de tres. Al elemento tierra no le corresponde ningún* lugnta.

Seguiremos con el ejemplo de la persona que ha nacido en el año 1972, el año de la Rata de Agua: le corresponde el *lugnta* del Tigre de Madera. Buscaremos en la figura 2-1 del capítulo el calendario tibetano el año del Tigre de Madera dentro del mismo *métreng* (consultar la figura 3-2, ya que el inicio del *métreng* es diferente del inicio del ciclo de 60 años) y veremos que es el año 1974, que le corresponde en la tabla de la figura 3-2 el número 8 blanco (metal). Esta será pues la *mewa* de la suerte para esa persona.

Para hacer más fácil el cálculo de la *mewa* de la suerte o fortuna podremos ayudarnos de la tabla 3-5, donde solo tendremos que cruzar el *métreng* (superior, medio o inferior) natal (ver tabla 3-2) con el animal del año de nacimiento.

	Tigre Caballo Perro	Conejo Oveja Cerdo	Dragón, Serpiente Pájaro, Buey Mono, Rata
1er. *métreng*	8	2	5
2º *métreng*	2	5	8
3er. *métreng*	5	8	2

FIG. 3-5

INTERPRETACIONES DEL *MEWA* NATAL *"KYEME"*

Es muy importante haber leído y comprender el significado de la rueda de la vida tibetana para entender el significado de las *mewas* (ver capítulo de introducción).

Los mantras personales relacionados con la *mewa* son importantes para realizar nuestra misión de vida, pero podemos utilizar cualquiera de los aquí expuestos con sus correspondientes beneficios. Cuantas más veces lo repitamos mucho mejor ya que pueden ser de gran ayuda en momentos difíciles.

«OM MANI PADME HUM» para desarrollar el amor y la compasión; es el manta de Chenresig.

«OM VAJRA PANI HUM» para obtener fuerza y eliminar los obstáculos; es el mantra de Vajrapani.

«OM VAJRA SATTVA HUM» para purificarse; es el mantra de Vajrasattva.

«TADYATA OM MUNE MUNE MAHAMUNI SHAKYAMUNAYE SWAHA» para ensalzar a Buda y poder seguir enseñando; es el mantra de Shakyamuni.

«OM AMRITA A YUR DADE SWAHA» para obtener una larga vida y purificación; es el mantra de la deidad Vijaya Ushnisha.

«OM TARE TUTTARE TURE SWAHA» para obtener protección y abundancia; es el mantra de Tara.

«OM ARA PATSA NA DHI» para desarrollar el intelecto y obtener sagacidad; es el mantra de Manjusri.

Mewa 1 – Blanco (metal)

Una persona nacida en este *mewa*:

Vida Pasada: Estas personas vivieron en su vida pasada en el reino de los Dioses como hijos de un Dios. Signos en esta vida que muestra las influencias de la vida pasada son posiblemente, algún lunar o marcas en la parte baja del cuerpo o son zurdos.

Mantra personal: Para las personas nacidas en un año 1 blanco su mantra personal es «OM MANI PADME HUM» para desarrollar el amor y la compasión; es el manta de Chenresig.

Carácter: Si es un hombre será valiente. Si es una mujer no será inferior a los demás en lo concerniente a las propiedades, pero tendrá que cambiar de casa. En caso de que la persona sea una mujer, a ella le gustan mucho los hombres.

Uno de sus antepasados es el patriarca de la familia. Si pierde esta prosperidad, probablemente sus descendientes sufrirán impedimentos físicos, reumatismos, artritis, problemas de la vista, alternativamente, si las enfermedades mencionadas no suceden, su descendencia sufrirá dolores de hombro, nariz y problemas oculares. Siempre habrá descontento con la mente, sin permanecer en el corazón. Por naturaleza, será nervioso, mal genio, pero de buen corazón. Les gusta viajar. Son buenos en trabajos sociales donde hay otras personas beneficiadas. Su primera parte de la vida se caracteriza por importantes cambios de la fortuna y habrá un sufrimiento psicológico y la tristeza. Su parte posterior de la vida será feliz y armoniosa.

Salud: Esta será sujeto a dos condiciones: o bien la persona se convertirá en un huérfano o que se verá influido por la energía negativa se originó por un resentimiento de parte de su madre o hermana. Esta energía negativa no es muy favorable a sus protectores, por lo tanto es probable que sufran de problemas de los sentidos o en los huesos de la cabeza, es posible que los padres tengan un accidente durante un viaje, cuya consecuencia es que la persona tendrá dos lugares de residencia. Su personaje será falto de aliento, nervioso y de mal humor. Sus propiedades favoritas serán animales que dan leche. Le gustarán los productos lácteos y el vino.

Niños: Se tendrá dificultades en tener un hijo y sus hijos pueden venir de fuera de su casa.

Riquezas: La propiedad será inestable y es probable que haya una separación o él a dos niños diferentes, pertenecientes a diferentes padres. Sobre sus descendientes pueden tener un solo niño solo durante tres generaciones.

Esperanza de vida: La esperanza de vida es de 71 años con cuatro obstáculos importantes.

Próxima vida: Si la persona construye una estatua de Avalokitesvara, nacerá como un varón en una familia rica o como un Brahmán en este mundo. Si no realiza buenas acciones, puede nacer como una cabra, una oveja, un pato o un cisne o un humano que vivirá en la montaña o también puede reencarnarse en el reino de los Nagas.

Espíritus: Esta persona puede ser provocada por el rey de los Espíritus y los espíritus Gongpo, cuando eso suceda sentirá como le quema la mente. Hay un gran peligro de que un espíritu Gongpo pueda entrar en su corazón. Sus protectores son espíritus Naga femeninos de color blanco, lo protegerán de cualquier influencia negativa.

Consejo: Si la persona es buena y limpia desde el punto de vista higiénico, sus protectores siempre serán favorables con él y le evitarán las energías negativas que se desprenden de un muerto y un matrimonio.

Mewa 2 – Negro (agua)

Una persona nacida en este *mewa*:

Las personas nacidas en un año 2-negro su mantra personal es «OM VAJRA PANI HUM» para obtener fuerza y eliminar los obstáculos; es el mantra de Vajrapani.

Vida Pasada: En su vida pasada estaba en el mundo inferior llamado infierno. Como un signo y la influencia de su pasado en vivo, en esta vida, probablemente se separarán sus padres bastante pronto y hará un falso testimonio a su padre y su tío. Tendrá que cambiar su casa. Si es el primer hijo de la familia, entonces él va a ser fácil de desarrollarse. Sufre de la competencia y de los celos de los familiares junto a su padre. Será agradable y suave en su manera de hablar, pero dentro de él habrá un carácter fuerte. Tendrá un humor frío y hablará poco, pero de manera significativa. Estos son los síntomas de su influencia en la vida pasada.

Vida actual: En su juventud sufrirá varios problemas, como consecuencia de su nacimiento, haber traído algunos obstáculos a sus padres, parientes, amigos, o para la propiedad. En su vida habrá algún tipo de sufrimiento que le hará llorar. Incluso si hace su trabajo con una mente positiva y un buen corazón, las personas lo tratarán mal. Ha hecho su trabajo con lo mejor de su capacidad, pero obtendrá pocas apreciaciones. Si él es un practicante religioso, tendrá la energía psíquica muy fuerte. Le gustará la carne y será muy nervioso y agresivo. Incluso si muestra bondad hacia los demás, recibirá una respuesta negativa. Hará felices a los demás, pero muy poca satisfacción le vendrá a él.

Carácter: Ha hecho el trabajo con energía, pero su trabajo no ha terminado en absoluto. Tenía una relación preciosa de sus amigos, pareja e hijos, pero él no tiene la buena fortuna de estar con ellos. Se dice que solo como una flecha.

Como consecuencia de un fratricidio cometido por uno de sus antepasados, su carácter se verá influido y será extraño, pondrá atención a su trabajo en la mañana y descuidado en la noche. Posee una mente inmutable y un discurso de gran alcance.

Será separado de sus padres y se dañará un hueso en la cabeza, por lo que su propiedad y la vida será inestable. Se dice: si el palacio de hierro no tiene puertas, el rey sin vida y si un gallo se pone bajo la el polvo que se extenderá todo el polvo en el espacio. Esto ocurrirá metafóricamente en su vida.

Salud: En general no habrá muchos problemas físicos, pero si se contrae una fuerte enfermedad puede ser peligroso para su vida.

Niños: Puede tener de dos a tres niños.

Esperanza de vida: Aproximadamente 67 años con tres períodos difíciles.

Próxima vida: Puede renacer como un oso, un mono o un preta, Si construye una estatua a Vajrapani y realiza su práctica su futura vida puede cambiar y renacer como un ri Tsang (dios celestial) o como una lon Shang (hijo de un espíritu rico) o bien se renacerá como un hombre en el mundo humano. Puede tener una marca de nacimiento o una peca en el pecho, brazos o cuello.

Espíritus: Él recibirá una provocación de Sadak y un De-bo y Dud y el Dios de la Guerra le protegerá. No será atacado por los espíritus menores.

Por culpa de dos hombres o mujeres recibirá una provocación de los espíritus de bDud, su nacimiento tendrá un efecto negativo para sus familiares. Su prosperidad se perderá. Le costará desarrollarse. Cuando sea adulto se separará de su pareja o le será difícil criar a sus hijos.

Consejo: En la historia de sus antepasados, podría haber una historia de fratricidio, y de falta de niños. En el futuro sus descendientes sufrirán de la misma, por lo tanto debe ser consciente de ello.

Mewa 3 – Azul (agua)

Una persona nacida en este *mewa*:

Las personas nacidas en un año 3-Azul su mantra personal es es «OM VAJRA SATTVA HUM» para purificarse; es el mantra de Vajrasattva.

Vida Pasada: Su reencarnación ha sido ayudada y conducida por un espíritu o bSenmo kLu-srin Gnyan o por lo que se dice que es el hijo de este espíritu. En su vida pasada, que nació como un bragsrin (hombre Abominal de las rocas), en su vida pasada segunda que nació como un elefante.

Vida Actual: Las fuerzas kármicas y las influencias del pasado le dan su carácter actual. Le gusta mucho dormir y tiene un corazón grande y valiente. Sus pertenencias son inestables. Los signos de esta influencia podrían ser marcas de nacimiento en la pierna lado izquierdo y en la parte inferior del abdomen. Como consecuencia de su nacimiento, su familia perdió el Yang (prosperidad).

Carácter: Será ambicioso y difícil. Sin conocimiento adecuado de las prácticas religiosas y espirituales, le gustará mostrar sus conocimientos. Si es hombre, será poco hablador; si es mujer, sufrirá la pérdida temprana de su marido.

No va a ser humillado por la gente de clase alta, pero tendrá humillaciones desde la clase baja. La gente oculta en la sombra será su enemigo en el futuro. Puede haber el peligro de que, por hablar, se separe de su pareja. Es una persona que siempre cambia de opinión, hace lo que quiere y es difícil ser influenciado por otros. Es ambicioso y difícil de satisfacer. Espíritus siempre tratan de interferir con él y esto trae infelicidad en su trabajo. Hizo el bien y la bondad a los demás, pero recibirá culpas de otros. La gente no lo deja entrar en una posición alta y no puede soportar una posición inferior. Él es una persona fácil de engañar y a veces culpa y crítica a quien le engaña. Es una persona que está esperando los buenos resultados que vienen de su vida pasada. Sus antepasados están apareciendo en la superficie pulida de una espada, han logrado ocupar el lugar de su generación, pero, debido a esto, sus antepasados fueron asesinados o murieron por cuchillo u otra arma. Por parte de su padre, algunos miembros de su familia han sido separados de la familia o han estado en situaciones de escasez.

Él es el hombre que tiene una pierna para el apoyo de su propio cuerpo, pero no obtuvo la ropa para cubrir su pierna y esto significa que en los últimos años de su vida permanecerá solo o tendrá dos lugares donde residir.

Será una persona que se ha construido a sí misma con pocas enfermedades físicas.

Salud: En general, esta persona va a disfrutar de buena salud, pero morirá de una enfermedad crónica o un accidente. Para él y sus descendientes, la causa de la muerte será una caída o rodando de una montaña, una espada o asfixia.

Entre sus hijos es probable que haya problemas de órganos internos o para tragar, enfermedades de la piel o edema, hemiplejía o epilepsia.

Riquezas: Esta persona tiene un buen protector divino, que sin embargo desapareció como resultado de sus trabajos negativos y contaminados y por tanto el Yang de la propiedad y la riqueza ha sido robada por un hDre o un enemigo. En consecuencia, su riqueza es inestable como una ilusión, o como los vapores de agua.

Niños: Esta persona es como un árbol con muchas hojas y poca fruta. De manera similar, él es un hombre con muchos matrimonios, pero pocos niños

Esperanza de vida: La esperanza de vida se fija alrededor de 70 años, con tres obstáculos.

Próxima vida: En su próxima vida, probablemente va a renacer como un elefante o como una perdiz (ave de montaña). Si la persona hace un regalo muy generoso y recita el mantra de Vajrasatva alrededor de diez mil o cien mil veces y si construye una estatua de Vajrasatva, nacerá en el Oeste con un idioma diferente como hija en una familia rica. Como signo de que esto pueda ocurrir, debe tener una marca de nacimiento en las costillas, espalda, brazos o en el área pélvica.

Espíritus: Justo después de su nacimiento, los espíritus Dre-wo y Sen-mo fue provocado. Durante su vida, tendrá una provocación de un Sa-srin y un kLu-srin. kLu-srin y Gongpo son sus protectores, que le ayudan a protegerse de las influencias negativas.

Consejo: Es peligroso para él para hacer fuego cerca del espíritu de la casa o de la tierra. Debe mantener atención a las fuerzas negativas y a la energía, que oscurecen su inteligencia y la conciencia.

Mewa 4 – Verde (madera)

Para las personas nacidas en un año 4-Verde su mantra personal es «OM VAJRA PANI HUM», para obtener fuerza y eliminar los obstáculos; es el mantra de Vajrapani. Las personas que tienen este *mewa* han sido nagas en su vida anterior.

Vida Pasada: Su reencarnación en el reino humano se vio favorecido por el espíritu de una mujer blanca Naga, por lo tanto es un hijo de Naga. En su vida pasada, esta persona era un kLu y luego volvió a nacer como un ciervo blanco. Como signo de la influencia de esta vida pasada podría haber lunares negros o marcas de nacimiento en cualquier muslo.

Vida actual: Sus descendientes tendrán problemas en los órganos sensoriales o sufrirá muchos casos judiciales y desgracias a causa de tener una Yang (prosperidad) de la casa. Él recibirá una gran cantidad de trabajos u ocupaciones que requieren de viaje y de muchos sufrimientos. La gente hablará mucho sobre él. Hace un buen trabajo, pero los resultados serán reclamados por otros. No le gusta estar en una posición inferior, pero la gente no lo deja subir. No habrá grandes ingresos, aunque no es necesario gastar mucho.

Carácter: Le encanta viajar y hacer mucho trabajo mental. Será profundo y con una mente negativa. Por su naturaleza, esta persona tendrá amor por la limpieza. Es sensible, hablando claramente, pero es fácil ponerse nervioso. Será generoso pero recibirá solamente culpas y negatividades.

Salud: En su casa o terreno o lugar de trabajo habita un espíritu Sadak, que está causando su gota, reumatismo, enfermedades de la piel o granos, o trastornos mentales o depresión.

Niños: Puede tener hasta cuatro niños.

Esperanza de vida: Aproximadamente 72 años. Estos nativos tendrán cuatro períodos difíciles.

Próxima vida: Probablemente va a renacer como una paloma, un cuco o como una persona con dificultades auditivas. Como muestra de esto, se pondrá claramente de manifiesto un lunar en la región lumbar baja o en el hombro, la espalda o en el brazo derecho o en la región occipital o en la frente o tendrá una cadena de topo. Si no tiene esto, debe ser una persona zurda o existe la posibilidad de tener una mancha o verruga en la cara. Si esta persona construye una estatua a Vajrapani o recita el mantra diez mil o cien mil veces, nacerá como un tántrico poderoso, que hace que potencie las prácticas esotéricas, o como un mago, o podrá renacer como el hijo de un rico de la familia en Occidente.

Espíritus: A través de la contaminación (contagio), la persona sufrirá de la propiedad inestable y tendrá que cambiar de lugar. Los animales que pertenecen a sus familiares sufrirán el espíritu. La forma o el espíritu es similar a la media luna o un arco. Cerca de su casa hay una calle o un pasaje para el viaje de los espíritus Naga, por lo tanto sus descendientes, y probablemente recibirá una provocación de ellos. Un espíritu femenino Blanco Naga y el jefe de los nagas (Klu-mgon) protegerá a esta persona.

Consejo: Siempre va a tener que prestar atención a los lugares contaminados, como los cuerpos muertos, las fiestas de casamientos y rencores. Esta persona tiene que hacer una puja de Naga y necesita prestar atención a los Nagas, si no, van a provocar en él una enfermedad Naga. Él tiene que adorar a estos nagas ofreciéndoles diferentes granos y medicamentos Naga (KL-sman). Si el culto va perfectamente, recibirá gran ayuda.

Mewa 5 – Amarillo (tierra)

Las personas nacidas en un año 5-Amarillo su mantra personal es «TADYATA OM MUNE MUNE MAHAMUNI SHAKYAMUNAYE SWAHA» para ensalzar a Buda y poder seguir enseñando; es el mantra de Shakyamuni. Las personas que han nacido con esta *mewa* han sido un monje o una persona de religión en su vida anterior.

Vida Pasada: Era un monje, un príncipe o un rey. El espíritu bDud le ayudó a renacer en el reino humano. Antes de esta vida pasada nació como un rishi o un monje budista, o como un sadhu común (Acharya) o un Gyalgon.

Vida actual: Los signos y síntomas de su pasado viven en el presente, a veces aparecen como tener una mente inestable y como hablar cosas no relacionadas o que tengan una mente muy rápida y precisa.

Carácter: A partir de su patrimonio tendrá una provocación de un Sadak y un espíritu rey. Sin darse cuenta, perderá sus protectores. Esto puede causar problemas relacionados con un cuchillo o de un peligro de esterilidad, por lo tanto esta persona debe hacer una propiciación a sus protectores. En general, tiene una gran fuerza su palabra, inteligente, muy ambicioso y difícil de satisfacer. Le gustará ayudar a los niños huérfanos. Algunas personas, a las que había sido útil, se convertirán en sus enemigos y pueden crearle culpabilidad. Será infeliz de su trabajo. Su patrimonio pertenece a una familia culta, o él mismo será una persona con gran cultura. Físicamente, se llevará a cabo acciones fuertes, pero internamente no va a ser ambicioso. Será difícil para él para obtener satisfacciones de los demás. Por naturaleza, no será muy hablador, y postergará sus funciones. Internamente, tendrá una mente estable y tiene un buen control de sí mismo. Esta persona viene de una energía elemental muy concentrada y, por naturaleza, tiene una fe espiritual fuerte y una mente estable. También poseerá un gran conocimiento. Será en función de sus padres, y por lo tanto, ha tenido la suerte de haber nacido en el lugar correcto. Buena prosperidad en la tierra y las propiedades, a excepción de los animales, pero su propiedad será inestable.

Salud: Si el niño es una mujer, tendrá problemas de salud por contagio; si el niño es un varón, los problemas de salud se iniciarán cuando sea adulto. En general, diversos problemas físicos siempre estarán presentes. Ya sea hombre o mujer, sufrirá por la fiebre contagiosa o de otros problemas externos, como robos o asesinatos. Físicamente también sufren de linfático, o suero o trastornos biliares.

Niños: En cuanto a la parte de los niños haya sido asignada, que es una persona que tendrá dificultades para tener hijos, pero si lo intenta, puede tener hasta cinco.

Esperanza de vida: Esperanza de vida se fija alrededor de 70 años, con dos obstáculos. Si pasa mucho tiempo en la práctica religiosa, alargará la vida.

Próxima vida: Si en esta vida la persona realiza malas acciones, en la próxima vida probablemente volverá a nacer como un mono o como una gallina. Si la persona realiza una estatua de Buda o imprime un Dorje Choepa, en su próxima vida será transformada en un practicante tántrico o va a nacer como un hombre de buena fe para la vida espiritual. En su segunda próxima vida nacerá como un hijo de un Srin (la pacificación es necesario) o como un hijo de un hombre de negocios.

Espíritus: Recibirá una provocación del rey de los espíritus Purkha, Dam-SRI, Klu, Nyen, y los espíritus de Sadak. Un espíritu rGyalpo puede interferir con él y sin razón lo pondrá nervioso y agresivo, puede perder el control de su mente, se tiene que volver flexible. Incluso sus descendientes tendrán un problema de la histeria o la depresión. Como signo de esto, porque los espíritus protectores y no son felices, tendrá sueños extraños. Tendrá que cambiar su casa u otras personas le empujan a irse de su casa. También recibirá una provocación de un protector de un monasterio y de espiritual practicantes. Si pertenece a un Bonpo o un budista o al patrimonio espiritual, entonces no sufrirán de estos problemas relacionados con los espíritus.

Consejo: Esta persona debe prestar atención a los cuchillos y las necesidades para hacer una expiación a sus protectores. Hay una gran necesidad de una confesión a los protectores a fin de transformar la negatividad. También una ceremonia ritual de gDsugtor-sTongbZlog es necesaria y esta persona debe tratar de ser un profesional bien espiritual.

Mewa 6 – Blanco (metal)

Las personas nacidas en un año 6-Blanco su mantra personal es «OM AMRITA A YUR DADE SWAHA» para obtener una larga vida y purificación; es el mantra de la deidad Vijaya Ushnisha.

Vida Pasada: Las personas que tienen este *mewa* en su anterior vida han sido un preta o un braman. También pueden haber sido un ciervo o un pájaro cucú. Debido a las influencias del pasado tendrá un lunar en la pierna izquierda o en el brazo derecho o en la pantorrilla derecha. Mentalmente es inteligente, pero con una mente inestable.

Vida actual: Es una persona que le gusta viajar y dormir. Si el niño es una mujer, entonces ella se habla en voz baja-pero internamente agresiva. En general, no va a ser rico. En cuanto a su propiedad, con materiales del color rojo será próspero. Las propiedades serán inestables y existe el peligro de que la gente le tome su casa.

Carácter: En general, no va a ser rico y mantendrá dos casas. Debido a que sus protectores están descontentos, sufrirá de tener pocos descendientes. Hay poco de amabilidad de parte de sus padres, pero él mismo será fuerte, tanto física como mentalmente. Tendrá muchos parientes, pero al final solo habrá uno, tendrá muchas amigas, pero al final será soltero. Es amable con los demás, pero recibirá respuestas negativas. Por su naturaleza, su manera de comunicarse y su rostro no será hermoso, pero tiene una mente hermosa. Dará una buena ayuda a los demás, pero esto será destruido por las habladurías. Si recibe una magia negra por un chamán o un mago lo perjudicará. Tendrá que cambiar su residencia y los problemas que surgen por parte de los parientes de su padre. No habrá competencia entre los parientes y él será débil delante de su esposa. Será fácil hacer amistades, pero no durarán mucho tiempo, como una flor de albaricoque.

Salud: En general, sufrirá pocas enfermedades, pero si se contrae la enfermedad, esto será peligroso para su vida.

Niños: Puede llegar a tener cinco hijos. Su descendencia puede tener contagios sexuales y puede ser un gran peligro que los niños sean gemelos o discapacitados o con falta órganos de los sentidos.

Esperanza de vida: La esperanza de vida se fija a los 70 años, con cinco obstáculos.

Próxima vida: Si la persona se dedica a asuntos negativos en esta vida, entonces en su próxima reencarnación nacerá como hija de un chamán, o como un meditador budista o un pájaro. Si la persona hace una estatua de su maestro espiritual gTsugtor, este trabajo puede transformar lo negativo en positivo y así nacerá de nuevo en Occidente como una persona culta grande o nacerá en el cielo.

Espíritus: A causa de la infelicidad de su protector, sufrirá si tiene pocos descendientes y bSerag, Dam-Lanka y espíritus Purkha le provocarán. Bholha y los espíritus de Dios de la Guerra siempre lo protegerán. Siempre sufrirá por los espíritus de los cielos, Gongbo los molestará en esta vida y un espíritu contaminado que provenga de un contacto sexual lo provocará.

Consejo: Esta persona tiene que prestar atención a los contactos sexuales y tener cuidado acerca de su sistema nervioso y el cerebro.

Mewa 7 – Rojo (fuego)

Una persona nacida en este *mewa*:

Vida Pasada: En su vida anterior nació como un espíritu que habita en las montañas y como un semi-dios. Está bendecido por Tsen (espíritu de la montaña), por lo que se dice que es un iracundo guerrero con una espada, lo que significa que será por naturaleza una persona colérica y agresiva. Signos en esta vida que muestra las influencias de la vida pasada son posiblemente, algún lunar o marca de nacimiento en las costillas o en el pecho o en la mano izquierda.

Mantra personal: Para las personas nacidas en un año 7-Rojo su mantra personal es «OM TARE TUTTARE TURE SWAHA» para obtener protección y abundancia; es el mantra de Tara.

Vida actual: La felicidad y la tristeza son como el Sol en la primavera; es brillante pero frío.

Carácter: Es una persona que no evita las malas acciones y tiene un ego fuerte. Llegará lejos, pero habrá interferencias para derribarlo. Crecerá lentamente y de manera constante, pero sobre el terreno se va a destruir su obra como pan caliente frito. Las propiedades serán como el fuelle de un herrero (no hay relación, pero se necesitan mutuamente, por lo que su propiedad y él mismo no van a estar juntos). Será nervioso y olvidadizo. Si es una mujer, le encantará dormir y probablemente se separará de su marido. Podría estar luchando desde la infancia con el padre y desde el nacimiento le va a gustar la lucha. Tendrá que pagar una multa en el tribunal. Todas estas características son una manifestación de un espíritu de Btsan. Tendrá un corazón valiente y será hábil. Tendrá una piel de color rojo, será agresivo y estará encantado de tratar y comer carne roja, no le gusta la comida vegetariana. Recibirá injurias y culpas sin razón y querrá dejar el trabajo pero es su sustento y él seguirá allí. Tendrá muy buenas digestiones (poder de digestión fuerte). A pesar de sus discusiones, sus palabras duras o erróneas, se sentirán fuertes, brillantes y gloriosos y suscitarán la envidia de sus amigos.

Salud: Es posible que haya una historia sobre sus antepasados asesinados por una espada. Él mismo estará en peligro a causa de un cuchillo. Si come mucha carne roja podrá tener un grave problema de salud. Sus descendientes pueden tener una muerte en accidente de viaje o con algún utensilio de metal. Físicamente, problemas en la sangre o trastornos gástricos o colitis. Desde su infancia tendrá problemas en la piel o heridas crónicas o tumores benignos.

Niños: Pueden tener hasta cinco.

Riquezas: La riqueza será como el Sol de la primavera y el negocio será próspero en las propiedades de color blanco y rojo como los productos lácteos y la carne.

Esperanza de vida: Vida útil se fija en 80 años, con cuatro obstáculos.

Próxima vida: Si la persona construye una estatua de Tara y admite sus errores, renacerá como hombre o como un monje. Si la persona se dedica a asuntos negativos, probablemente volverá a nacer como un insecto, o como un perro rojo o un lobo o un preta en este mundo.

Espíritus: Un espíritu de la espada que vive en la montaña puede provocarle problemas relacionados con los cuchillos y espadas, le deberá hacer un santuario al espíritu de bTsan para que le proteja.

Consejo: Evitar peleas y jugar con cuchillos, especialmente evitar enfrentamientos por la parte del padre o con el padre.

Mewa 8 – Blanco (metal)

Una persona nacida en este *mewa*:

Vida Pasada: En su vida pasada nació en un país bárbaro, después nació en el cielo como hijo de los dioses Tushita. Debido a la influencia de su vida pasada, tiene que tener un lunar en la pierna derecha o en la mejilla derecha.

Mantra personal: Las personas nacidas en un año 8-Blanco su mantra personal es «TADYATA OM MUNE MUNE MAHA-MUNI SHAKYAMUNAYE SWAHA» para ensalzar a Buda y poder seguir enseñando; es el mantra de Shakyamuni.

Vida actual: Es un niño que ha sido bendecido por la Deva de Tushita, por lo que se dice que es hijo de una Deva.

Carácter: Es lento, profundo y poco hablador, pero su interior es estricto. Mantendrá dos residencias y estará protegido por un espíritu muy poderoso. Tendrá un cuerpo blanco, nariz afilada y un gran ego. Se ganará el respeto de la gente porque es una joya del mundo. Incluso si él mismo se dedica a asuntos negativos, se encuentra bajo la protección de un Dios muy poderoso y obtendrá la simpatía de la gente y pocas dificultades en su vida. Incluso si tiene una enfermedad, será fácil de curar, será especialmente feliz, en la última parte de su vida. Es como el río que se va haciendo más grande cuando está más cerca del final, la lámpara está más brillante cuando está cerca de terminar. Incluso después de morir, las ceremonias rituales de la muerte serán debidamente cumplidas por sus hijos. Es una buena persona y tiene un buen protector, es como una olla de barro con un buen cocinero, incluso mejor (esto significa que su protector es un protector muy bueno). Es bueno en la artesanía, inteligente, con una mente aguda, pero a veces será fácil de perjurio y hablar de cosas sin sentido. Aprenderá correctamente y con una buena fe para su vida espiritual. La gente noble del pueblo le amará, y las personas de clase baja estarán en contra de él. Habrá peligro de conflictos entre él y su hijo, y esto puede ser utilizado por otras personas para estorbar a su familia. Si él es un maestro espiritual, entonces será una persona respetable, pero que tendrá una gran tendencia y susceptibilidad a guardar rencor por pequeños errores.

Salud: En general, habrá una buena salud, incluso si se enferma, fácilmente se va a curar. Debido a su rencor, la gente comenzará a tener sentimientos negativos hacia él. Por culpa del rencor, a veces se enoja y se siente inquieto. Como una manifestación de sus protectores cuando se sientes infelices, él mismo se pondrá nervioso sin razón aparente. Se le habla sin sujeto, corre sin razón y sin un propósito, que le gusta golpear.

Niños: Puede tener de tres a seis. Tiene la fortuna de tener buenos hijos y convertirse en un abogado de éxito. También sus hijos pueden convertirse en abogados de éxito.

Riquezas: Se convertirán en más ricos en la parte última de su vida.

Esperanza de vida: La esperanza de vida se fija en 65 años, con tres obstáculos.

Próxima vida: Probablemente va a nacer como ser humano femenino. Si esta persona hace una estatua a Buda, nacerá como un escultor o un practicante espiritual, en la siguiente reencarnación lo hará como una Deva en el cielo.

Espíritus: El protector del pueblo «Dios de la Guerra» y el «Espítiru del Rey» le protegerán y le tendrá que hacer propiciaciones a ellos. Espíritus negativos: hay peligro de que los protectores se enojen con él y hGondre y Espíritu del Rey de los vecinos pueden ser perjudiciales para él.

Consejo: Solo habrá un peligro, debe ser muy cauteloso para no sentir rencor hacia los parientes u otras personas. Si la persona se estanca en esto, el espíritu de rencor lo provocará él, y esto puede ser destructivo en el futuro. Por lo tanto, ser conscientes de evitar el rencor.

Mewa 9 – Rojo (fuego)

Las personas nacidas en un año 9-Rojo su mantra personal es «OM ARA PATSA NA DHI» para desarrollar el intelecto y obtener sagacidad; es el mantra de Manjusri. En su anterior reencarnación estuvieron en la casa de los dioses, como hijo de un médico de Deva. Si la persona hace una estatua Manjusri y recita su mantra, nacerá como un hijo de una familia rica en Occidente o nacerá como un rico avaro o en alternativa, podrá renacer como un dios habita en el cielo nublado. Esto muestra, en algunos signos, como tener un lunar o una marca en el oído, en la cara, el cuello, en la espalda o en la pierna izquierda.

Vida Pasada: En su vida pasada fue un espíritu subterráneo de dMu, nació como un perro en una familia rica, y luego como médico chamán, luego en su última vida pasada fue el hijo de un médico celestial de Dios, por lo tanto esta persona se dice que es bendecida por el gran médico del cielo.

Vida actual: Está sosteniendo (metafóricamente) siete ramos de flores en la mano derecha y siete en la izquierda. Si no se separa de estas flores no tendrá que depender de nadie. Incluso si sus padres son pobres, será rico; es el resultado de su propia fortuna. Si se separa de estas flores, que se rompa el Yang (prosperidad) disminuirá su poder. Las consecuencias serán las siguientes: si la persona no posee una rica propiedad, sus familiares se convertirán en enemigos, y si es hembra, entonces no habrá daños, pero si la persona pasa a ser un chamán o un budista o un ser espiritual médico será aún peor para él.

Carácter: En general, tendrá una mente blanca y abierta con una gran envidia y un fuerte deseo de la propiedad. Si no se seca el Yang (prosperidad), entonces será feliz en la parte posterior de su vida. Un espíritu de material negro provocará a sus hijos. Para evitar las negatividades -sgrub debe ser realizada una ceremonia. En su herencia del pasado joyas muy preciosas o antigüedades se han perdido y esto le hizo perder su Yang (prosperidad), pero su última parte de la vida estará llena de Yang y aumentará con el aceite de la fortuna. Él es un hombre que ha renunciado a la religión de los demás y se escapó de la religión de su padre y está en la actualidad dedicado a una religión muy extraña.

Es una persona que tiene que gastar mucho dinero, y también es una persona emotiva. En resumen, durante la vida con sus padres y su propia vida, perdió Yang (prosperidad) de los hombres y las propiedades, por lo que su propiedad será inestable como el rocío, que aparece y desaparece fácilmente. La primera parte de su vida será difícil, pero la última parte será feliz y rico.

Esperanza de vida: Longevidad de 70 años, con cinco obstáculos.

Próxima vida: Si no tiene cuidado en evitar participar en acciones negativas, nacerá como un perro, un mono o como una pobre mujer.

Espíritus: El espíritu de la vivienda de montaña y el hijo de un sman-mo le protejen y un espíritu que habita en las aguas de la montaña o en un pequeño bosque que le provocarán.

Consejo: Si cuida animales de granja de su propiedad, tendrá buena disposición a las riquezas.

Nota: los tibetanos creen en el renacimiento y para entender sus textos tenemos que haber comprendido la Rueda de la Vida (ver capítulo «Introducción a la astromedicina tibetana»). La duración de la vida hay que tomarla como referencia y ajustarla con otros factores como la posición de la Luna en momento del nacimiento y la duración estimada del binomio animal-elemento (ver capítulo «El calendario tibetano»).

༼༢༽

གཉིས་ནག་ཏུ་སྐྱེས་པ་ནི། ཚེ་སྔོན་བདུད་ཀྱི་བུ་རུ་
སྐྱེས་པར་བཤད་པ་སྟེ། དེའི་རྟགས་ལ་ཁ་འཇམ་ཁོག་གྱོང་
བ། ནང་རྒྱུབ། ཕྱི་རུ་ལེགས་བྱས་ཉེས་བྱས་ཤེས་ཤིང་དྲང་
བ་དང་། ཀུ་རེ་ཀྱལ་ཀ་དང་མི་ལ་འཕྱ་བར་དགའ། དགྲ་ལ་
ཞེ་ནག་ཚིག་སྒོམ་ཆེ་ཞིང་བཟང་ངན་གྱི་ལན་བྱེད་པ་དང་། ཕ་
མ་སྤུན་ཉེ་བྲལ་བ་སྟེ། ལུས་ལ་ནད་དང་གནོད་པ་ཉུང་བས་
ལྷུགས་ཀྱི་ཐོ་ལུམ་དང་འདྲ། ན་ཚ་འབྱུང་ཡང་འཚོ་བ་སླ། ཁ་
གྲགས་ཆེ་བས་ཟླ་གྲོགས་དང་འཁོར་ལ་གཟན་པས་ན། དོན་
རྣམས་བསམ་པ་བཞིན་དུ་མི་འགྲུབ། ནོར་ལ་གང་སྟོང་དང་
བུབ་ཆེ། ཟས་ནོར་དབང་ཐང་ཆུང་ཡང་སྤྱོད་ཆེ། ཚེ་སྟོད་
དང་ཚེ་སྨད་མི་སྙོམ་པ་དང་། ལས་དང་སྤྱོད་པ་རྩེང་ཞིང་རང་
རེ་མི་འགྲོད་ཙམ་རེ་བྱེད་པ་ཡིན། ཕྱི་མ་ཡི་དྭགས་ཁ་ཞན་
དུ་སྐྱེ་བར་འགྱུར་བས། དེར་ཕྱག་རྡོར་སྐུ་དང་མཆོད་རྟེན་
བཞེངས་ན། ཕྱི་མ་སྔགས་པ་ཞིག་གམ་བློན་པོ་དྲག་ཅན་ཞིག་
ཏུ་སྐྱེ་བར་བཤད།

En la figura 3-6 vemos los textos originales en tibetano correspondientes a la *mewa* 2.

FIG. 3-6

Los tibetanos son muy aficionados a utilizar un instrumento que siempre llevan encima: ese instrumento es la mano, pues no suelen utilizar calculadoras ni ordenadores. En la figura 3-7 vemos la disposición de las nueve *mewas* utilizando los tres dedos centrales de la mano izquierda (anular, central e índice).

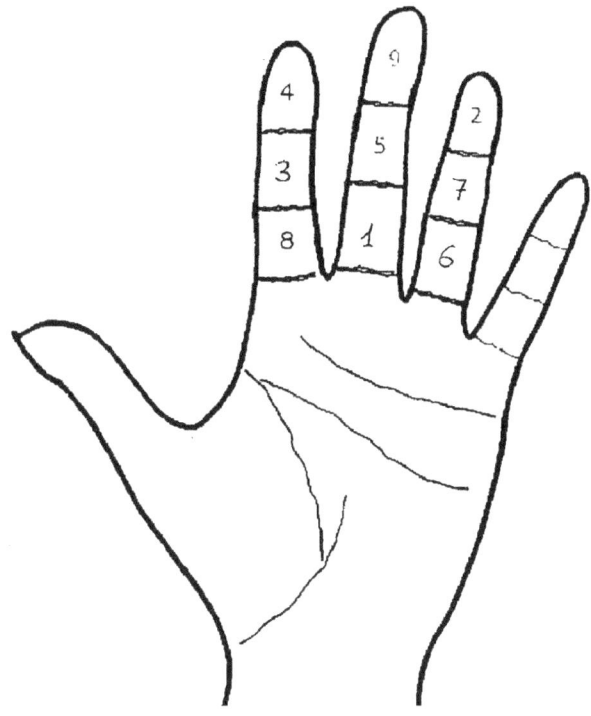

FIG. 3-7

PAPMÉ O MEWA DEL AÑO

El *padme* es la *mewa* que va cambiando en función de la edad de la persona. Es decir, nacemos con una *mewa* (número) que corresponde al año y dicho número será el que colocaremos en el centro del cuadrado mágico. A partir de ahí calcularemos el *padme* o *mewa* que nos corresponde para la edad que realicemos el cálculo.

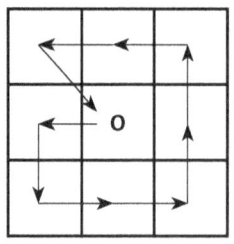

FIG. 3-8

Ciclo de desplazamiento del *padme* para una persona que ha nacido en un año activo (+) (rata, tigre, dragón, caballo, mono y perro). No tiene que ver con el sexo de la persona, solo con el sexo del animal del año nacimiento.

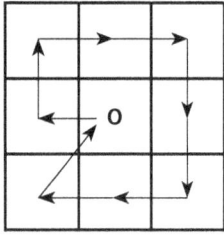

FIG. 3-9

Ciclo del *padme* para una persona que ha nacido en un año pasivo (-) (buey, conejo, serpiente, oveja, pájaro y cerdo). No tiene que ver con el sexo de la persona, solo con el sexo del animal del año de nacimiento.

Para el cálculo del *padme* lo primero que hay que averiguar es el género del animal del año de nacimiento para poder aplicar el desplazamiento de la figura 3-8 o el de la figura 3-9. Una vez sabemos el desplazamiento correcto (activo o pasivo) colocaremos el cuadrado con la *mewa* del año de nacimiento en el centro (ver figura 3-1). Y luego tendremos que contar para cada año un avance, así la *mewa* natal (centro) se repetirá cada nueve años o sea a la edad de 1 año, 10 años, 19 años, 28 años será lo mismo el *kyeme* o *mewa* natal que el *padme* o *mewa* de la edad.

Vamos a calcular un ejemplo: a una persona nacida en abril del año 1982 le corresponde el año del Perro de Agua. El animal será activo, por tanto el desplazamiento será como el de la figura 3-8 (en sentido contrario a las agujas del reloj). A ese año le corresponde además la *mewa* 9 rojo (ver figura 3-2), por tanto deberemos tomar el cuadrado con el número 9 en el centro.

8	4	6
7	9	2
3	5	1

Su segundo año de vida será un 7, el tercero un 3 y así sucesivamente; se repetirá la *mewa* 9 a los diez años, a los diecinueve y a los veintiocho.

A los veintinueve años tendrá la *mewa* 7, a los treinta tendrá la *mewa* 3, a los treinta y uno le corresponderá la *mewa* 5, y en el año 2010 tendrá treinta y dos años y le corresponderá la *mewa* 1 blanco.

Hay que tener en cuenta que en la astrología tibetana se cumplen años cuando cambian las energías del año y eso es un poco antes de nuestro año nuevo (normalmente en diciembre). Eso es muy importante pues para una persona nacida en el mes de octubre, en enero ya le corresponderá la siguiente *mewa*.

Otra observación que se habló en el correspondiente capítulo es que cuando una persona nace, se le considera que tiene un año, si al cabo de unos días se inicia un nuevo ciclo anual, esa persona para la astrología tibetana tiene dos años, aunque para nosotros (occidentales) tenga solo unos días. Esta observación es de recordatorio, pues no se aplica en el cálculo de las *mewas*, ya que su cálculo se realiza con referencia al año de nacimiento, pero si será de aplicación para otros cálculos astrológicos.

Asimismo hay tres fechas en el año que debemos recordar: el comienzo del año astrológico que es alrededor del mes de diciembre, el año nuevo oficial o Losar, que se celebra alrededor del mes de febrero (dos meses lunares después del año astrológico), ambos bajo el calendario lunar, y el Kalachakra, que se celebra en abril basado en el calendario Solar. Para mayor comodidad de cálculo podemos utilizar las tablas siguientes:

Tabla de los años de edad para los nacidos en los signos rata, tigre, dragón, caballo, mono y perro (animales activos)								*mewa* natal (*kyeme*)								
								1	2	3	4	5	6	7	8	9
1	10	19	28	37	46	55	64	73	1	2	3	4	5	6	7	8	9
2	11	20	29	38	47	56	65	74	8	9	1	2	3	4	5	6	7
3	12	21	30	39	48	57	66	75	4	5	6	7	8	9	1	2	3
4	13	22	31	40	49	58	67	76	6	7	8	9	1	2	3	4	5
5	14	23	32	41	50	59	68	77	2	3	4	5	6	7	8	9	1
6	15	24	33	42	51	60	69	78	3	4	5	6	7	8	9	1	2
7	16	25	34	43	52	61	70	79	7	8	9	1	2	3	4	5	6
8	17	26	35	44	53	62	71	80	5	6	7	8	9	1	2	3	4
9	18	27	36	45	54	63	72	81	9	1	2	3	4	5	6	7	8

FIG. 3-10

Tabla de los años de edad para los nacidos en los signos buey, conejo, serpiente, oveja, pájaro y cerdo (animales pasivos)								*mewa* natal (*kyeme*)								
								1	2	3	4	5	6	7	8	9
1	10	19	28	37	46	55	64	73	1	2	3	4	5	6	7	8	9
2	11	20	29	38	47	56	65	74	8	9	1	2	3	4	5	6	7
3	12	21	30	39	48	57	66	75	9	1	2	3	4	5	6	7	8
4	13	22	31	40	49	58	67	76	5	6	7	8	9	1	2	3	4
5	14	23	32	41	50	59	68	77	7	8	9	1	2	3	4	5	6
6	15	24	33	42	51	60	69	78	3	4	5	6	7	8	9	1	2
7	16	25	34	43	52	61	70	79	2	3	4	5	6	7	8	9	1
8	17	26	35	44	53	62	71	80	6	7	8	9	1	2	3	4	5
9	18	27	36	45	54	63	72	81	4	5	6	7	8	9	1	2	3

FIG. 3-11

La figura 3-10 se aplica a las personas que han nacido el año de un animal activo (los años pares) y la figura 3-11 se aplica a las personas que han nacido el año de un animal pasivo (años impares). Para calcular el *padme* de una persona hay que saber el *kyeme* (*mewa* natal), los años de edad y el animal del año de nacimiento o su género. Primero buscaremos en la parte derecha el *kyeme*, utilizaremos la tabla correspondiente y realizaremos un cruce con los años de la persona de la parte izquierda de la tabla, en la intersección encontraremos el *padme* de este año.

Por ejemplo, una persona nacida bajo el signo de la serpiente (1989) pasivo que en el año 2003 tiene 14 años ha nacido con un keymé 2 negro; le corresponderá por tanto con la tabla 3-11 (pasivo) el *padme* 8 blanco.

INTERPRETACIÓN DEL *PADME*

Ya hemos analizado anteriormente la interpretación del *kyeme*, ahora vamos a profundizar un poco en la relación entre la *mewa* natal y el del año que queremos consultar o *padme*.

Los textos explican que cuando el *kyeme* (*mewa* natal) y el *padme* son iguales, o sea que cuando nacemos o tenemos 1 año tibetano, a los diez años, diecinueve, veintiocho, etc., serán años muy difíciles donde encontraremos muchos obstáculos y deberemos vigilar por nuestra salud, no practicar deportes peligrosos y no iniciar grandes proyectos; lo mejor será dedicar ese año a la reflexión y a la práctica espiritual. También se considera un año de dificultades cuando el *padme* es el mismo que la *mewa* del año en curso (ver figura 3-2). Cuando el elemento del *padme* es el enemigo del elemento de la *mewa* natal (ver figura 3-3) será un año de dificultades. Lógicamente, cuando el elemento del *padme* sea el amigo (ver capítulo «La Rueda de la Vida», página 19 y ss.) de la *mewa* natal, será un buen año.

En líneas generales nos dicen los textos que «cuando el *padme* cambia a 1 blanco será un año excelente, cuando cambia a un 8 blanco será un muy buen año y cuando lo hace al 6 blanco (metal) será un año bueno, exceptuando los años en que la *mewa* anual sea 7 y 9 rojo, que corresponden al elemento fuego y que son el enemigo del metal».

El año será neutro cuando cambiemos a un *padme* 4 verde o 5 amarillo, habrá pequeñas dificultades cuando el *padme* sea 7 ó 9 rojo, será un año bastante negativo cuando el *padme* sea 3 azul y muy negativo cuando el *padme* sea 2 negro.

En resumen hay que relacionar el elemento del *padme* con el elemento que le corresponde al *kyeme*. Esto nos dará cuatro tipos de relación, además de las dos adicionales del elemento consigo mismo (metal-metal, fuego-fuego y madera-madera serán malas y tierra-tierra y agua-agua será buena). Una relación de madre nos presagiará un año excelente; una relación de amigo, un buen año; una relación de hijo, un año mediocre, y una relación de enemigo nos dará, como hemos dicho antes, un año difícil (ver figura 3-12).

Por ejemplo, si el elemento de nuestro *kyeme* (*mewa* natal) es metal, los años en que nuestro *padme* sea 7 rojo o 9 rojo no serán propicios para nosotros, ya que a estas *mewas* les corresponde el elemento fuego, que es el enemigo del metal.

La figura 3-12 nos ayudará a interpretar la relación entre la *mewa* correspondiente al año (ba mé) y la *mewa* natal (*kyeme*). También se puede comparar el *padme* con la *mewa* natal tal y como hemos dicho anteriormente. Recordemos la valoración tibetana:

```
000   Excelente       0X   Neutra
00    Muy buena       X    Mala
0     Buena           XX   Muy mala
```

BA MÉ PADME	RELACIÓN	Mewa NATAL (*KYEME*)
1	X	1
2	0X	1
3	0X	1
4	00	1
5	000	1
6	X	1
7	XX	1
8	X	1
9	XX	1

BA MÉ PADME	RELACIÓN	Mewa NATAL (*KYEME*)
1	000	2
2	0	2
3	0	2
4	0X	2
5	XX	2
6	000	2
7	00	2
8	000	2
9	00	2

BA MÉ PADME	RELACIÓN	Mewa NATAL (*KYEME*)
1	000	3
2	0	3
3	0	3
4	0X	3
5	XX	3
6	000	3
7	00	3
8	000	3
9	00	3
1	XX	4
2	000	4
3	000	4
4	X	4
5	00	4
6	XX	4
7	0X	4
8	XX	4
9	0X	4
1	0X	5
2	00	5
3	00	5
4	XX	5
5	0	5
6	0X	5
7	000	5
8	0X	5
9	000	5
1	00	9
2	XX	9
3	XX	9
4	000	9
5	0X	9

BA MÉ PADME	RELACIÓN	Mewa NATAL (*KYEME*)
1	X	6
2	0X	6
3	0X	6
4	00	6
5	000	6
6	X	6
7	XX	6
8	X	6
9	XX	6
1	00	7
2	XX	7
3	XX	7
4	000	7
5	0X	7
6	00	7
7	X	7
8	00	7
9	X	7
1	X	8
2	0X	8
3	0X	8
4	00	8
5	000	8
6	X	8
7	XX	8
8	X	8
9	XX	8
6	00	9
7	X	9
8	00	9
9	X	9

FIG. 3-12

Seguiremos con el ejemplo de la persona nacida en el mes de julio del año 1972 (rata) teníamos:

Mewa natal (*kyeme*)   1
Mewa de la vitalidad   7
Mewa del poder   4
Mewa de la suerte   8

La *mewa* anual para el año 2006 (*ba mé*) es el 3 (figura 3-2). En la figura 3-4 vemos que para una *mewa* 3, la vitalidad es 9 y la *mewa* del poder es 6.

Para calcular la *mewa* de la suerte hay que buscar el animal correspondiente al año 2006, que es el perro. Además a este año le corresponde el 3er. *métreng*.

En la figura 3-5 vemos que la *mewa* de la suerte para el perro en el 3er. *métreng* es 5.

Mewa del año (ba mé)   3
Mewa de la vitalidad   9
Mewa del poder   6
Mewa de la suerte   5

Y la relación será:

BA MÉ	RELACIÓN	KYEME	
3	OX	1	Salud
9	X	7	Vitalidad
6	XX	4	Poder
5	OOO	8	Suerte

FIG. 3-13

Excelente la suerte, muy buena la salud, mal la vitalidad y muy mal el poder, será la interpretación de las *mewas* para esta persona en el año 2006.

La misma comparación se puede establecer entre el *padme* y el *kyeme*. Una persona que tiene el *padme* (*mewa* anual) 5 y el *kyeme* 1, la relación del 5 y el 1 es 000 (excelente), así pues gozará de un año muy bueno en líneas generales (ver figura 3-12).

Al relacionar el *padme* con el *kyeme* lo hacemos con la evolución de nuestra propia energía, y esta relación tendrá un carácter más personal que cuando relacionamos la *mewa* anual (ba mé) con el *kyeme*, pues la energía es cósmica y afectará más a nuestras relaciones con el exterior.

MEWA DEL DÍA

A cada día se le atribuye una *mewa*. En este caso las *mewas* diarias van en orden ascendente 1, 2, 3… y no en orden descendente como en los años. La *mewa* 1 blanco empieza el 1er. día del primer mes astrológico, alrededor de diciembre (ver figura 2-7), al cabo de treinta días, es decir, cuando empieza el segundo mes empezaremos con la *mewa* 4 verde; el tercer mes, que corresponderá al Losar (año nuevo oficial), empezará con la *mewa* 7 rojo, y así hasta finalizar el año, que volveremos a comenzar con el 1 blanco. Como el ciclo mensual lunar es de 30 días tibetanos, cada tres meses volverá a comenzar con el 1 blanco.

DÍA DEL MES	MESES 1º, 4º, 7º Y 10º	MESES 2º, 5º, 8º Y 11º	MESES 3º, 6º, 9º Y 12º
1	1 - blanco	4 - verde	7 - rojo
2	2 - negro	5 - amarillo	8 - blanco
3	3 - azul	6 - blanco	9 - rojo
4	4 - verde	7 - rojo	1 - blanco
5	5 - amarillo	8 - blanco	2 - negro
6	6 - blanco	9 - rojo	3 - azul
7	7 - rojo	1 - blanco	4 - verde
8	8 - blanco	2 - negro	5 - amarillo
9	9 - rojo	3 - azul	6 - blanco
10	1 - blanco	4 - verde	7 - rojo
11	2 - negro	5 - amarillo	8 - blanco
12	3 - azul	6 - blanco	9 - rojo

DÍA DEL MES	MESES 1º, 4º, 7º Y 10º	MESES 2º, 5º, 8º Y 11º	MESES 3º, 6º, 9º Y 12º
13	4 - verde	7 - rojo	1 - blanco
14	5 - amarillo	8 - blanco	2 - negro
15	6 - blanco	9 - rojo	3 - azul
16	7 - rojo	1 - blanco	4 - verde
17	8 - blanco	2 - negro	5 - amarillo
18	9 - rojo	3 - azul	6 - blanco
19	1 - blanco	4 - verde	7 - rojo
20	2 - negro	5 - amarillo	8 - blanco
21	3 - azul	6 - blanco	9 - rojo
22	4 - verde	7 - rojo	1 - blanco
23	5 - amarillo	8 - blanco	2 - negro
24	6 - blanco	9 - rojo	3 - azul
25	7 - rojo	1 - blanco	4 - verde
26	8 - blanco	2 - negro	5 - amarillo
27	9 - rojo	3 - azul	6 - blanco
28	1 - blanco	4 - verde	7 - rojo
29	2 - negro	5 - amarillo	8 - blanco
30	3 - azul	6 - blanco	9 - rojo

FIG. 3-14

Cuando tengamos un mes doble, no continuaremos la sucesión de *mewas* sino que repetiremos las *mewas* del mes anterior, de manera que quedará el siguiente mes sin alteración del cálculo. Es decir, tendremos dos meses con la misma sucesión de *mewas*, al igual que animales y elementos. Cada 32,5 meses lunares se intercala un mes doble, es decir, aproximadamente entre dos y tres años de nuestro calendario hay un mes doble (ver capítulo «El calendario tibetano», página).

Para mayor comodidad se puede consultar la figura 3-14, donde podremos realizar el cálculo con gran facilidad si conocemos el día y mes del calendario tibetano, la *mewa* que corresponde al día.

Recordemos que en el calendario tibetano hay días dobles y días inexistentes, eso es debido a que el desplazamiento de 12º de distancia entre el Sol y la Luna puede tomarse de 22,5 horas cuando su velocidad relativa es rápida a 26 horas cuando su velocidad es más lenta. Los tibetanos toman la energía que hay en la naturaleza en el momento en que sale el Sol. Si un día sale el Sol a las 6 de la mañana y la energía no ha cambiado tendremos una *mewa* doble (dos días de duración), pero por contra nos podemos encontrar con que haya dos cambios de energía entre la salida del Sol y la siguiente; ése será un día inexistente y por tanto nos saltaremos una *mewa*.

Nota: La velocidad de traslación de la Luna es constante pero traza una elipse en su órbita alrededor de la Tierra, debido a ese factor tarda más o menos tiempo en recorrer los 13º de arco. Recordemos que el Sol recorre en 24 horas casi un grado en la misma dirección relativa (tomada desde la Tierra) de la Luna, por tanto la Luna tendrá que recorrer 13º para distanciarse 12º.

INTERPRETACIÓN DE LA *MEWA* DEL DÍA

Estos textos han sido traducidos de su fuente original tibetana y lógicamente su aplicación a la vida occidental será un poco diferente, pero nos pueden servir de guía para determinados acontecimientos de la vida cotidiana.

Día 1 - blanco

Es un mal día para que los pequeños aprendan a caminar, dejarlos salir de casa y correr. Por el contrario es un buen día para el baño, los rituales de ofrenda a las deidades y para invocar y rezar a los Nagas (espíritus del agua).

Día 2 - negro

Hay que evitar salir de noche o viajar durante la noche, tampoco es conveniente llorar ni celebrar un matrimonio o realizar una plegaria. Por el contrario ese día es bueno para realizar rituales mágicos para alejar las influencias negativas y los obstáculos y se pueden hacer ofrendas a los espíritus de Dü, Mamo y Shin.

Día 3 - azul

Día negativo para cortar los árboles del bosque, para realizar cualquier trabajo que perturbe el elemento acuático y para casarse. En un día 3 azul es bueno realizar ofrendas de pasteles rituales y de medicamentos a los Nagas y realizar rituales de curación a las deidades Sadak (Señor del Sol), Naga, Nyen y Tsen.

Día 4 - verde

Se desaconseja este día dejar salir de casa a un niño que esté aprendiendo a caminar. Las viudas no deberían lavarse el cabello en ese día. Es un buen día para todas las actividades médicas: fabricación de medicamentos y tratamientos médicos. Se pueden ofrendar pasteles rituales a las ocho familias de Nagas.

Día 5 - amarillo

No es un buen día para cavar la tierra, trabajar, participar en una fiesta o comprar un perro. No es bueno comprar mercancías a los monasterios o a los monjes. Es día favorable para los requerimientos de las autoridades, para la reparación de un edificio religioso, para las consagraciones y para todas las actividades de rezos. En un día 5 amarillo es bueno empezar a enseñar el Dharma.

Día 6 - blanco

En este día no deberíamos lamentarnos ni quejarnos de nuestra suerte ni hablar de la suerte de los demás, tampoco es un día para mostrarse débil o abatirse. Se deben evitar los líos o se terminará llorando, y tampoco hay que provocar conflictos o litigios. Por el contrario es un buen día para rezar a los dioses, hacer rituales para conseguir la prosperidad, confesarse y purificarse, bañarse, salir al exterior, viajar, mudarse y contraer matrimonio.

Día 7 - rojo

Es un mal día para cocinar carne roja, vender carne y llevar animales al matadero o a la carnicería. Hay que intentar evitar los actos bélicos, las actividades militares o coger un avión. Hay que evitar en lo posible la utilización del fuego. Es un día favorable a la utilización propicia de las fuerzas planetarias, a la invocación de los espíritus mou y rituales de ofrendas a las deidades locales.

Día 8 - blanco

En este día es negativo tirar los alimentos quemados en el fuego del hogar, tampoco debemos quemar las basuras de olor nauseabundo, no es bueno manipular objetos, ya que afectaría a la vitalidad. No es bueno quejarse ni aplatanarse demasiado. Es un buen día para casarse, bañarse, para realizar actos de contrición, ofrecer incienso y rezar y hacer ofrendas a los protectores del Dharma.

Día 9 - rojo

Es un mal día para encargar la realización de misiones, enviar mensajeros, pagar o recibir dinero. Si una persona anciana fallece en este día significará que se pierde la prosperidad en la familia. Por el contrario, es un buen día para pagar deudas y recibir dinero, practicar rituales de prosperidad y de la larga vida y recibir la iniciación de la larga vida.

Además de las recomendaciones básicas para la comparación de *mewas*, también se puede comparar la *mewa* natal (*kyeme*) con la *mewa* del día, averiguando así los días propicios para la realización de determinadas acciones o cosas.

LAS OCHO *PARKHAS*

DESCRIPCIÓN DE LAS OCHO *PARKHAS* (*PARKHA GYE*)

Las ocho *parkhas* o trigramas (*parkha* gye) están relacionadas con la técnica china Pa-qua, que a su vez está conectada al I-ching (libro de las mutaciones), uno de los libros más antiguos y más importantes escritos en China.

El nombre «*parkha*» viene del lenguaje chino y significa el número ocho. Estos ocho trigramas representan la interdependiente relación entre dos grandes opuestos, el Yang y el Yin.

El Yang significa la ladera soleada de una colina y representa lo activo (+), lo positivo y la fuerza activa, mientras que el Yin significa la ladera sombreada de una colina, representa lo femenino, lo receptivo y lo pasivo. En el mundo en que vivimos todo tiene un opuesto complementario, y así son el Yang y el Yin, el día y la noche, el calor y el frío, lo fuerte y lo débil, etc.

Su interrelación en tres niveles crea los ocho trigramas, y uniendo de dos en dos los ocho trigramas obtendremos los 64 hexagramas de seis líneas utilizados en el I-ching chino.

Para el desarrollo de las *parkhas* se toman las dos líneas básicas Yang y Ying que, colocadas una encima de la otra, hasta conseguir tres niveles (que pueden ser iguales o diferentes), formarán los ocho trigramas. Si tomamos dos de estos ocho trigramas (que pueden ser iguales o diferentes) formarán los 64 hexagramas en los que está basado el libro del I-ching. Este libro nunca ha sido utilizado por los tibetanos, sin embargo en astrología nagtsi sí que se utilizan los ocho trigramas como sistema de adivinación o predicción de acontecimientos, al igual que en China.

La fuerza activa del Yang se simboliza por una línea continua —, mientras que la fuerza pasiva del Yin se representa por una línea discontinua – –. Colocando tres líneas, una encima de la otra, tendremos ocho posibles combinaciones que en astrología tibetana se colocan en las ocho direcciones.

Las ocho *parkhas* representan también el nombre de los elementos. Según la astrología tibetana todo lo que existe en la Tierra está formado por los cinco elementos: madera, fuego, tierra, metal y agua. Estos elementos se pueden ampliar hasta siete: madera, fuego, agua, metal, cielo, aire y montaña. Si además les añadimos a estos siete elementos el elemento tierra, se convertirán en ocho elementos. El proceso de convertir estos ocho elementos en cinco es el de unir el cielo con el metal, el viento con la madera y la montaña con la tierra. Sin embargo, en el sistema de las *parkhas* el cielo, la montaña y el viento nacen del elemento tierra. Los textos dicen:

A partir del Sur y girando hacia la derecha se sucederán: Li, el fuego; Khon, la tierra; Dha, el metal; Khen, el cielo; Kham, el agua; Gin, la montaña; Zin, la madera, y Zon, el viento.

Hay una asociación de las nueve *mewas* con las ocho *parkhas*. Tomaremos el cuadrado original de Saturno con el número cinco en el centro, que no lo utilizaremos.

4	9	2
3	5	7
8	1	6

Zon	Li	Khon
Zin		Dha
Gin	Kham	Khen

FIG. 4-1

Sur: el número es 9, su elemento es el fuego y su trigrama es LI.

Suroeste: el número es 2 su elemento es la Tierra y su trigrama es KHON.

Oeste: el número es 7, su elemento es el metal y su trigrama es DHA.

Noroeste: el número es 6, corresponde al cielo, y su trigrama es KHEN.

Norte: el número es 1, su elemento es el agua y el trigrama es KHAM.

Noreste: el número es 8, corresponde a la montaña, y su trigrama es GIN.

Este: el número es 3, su elemento es la madera y su trigrama es ZIN.

Sureste: el número es 4, corresponde al viento, y su trigrama es ZON.

Sureste	**Sur**	**Suroeste**
Viento	Fuego	Tierra
(tierra)	Verano	(tierra)

ZON	LI	KHON
ZIN		DHA
GIN	KHAM	KHEN

Este — Madera — Primavera

Oeste — Metal — Otoño

Noreste	**Norte**	**Noroeste**
Montaña	Agua	Cielo
(tierra)	Invierno	(tierra)

FIG. 4-2

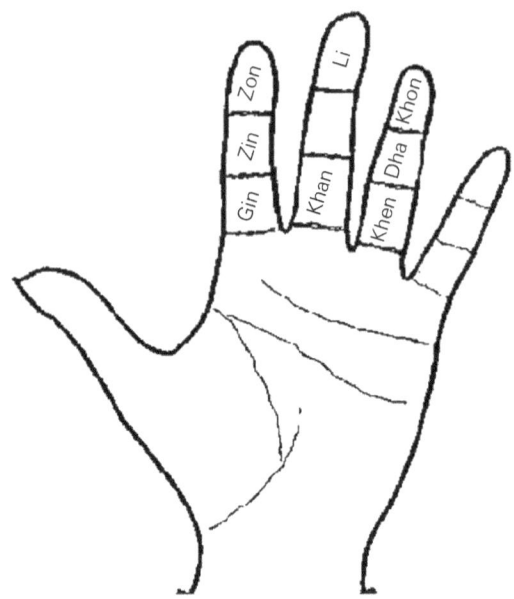

En la figura 4-3 podemos ver la posición que ocupan las *parkhas* en la mano con relación a los dedos, recordad que los tibetanos utilizan mucho la mano. El dibujo de los trigramas no cambia nunca de posición.

Vamos a hacer una descripción de cada *parkha*.

KHEN

La pura esencia de los elementos surgió de la boca de la tortuga como el vapor y se transformó en «el padre viejo de la existencia», el primero y el más antiguo de los trigramas. Él se describe como un hombre viejo con el pelo blanco, vestido en seda amarilla, montando un perro y sosteniendo una vara de cristal en su mano. Es la *parkha* del **cielo** (*Nam*), lo activo (+); es el padre, la fuerza de la creatividad personificada. Sus tres sólidas líneas son puramente masculinas. Se asocia con el caballo y su órgano del cuerpo es la cabeza. Su dirección es el Noroeste. Estos nativos tendrán muchos enemigos y necesitarán cambiar de residencia varias veces. Su vida tendrá altibajos. Son egoístas y ambiciosos. Ponen mucho esfuerzo en su trabajo y son apreciados por muy pocas personas. Serán muy inteligentes y tendrán una gran capacidad de autoanálisis. Estos nativos tendrán relaciones difíciles con su padre o con su tío.

KHON

Los aspectos impuros de los elementos surgieron como el estiércol de la tortuga y se cayeron y se convirtieron en «la madre vieja de la existencia». Ella se representa como una señora vieja con el pelo blanco, con la cara llena de arrugas, vestida en seda blanca, montando una oveja mientras sostiene una azada en su mano derecha y un palo de madera en su mano izquierda. Es la *parkha* de **tierra** (*Sa*) y es considerada la madre de los ocho trigramas. Esta *parkha* representa la nutrición, crianza y protección y su símbolo es un vaso de ofrenda. Se asocia con el buey y su órgano del cuerpo es el estómago. Su dirección es el Suroeste. Los nacidos con esta *parkha* tienen una mente estable y será muy difícil hacerlos cambiar de opinión. Sus parientes cercanos tienen propiedades inestables. Tendrán dificultades para hacer crecer a sus hijos y también puede haber un divorcio. Tendrán riquezas en la primera parte de su vida, pero pueden caer en la pobreza en la segunda. Poseerán buen temperamento y será fácil convivir con ellos. Sufrirán rencores en su vida y tendrán enfermedades de poca importancia.

GIN

El padre y la madre se casaron y de su unión nació el hijo mayor, que simboliza la montaña que une el cielo y la tierra. Su representación es una figura parecida a un monje que sostiene un libro sagrado en sus manos y monta un buey rosado. Es la *parkha* de la **montaña**

(*Ri*), es el trigrama de la estabilidad, fuerza y protección del daño externo. Se asocia con el perro y el órgano que le corresponde es la mano. Es el trigrama del Noreste. Las personas nacidas con esta *parkha* son difícilmente influenciables y con una mente estable. Sus descendientes serán religiosos practicantes. Son muy formales y respetan los acuerdos. Suelen ser perezosos y su generación tendrá un solo hijo. Ponen mucho interés en las pequeñas cosas, pero son toscos en las grandes.

ZON

El viento que sopla a través de los valles montañeses pedregosos dio lugar al cuarto trigrama. Es la hija mayor del cielo y de la tierra y está representada por una mujer joven vestida en seda amarilla montando un dzo (cruce de yak con una vaca). En sus manos tiene un balón como una bolsa redonda de piel. Es la *parkha* del **viento** (*Lumg*). El trigrama es adaptable y gentil y fluye en cualquier parte donde esté. Se asocia con la oveja y su parte del cuerpo es el muslo. Es el trigrama del Sureste. Las personas con esta *parkha* tendrán pocos descendientes. Como resultado de su personalidad, ofenderán a otras personas y lo considerarán algo normal. Serán celosos y muy competitivos con los amigos. Su trabajo y su mente serán grandes pero tendrán también una gran necesidad de demostrarlo. Será normal que fallezcan de una enfermedad súbita.

LI

La acción del viento produjo el elemento fuego representado por la *parkha* Li, que es la hija más joven del cielo y de la tierra. Ella es de color rosa tiene la cabeza de un caballo, lleva un vestido de seda roja y sostiene un cucharón lleno de sangre en su mano derecha y una antorcha en la izquierda. Es la *parkha* de **fuego** (*Me*), que se relaciona con el fuego y la pasión. Tiene que ver con las artes marciales, la guerra y los armamentos, se asocia con el pájaro y con el sentido de la vista. Es el trigrama que corresponde a la dirección Sur. Las personas nacidas en este año tendrán amplias miras, serán más importantes que su padre. Los hombres deben tener precaución con los accidentes ya que esta *parkha* da una tendencia a ellos. En cambio, si se es mujer habrá posibilidades de perder al esposo. Estos nativos sufrirán enfermedades relacionadas con la cabeza o el cerebro o con los órganos sensoriales.

KHAM

Del encuentro de aire y fuego nació el trigrama Kham, que se simboliza por el nieto del padre y madre de la vieja existencia y se representa como un hombre negro coloreado, con el pelo largo, vestido de negro, que sostiene en su mano una pelota de cuero llena de agua y monta un cerdo negro. Es la *parkha* del **agua** (*Tchou*), es el trigrama de la inactividad y el descanso. Se asocia con el cerdo y el órgano asociado es el oído. La dirección de Kham es el Norte. Las personas con esta *parkha* tienen buen olfato para los negocios pero les cuesta mucho hacer contactos. Fuera de su familia son agradables y amables, pero tienen una gran facilidad para crear problemas dentro de la familia. Serán ambiciosos y rígidos. Si son mujer seguramente dejarán a su esposo. Posiblemente adopten o tengan un hijo fuera de su familia. Tendrán muchos sufrimientos en su vida.

ZIN

Entonces la interacción del fuego y viento levantó la lluvia, que cayó sobre nosotros originando el trigrama Zin, que es la nieta del padre y la madre de la vieja existencia y está representado por el árbol. Su color es verdoso, viste con seda verde, monta un asno verde con sus manos cruzadas en el pecho y sostiene una planta. Es la *parkha* de la **madera** (*Shing*), es el trigrama de la primavera y del crecimiento y desarrollo. Es la *parkha* que despierta la acción en la vida. Se asocia con el dragón y el órgano que le corresponde es el pie. Es el trigrama del Este. Las personas con esta *parkha* pueden tener uno o tres niños. Tendrán un cutis coloreado ligeramente azul. Serán personas adineradas, poderosas y buenos hijos. Perderán propiedades a lo largo de su vida. Serán buenos oradores y convencerán a otros fácilmente. Pueden hacer suyas ideas de otras personas. La conducta con su familia será ruda, pero no así con otras personas.

DHA

Surgió a través del fuego, el elemento que fundió la tierra sacando de su interior su puro ser, el metal (oro, plata, cobre, etc.). Dha es la *parkha* del **metal** (*Tchak*), es el hijo más joven del viejo padre y la vieja madre, se representa por un guerrero joven con casco y coraza que sostiene en sus manos una espada y una lanza y monta una cabra. Es el trigrama de los placeres y de los sentidos, tiene que ver en general con la reproducción. También representa la desintegración y la muerte. Se asocia con la oveja y su órgano del cuerpo es la boca. Su dirección es el Oeste. Las personas nacidas con esta *parkha* físicamente serán activas, fuertes y hábiles. Tanto si son hombre como si son mujer, podrán dirigir la casa perfectamente. Serán valientes y podrán acceder a estudios elevados. Les gustará más cuidar de niños desatendidos o huérfanos que de los suyos propios. Tendrán buen corazón pero serán nerviosos y eso les producirá agitación. Tendrán pequeñas propiedades y obtendrán de su trabajo una recompensa suficiente.

Haciendo un breve resumen, el primer trigrama Khen es el padre, Khon es la madre, Gin es el hijo mayor, Zon es la hija mayor, Dha es el hijo joven, Li es la hija joven, Kham es el nieto y Zin es la nieta.

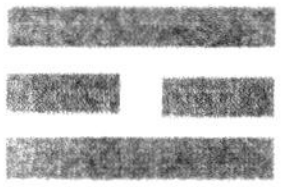

ལི་ལ་སྐྱེས་པ་དེ་རྫུན་གཏམ་ཤོད་པར་དགའ་བ་དང་།
མི་གཙང་བའི་གྲིབ་སྣང་བའི་མགོ་ནད་འོང་། སྨྲ་ན་ངག་འཇམ་
སྐྱོ་མ་དཀྲུགས་པ་ལ་དགའ་བ་དང་། མི་མཐོན་པོས་བྱམས་
ལ་དམའ་བ་སྡང་། ནོར་ལ་སྲེད་པ་ཆེ་ལ་གང་སྟོང་ཀྱང་ཆེ།
ལག་པ་ཕར་ན་ནོར་ཡོང་བ་དང་། གདོན་དུ་ཀླུ་དང་ཐེ་བྲང་
གིས་གནོད་པ་འོང་། མཐར་ཁྲག་ནད་དམ་མཆིན་འོག་ཏུ་འཆི་
རྐྱེན་བྱེད།

Textos originales tibetanos correspondientes a la *parkha* Li.

FIG. 4-4

PARKHA ANUAL

Cada año tiene su propia *parkha*. En la siguiente figura, 4-5, podremos localizar dicha *parkha*, que es única tanto para hombres como para mujeres.

AÑO	Parkha	AÑO	Parkha	AÑO	Parkha
1934	Dha	1972	Li	2010	Zin
1935	Khen	1973	Khon	2011	Zon
1936	Kham	1974	Dha	2012	Li
1937	Gin	1975	Khen	2013	Khon
1938	Zin	1976	Kham	2014	Dha
1939	Zon	1977	Gin	2015	Khen
1940	Li	1978	Zin	2016	Kham
1941	Khon	1979	Zon	2017	Gin
1942	Dha	1980	Li	2018	Zin
1943	Khen	1981	Khon	2019	Zon
1944	Kham	1982	Dha	2020	Li
1945	Gin	1983	Khen	2021	Khon
1946	Zin	1984	Kham	2022	Dha
1947	Zon	1985	Gin	2023	Khen
1948	Li	1986	Zin	2024	Kham
1949	Khon	1987	Zon	2025	Gin
1950	Dha	1988	Li	2026	Zin
1951	Khen	1989	Khon	2027	Zon
1952	Kham	1990	Dha	2028	Li
1953	Gin	1991	Khen	2029	Khon
1954	Zin	1992	Kham	2030	Dha
1955	Zon	1993	Gin	2031	Khen
1956	Li	1994	Zin	2032	Kham
1957	Khon	1995	Zon	2033	Gin
1958	Dha	1996	Li	2034	Zin
1959	Khen	1997	Khon	2035	Zon
1960	Kham	1998	Dha	2036	Li
1961	Gin	1999	Khen	2037	Khon
1962	Zin	2000	Kham	2038	Dha
1963	Zon	2001	Gin	2039	Khen
1964	Li	2002	Zin	2040	Kham
1965	Khon	2003	Zon	2041	Gin
1966	Dha	2004	Li	2042	Zin
1967	Khen	2005	Khon	2043	Zon
1968	Kham	2006	Dha	2044	Li
1969	Gin	2007	Khen	2045	Khon
1970	Zin	2008	Kham	2046	Dha
1971	Zon	2009	Gin		

FIG. 4-5

PARKHA NATAL O *PARKHA* DE LA MADRE

Este cálculo de la *parkha* natal (*kyé par*) permite conocer las direcciones generales tanto favorables como desfavorables para la vida entera. Para ello tenemos que conocer la edad exacta (según los cálculos tibetanos) que tenía nuestra madre en el momento del alumbramiento.

Comenzaremos por la *parkha* Kham, en dirección a Khen, Dha, Khon, etc., ya que es el sentido de rotación para una mujer, hasta llegar a la edad que tenía nuestra madre en el momento de dar a luz; ésa será la *parkha* natal para toda la vida. Hay que recordar que el primer año una mujer tiene la *parkha* Kham y cuando cambia el año tibetano, que puede ser al cabo de unos días o de varios meses, ya entra en la *parkha* Khen, y así sucesivamente.

Vamos a poner un ejemplo: la madre nació el 23 de marzo del 1953 y su hijo nace el 20 de abril del 1978. Según la cuenta que realizamos en Occidente, la madre tenía 25 años cuando nace el niño, pero según la cuenta tibetana serán 26 años (ya que cuando nacemos contamos con un año), es decir, empezaremos a contar por la *parkha* Kham para el primer año de vida de su madre (ciclo femenino). El año noveno que volverá a ser Kham, igual que el año 17 y el año 25. Para el año 26 será Khen, que es la *parkha* que le corresponderá al hijo por nacimiento (ver figura 4-6). Hay que tener en cuenta que las energías se renuevan en diciembre, por tanto en según qué casos tendremos que aumentar dos años en vez de uno.

Para entenderlo mejor vamos poner otro ejemplo más complicado pero que también puede ser real: tenemos una mujer nacida en octubre del año 1956 y que tiene a un hijo en el mes de marzo del año 1986, es decir, que tendrá 29 años según nuestra cuenta y un año más según la cuenta tibetana, pero además como habrá cruzado el mes de diciembre antes de tener el niño le tendremos que sumar dos años a los 29, es decir, tendrá 31 años según la astrología tibetana y a su hijo le corresponderá la *parkha* Zin. Veamos por qué: el primer año, por ser mujer, le corresponde la *parkha* Kham, así como a los 9, a los 17 y a los 25; a los 26 Khen, a los 27 Dha, a los 28 Khon, a los 29 Li, a los 30 Zon y a los 31 Zin. La figura 4-5 en la parte «mujer» nos podrá servir de ayuda para calcular la *parkha* que tenía nuestra madre en el momento del nacimiento.

MOVIMIENTO DE LAS *PARKHAS* SEGÚN LA EDAD

Igual que realizábamos un desplazamiento para el cálculo anual de la *mewa*, también existe un modo de calcular las *parkhas*, que cada año van cambiando pero sin movimiento. Para el cálculo de la *mewa* se tenía que saber el sexo del animal del año de nacimiento, para el cálculo de las *parkhas* hay que saber el sexo de la persona, ya que la dirección de desplazamiento será diferente según sea hombre o mujer.

Los textos dicen:

> *Para calcular la* parkha *anual de los hombres empezaremos a partir de la* parkha *Li en dirección a Khon, Dha y así sucesivamente, para el cálculo de la* parkha *de las mujeres comenzaremos por Kham en dirección a Khen, Dha y así sucesivamente.*

Es decir, para los hombres el sentido de rotación será como el de las agujas del reloj, empezando por la *parkha* Li (ver figura 4-1). O sea: Li, Khon, Dha, Khen, Kham, Gin, Zin, Zon, Li… y así sucesivamente hasta llegar a la edad actual, una *parkha* por año. Para las mujeres empezaremos por la *parkha* Kham y nos iremos desplazando en sentido contrario a las agujas del reloj. O sea Kham, Khen, Dha, Khon, Li, Zon, Zin, Gin, y otra vez Kham… hasta llegar a la edad actual.

Hay que tener en cuenta que en astrología tibetana nacemos con un año y que cuando cruzamos el primer mes astrológico cambiaremos de *parkha*, ya que tendremos dos años.

Vamos a poner un ejemplo para mujer y uno para hombre.

Empezamos con el caso de una mujer nacida en febrero del año 1982. Si estamos en el año 2008 tendrá según nuestra cuenta 26 años. Supongamos que estamos en el mes de mayo, empezaremos a contar: 1 año Kham, 2 años Khen, 3 años Dha… A los 9 años se repetirá la *parkha* Kham y a los 17 e igualmente a los 25 años, a los 26 sería Khen pero esta mujer tendrá según el calendario tibetano un año más, le corresponde por tanto para el año 2008 la *parkha* Dha.

Veamos ahora el ejemplo de un hombre que ha nacido en el año 1978. Si estamos en el año 2008 tendrá según la cuenta occidental 30 años Y según la cuenta tibetana 31 años. Como es hombre, empezaremos por la *parkha* Li a un año, Khon a los 2 años, Dha a los 3 años… Volveremos a repetir la *parkha* Li a los 9, 17, 25, Khon a los 26, Dha a los 27, Khen a los 28, Kham a los 29, Gin a los 30 y Zin a los 31 años. Por tanto, a partir del mes enero de 2008 le corresponderá la *parkha* Zin para ese año, hasta diciembre, que le corresponderá la *parkha* siguiente. Recordaremos que el año astrológico empieza dos meses antes de la celebración del Losar, que es a mediados de febrero.

Esto es muy importante para el cálculo de las direcciones favorables y desfavorables del año.

Con la ayuda de la figura 4-6 podremos calcular con mayor facilidad la *parkha* correspondiente según la edad y el sexo.

EDAD	HOMBRE	MUJER
1	Li	Kham
2	Khon	Khen
3	Dha	Dha
4	Khen	Khon
5	Kham	Li
6	Gin	Zon
7	Zin	Zin
8	Zon	Gin
9	Li	Kham
10	Khon	Khen
11	Dha	Dha
12	Khen	Khon
13	Kham	Li

EDAD	HOMBRE	MUJER
14	Gin	Zon
15	Zin	Zin
16	Zon	Gin
17	Li	Kham
18	Khon	Khen
19	Dha	Dha
20	Khen	Khon
21	Kham	Li
22	Gin	Zon
23	Zin	Zin
24	Zon	Gin
25	Li	Kham
26	Khon	Khen

EDAD	HOMBRE	MUJER	EDAD	HOMBRE	MUJER
27	Dha	Dha	58	Khon	Khen
28	Khen	Khon	59	Dha	Dha
29	Kham	Li	60	Khen	Khon
30	Gin	Zon	61	Kham	Li
31	Zin	Zin	62	Gin	Zon
32	Zon	Gin	63	Zin	Zin
33	Li	Kham	64	Zon	Gin
34	Khon	Khen	65	Li	Kham
35	Dha	Dha	66	Khon	Khen
36	Khen	Khon	67	Dha	Dha
37	Kham	Li	68	Khen	Khon
38	Gin	Zon	69	Kham	Li
39	Zin	Zin	70	Gin	Zon
40	Zon	Gin	71	Zin	Zin
41	Li	Kham	72	Zon	Gin
42	Khon	Khen	73	Li	Kham
43	Dha	Dha	74	Khon	Khen
44	Khen	Khon	75	Dha	Dha
45	Kham	Li	76	Khen	Khon
46	Gin	Zon	77	Kham	Li
47	Zin	Zin	78	Gin	Zon
48	Zon	Gin	79	Zin	Zin
49	Li	Kham	80	Zon	Gin
50	Khon	Khen	81	Li	Kham
51	Dha	Dha	82	Khon	Khen
52	Khen	Khon	83	Dha	Dha
53	Kham	Li	84	Khen	Khon
54	Gin	Zon	85	Kham	Li
55	Zin	Zin	86	Gin	Zon
56	Zon	Gin	87	Zin	Zin
57	Li	Kham	88	Zon	Gin

FIG. 4-6

Es muy importante para el cálculo de la *parkha* anual tener en cuenta que para la astrología tibetana nacemos con un año y cuando cruzamos el año nuevo tibetano, que viene a ser una fecha parecida a la de nuestro año nuevo, ya tenemos dos años, y luego vamos sumando años a medida que cruzamos el año nuevo.

LAS OCHO CASAS GEOMÁNTICAS

Hay ocho diagramas diferentes que están referenciados en la tortuga cósmica. Cada uno tiene como referencia un trigrama y en él hay ocho direcciones que son diferentes para cada *parkha*, de esas ocho direcciones hay cuatro favorables y cuatro desfavorables. Una vez se han establecido las direcciones del año y sabemos cuáles serán buenas y malas podremos tomar las precauciones o medidas que creamos oportunas. Por ejemplo, si una persona está enferma y sabemos cuál es la dirección fuerza vital (salud) podremos poner la cabecera de la cama en esa dirección, también podemos averiguar si una dirección es buena para un viaje, etc. (ver figura 4-7).

Las cuatro *parkhas* positivas o direcciones favorables son: la dirección de la «medicina celeste», muy favorable para la cura de enfermedades y trabajos médicos; la dirección «fuerza vital», muy buena para estados postoperatorios o recuperación de enfermedades; la dirección «mensaje de suerte», un buen presagio para emprender un largo viaje, y la dirección «prosperidad», que favorece la buena suerte y el incremento de la fortuna.

Las cuatro *parkhas* desfavorables o direcciones nefastas son: la dirección «peligro», que debe ser evitada ya que nos puede provocar accidentes; la dirección «Cinco demonios», que nos expone a las influencias demoníacas (sería interesante colocar en esa dirección dentro de nuestra casa un dibujo o foto de nosotros y de nuestros bienes para romper la energía negativa de los demonios); la dirección de los «demonios que quitan vida» (se recomienda colocar en esa dirección una pirámide de punta triangular que rechace las fuerzas hostiles, ya que esos demonios quitan vitalidad), y por último la dirección de «aflicciones corporales», en la que se pone en peligro una parte del cuerpo, así como el «La» (alma) del individuo.

El orden de mejor a peor será: medicina del cielo, fuerza vital, mensaje de suerte, prosperidad, peligro, cinco demonios, demonios que quitan vida y aflicciones corporales.

Para la *parkha* Li la parte a proteger será la cabeza, para Khon serán la mano y el brazo izquierdo, para la *parkha* Dha será la parte izquierda del cuerpo, para la *parkha* Khen serán el pie y la pierna izquierda, para la *parkha* Kham será el órgano sexual, para la *parkha* Gin serán el pie y la pierna derecha, para la *parkha* Zin será la parte derecha del cuerpo y para la *parkha* Zon serán la mano y el brazo derecho.

SE · SUR · SO

Mensaje de suerte	Prosperidad	Cinco Demonios	Prosperidad	Mensaje de suerte	Aflicciones corporales	Cinco Demonios	Aflicciones corporales	Mensaje de suerte
Medicina Celeste	ZON	Aflicciones corporales	Fuerza Vital	LI	Cinco Demonios	Peligro	KHON	Prosperidad
Demonios que quitan vida	Fuerza Vital	Peligro	Peligro	Medicina Celeste	Demonios que quitan vida	Fuerza Vital	Demonios que quitan vida	Medicina Celeste
Medicina Celeste	Fuerza Vital	Peligro	**4**	**9**	**2**	Aflicciones corporales	Cinco Demonios	Prosperidad
Mensaje de suerte	ZIN	Demonios que quitan vida	**3**	**5**	**7**	Demonios que quitan vida	DHA	Mensaje de suerte
Aflicciones corporales	Prosperidad	Cinco Demonios	**8**	**1**	**6**	Medicina Celeste	Peligro	Fuerza Vital
Demonios que quitan vida	Peligro	Fuerza Vital	Fuerza Vital	Medicina Celeste	Demonios que quitan vida	Peligro	Demonios que quitan vida	Medicina Celeste
Aflicciones corporales	GIN	Medicina Celeste	Prosperidad	KHAM	Peligro	Cinco Demonios	KHEN	Fuerza Vital
Mensaje de suerte	Cinco Demonios	Prosperidad	Cinco Demonios	Mensaje de suerte	Aflicciones corporales	Prosperidad	Aflicciones corporales	Mensaje de suerte

ESTE · OESTE

NE · NORTE · NO

FIG. 4-7

En la figura 4-7 podemos ver las ocho *parkhas* con sus direcciones correspondientes. Cuatro positivas y cuatro negativas.

	SURESTE	SUR		SUROESTE	
ESTE	Medicina celeste	Fuerza vital	Peligro		
	Mensaje de suerte	ZIN	Demonios que quitan vida		OESTE
	Aflicciones corporales	Prosperidad	Cinco demonios		
NORESTE		NORTE		NOROESTE	

FIG. 4-8

En la figura 4-8 podemos ver las ocho direcciones para una persona a la que le corresponda la *parkha* anual Zin. Lógicamente hay una relación entre las direcciones y las *parkhas*, es decir, para un año que le corresponda la *parkha* Zin, la «medicina celeste» estará en el sureste y estará relacionada con la *parkha* Zon, que es la que ocupa esa dirección. Recordad que las *parkhas* no cambian nunca de lugar o dirección.

La afinidad entre *parkhas* en la casa geomántica «medicina celeste» es la mejor combinación posible. Los pares son Li/Kham, Khen/Khon, Dha/Gin y Zin/Zon.

La afinidad entre *parkhas* en la casa geomántica «fuerza vital» es una muy buena combinación y los pares son Li/Zin, Kham/Zon, Dha/Khen y Gin/Khon.

La afinidad entre *parkhas* en la casa geomántica «prosperidad» es una buena combinación. Los pares son Zon/Li, Khon/Dha, Gin/Khen y Kham/Zin.

La afinidad entre *parkhas* en la casa geomántica «mensaje de suerte» es neutra positiva con los pares Dha/Dha, Li/Li, Khen/

Khen y Gin/Gin y neutra en los pares Khon/Khon, Kham/Kham, Zin/Zin y Zon/Zon.

La afinidad entre *parkhas* en la casa geomántica «peligro» es neutra negativa con los pares Li/Gin, Zon/Khen, Dha/Kham y Zin/Khon.

La afinidad entre *parkhas* en la casa geomántica «cinco demonios» es desfavorable con los pares Dha/Li, Khon/Zon, Khen/Zin y Gin/Kham.

La afinidad entre *parkhas* en la casa geomántica «demonios que quitan vida» es bastante desfavorable con los pares Li/Khen, Dha/Zin, Khon/Kham y Gin/Zon.

La afinidad entre *parkhas* en la casa geomántica «aflicciones corporales» es muy desfavorable con los pares Khen/Kham, Li/Khon, Zon/Dha y Zin/Gin.

LA *PARKHA* DEL DÍA

Al igual que la *mewa*, existe también una *parkha* diaria. Esa *parkha* se podrá comparar con la *parkha* anual o la *parkha* natal (nacimiento con respecto a la edad de la madre). Las *parkhas* empiezan el día primero del año astrológico (dos meses antes del Losar) con la *parkha* Li en el sentido de giro masculino. Es decir, Li, Khon, Dha, Khen, Kham, Gin, Zin, Zon, Li…

Hay ocho *parkhas* y el mes tibetano tiene 30 días, o sea cada cuatro meses volveremos a empezar el ciclo, del que habrán tres en un año, en total 12 meses. Las reglas son muy sencillas. Si existe un mes doble se vuelve a contar como el mes anterior, en los meses dobles (ver capítulo «El calendario tibetano», página 75 y ss.), tanto el animal como el elemento del mes se repiten, asimismo volveremos a colocar la *parkha* del primer día del mes doblado. A título orientativo podemos consultar la figura 4-9 para conocer la *parkha* del día:

Mes → astrológico	1º, 5º, 9º	2º, 6º, 10º	3º, 7º, 11º	4º, 8º, 12º
1er. Día	Li	Zin	Kham	Dha
2º Día	Khon	Zon	Gin	Khen
3er. Día	Dha	Li	Zin	Kham
4º Día	Khen	Khon	Zon	Gin
5º Día	Kham	Dha	Li	Zin
6º Día	Gin	Khen	Khon	Zon
7º Día	Zin	Kham	Dha	Li
8º Día	Zon	Gin	Khen	Khon
9º Día	Li	Zin	Kham	Dha
10º Día	Khon	Zon	Gin	Khen
11º Día	Dha	Li	Zin	Kham
12º Día	Khen	Khon	Zon	Gin
13º Día	Kham	Dha	Li	Zin
14º Día	Gin	Khen	Khon	Zon
15º Día	Zin	Kham	Dha	Li
16º Día	Zon	Gin	Khen	Khon
17º Día	Li	Zin	Kham	Dha
18º Día	Khon	Zon	Gin	Khen
19º Día	Dha	Li	Zin	Kham
20º Día	Khen	Khon	Zon	Gin
21º Día	Kham	Dha	Li	Zin
22º Día	Gin	Khen	Khon	Zon
23º Día	Zin	Kham	Dha	Li
24º Día	Zon	Gin	Khen	Khon
25º Día	Li	Zin	Kham	Dha
26º Día	Khon	Zon	Gin	Khen
27º Día	Dha	Li	Zin	Kham
28º Día	Khen	Khon	Zon	Gin
29º Día	Kham	Dha	Li	Zin
30º Día	Gin	Khen	Khon	Zon

FIG. 4-9

Vamos a poner un ejemplo: supongamos que queremos saber la *parkha* correspondiente al cuarto día del tercer mes del calendario tibetano; consultando la figura 4-9, el primer día será Kham, el segundo Gin y el tercer día será Zin.

Para los días dobles se repite la misma *parkha* y para los días omitidos se cuenta una *parkha*, es decir, cada día tibetano hay una *parkha* diferente, independientemente de nuestro calendario.

Tal como sucedía con las *mewas* en las *parkhas* hay labores que debemos evitar y hay otras labores que realizadas en un día determinado adquieren mayor relevancia.

Día Li: como es una *parkha* de fuego será un día propicio para fundir metales, hacer ofrendas al fuego, aprender a jugar ajedrez, pintar y realizar actividades armoniosas. Por el contrario, es un mal día para casarse, lavar un cadáver, robar o volar.

Día Khon: es la *parkha* de tierra. Será por tanto un día propicio para cortar madera, para hacer rituales a la tierra y plantar árboles o plantas. Por el contrario, no será un buen día para bañarse (como ritual), pelearse, colocar la primera piedra de un edificio o enterrar a un muerto.

Día Dha: es la *parkha* del metal. Será beneficioso caminar hacia el Este, cazar, volar y cortar árboles. Por contra, será un mal día para invertir dinero, liderar tropas y quemar a un leproso.

Día Khen: es la *parkha* del cielo, que a su vez se deriva de la tierra. En este día será beneficioso reunirnos con gente importante, realizar actos de devoción y fe, y rituales relacionados con la tierra. En cambio, no será beneficioso participar en festivales, poner la primera piedra de un edificio y comprar o vender un perro. Si una persona está enferma no debería dormir en el piso superior de la casa o en un templo o invocar los espíritus de Gyalpo.

Día Kham: es la *parkha* del agua. Es un buen día para realizar ofrendas a los Nagas y a los dioses, para trabajar en el hierro y realizar rituales para alejar la negatividad. En cambio, está desaconsejado atravesar ríos muy anchos, pescar, construir canales o presas, cambiar el curso de un río, las luchas, los enfrentamientos y acampar en lugares salvajes.

Día Gin: es la *parkha* de la montaña. Es un buen día para realizar ofrendas a las deidades locales, para practicar el Dharma, para realizar rituales de protección de negatividades, entrenar caballos y toda clase de animales como bueyes, vacas, construir una casa o ayudar a fundaciones. En cambio, no es un buen día para leer textos sagrados en voz alta, celebrar una entrevista oficial, comenzar una ceremonia de inauguración o comprar o vender cualquier cosa.

Día Zin: es la *parkha* de la madera. Es un buen día para invocar deidades locales, plantar árboles, crear una fundación y realizar juramentos de lealtad a un amigo. En cambio, es negativo cortar árboles o arrancar plantas.

Día Zon: es la *parkha* del viento. Será un buen día para recitar mantras y realizar rituales de ira para protección de negatividades. En cambio, es un mal día para realizar una fiesta o diversión y divertirse uno mismo. También será malo realizar promesas a un amigo.

La mayoría de *parkhas* tienen una conexión con un ritual relacionado con su naturaleza. Cada *parkha* a su vez está conectada con espíritus y deidades que no deben ser molestados, dañados o provocados. Por ejemplo, la *parkha* Zin es la *parkha* de la madera y los espíritus de Nyen que viven en los árboles están asociados con esta *parkha*, por tanto no será aconsejable cortar árboles el día de la *parkha* Zin, ya que esto puede originar la venganza de Nyen que puede provocar enfermedades peligrosas.

Cuando relacionemos las *parkhas* habrá que tener en cuenta su elemento asociado para un mayor conocimiento, siempre recordando que la relación será del día o año actual con la *parkha* natal.

PRONÓSTICOS Y ANÁLISIS DE UN TEMA NATAL

LOGMEN (SIGNO DEL ANIMAL QUE CAMBIA)

Cada persona tiene un signo de nacimiento (animal-elemento) y un signo que va cambiando cada año (no confundir con el signo del año) y que se llama *logmen*. El signo de nacimiento permanece inalterable mientras que el *logmen* cambia anualmente en concordancia con el ciclo animal-elemento.

El *logmen* es un cálculo especial diferente para hombres y mujeres que permite revelar las características particulares de ciertos años de la vida.

El cálculo para los hombres comienza con el animal tigre en el sentido de las agujas del reloj (ver descripción de los animales en el primer capítulo), es decir: tigre, conejo, dragón, serpiente, caballo, oveja, mono, pájaro, perro, cerdo, rata, buey y otra vez tigre y el hijo del elemento que le corresponde por fecha de nacimiento. Si un hombre nació un año en el que su elemento es fuego, el elemento del primer *logmen* será tierra, porque la tierra es el hijo del fuego, y tigre por ser hombre: «Tigre de Tierra». El segundo *logmen* será conejo, que es el animal siguiente en orden, y se repetirá el elemento, es decir, a los dos años será «Conejo de Tierra»; a los tres años será dragón y el elemento será metal, que es el hijo de la tierra; es decir, será «Dragón de Metal».

En el caso de una mujer se comenzará por el animal mono y en sentido inverso al del hombre: mono, oveja, caballo, serpiente, dragón, conejo, tigre, buey, rata, cerdo, perro, pájaro y otra vez mono, y el elemento será la madre del elemento del año de nacimiento. Por ejemplo, para una mujer nacida el año del metal, su primer año de vida estará bajo la influencia del mono y su elemento será la madre del metal, la tierra; o sea, será «Mono de Tierra». El segundo año será

«Oveja de Tierra» y el tercero «Caballo de Fuego», ya que el fuego es la madre de la tierra, y así sucesivamente. Cada dos años cambiaremos el elemento por su madre y cada año el animal. La tabla 5-1 nos indica el punto de partida para el cálculo del *logmen* en función del elemento de nacimiento.

ELEMENTO CORRESPONDIENTE AL AÑO DE NACIMIENTO	PRIMER AÑO DEL CICLO DEL *LOGMEN* PARA HOMBRES	PRIMER AÑO DEL CICLO DEL *LOGMEN* PARA MUJERES
Tierra	Tigre de Metal	Mono de Fuego
Metal	Tigre de Agua	Mono de Tierra
Agua	Tigre de Madera	Mono de Metal
Madera	Tigre de Fuego	Mono de Agua
Fuego	Tigre de Tierra	Mono de Madera

FIG. 5-1

Las tablas 5-2 y 5-3 nos indican el animal correspondiente (*logmen*) en función de los años vividos (la tabla 5-2 es para hombres y la tabla 5-3 para mujeres).

TIGRE	CONEJO	DRAGÓN	SERPIENTE	CABALLO	OVEJA	MONO	PÁJARO	PERRO	CERDO	RATA	BUEY
1	2	3	4	5	6	7	8	9	10	11	12
13	14	15	16	17	18	19	20	21	22	23	24
25	26	27	28	29	30	31	32	33	34	35	36
37	38	39	40	41	42	43	44	45	46	47	48
49	50	51	52	53	54	55	56	57	58	59	60
61	62	63	64	65	66	67	68	69	70	71	72
73	74	75	76	77	78	79	80	81	82	83	84
85	86	87	88	89	90	91	92	93	94	95	96

FIG. 5-2 (HOMBRES)

MONO	OVEJA	CABALLO	SERPIENTE	DRAGÓN	CONEJO	TIGRE	BUEY	RATA	CERDO	PERRO	PÁJARO
1	2	3	4	5	6	7	8	9	10	11	12
13	14	15	16	17	18	19	20	21	22	23	24
25	26	27	28	29	30	31	32	33	34	35	36
37	38	39	40	41	42	43	44	45	46	47	48
49	50	51	52	53	54	55	56	57	58	59	60
61	62	63	64	65	66	67	68	69	70	71	72
73	74	75	76	77	78	79	80	81	82	83	84
85	86	87	88	89	90	91	92	93	94	95	96

FIG. 5-3 (MUJERES)

Vamos a poner un par de ejemplos: a un hombre que tenga 35 años le corresponderá el animal rata y a una mujer con la misma edad le corresponderá el animal perro.

ELEMENTO DE PODER DEL AÑO DE NACIMIENTO (TABLA PARA HOMBRES)	TIERRA	METAL	AGUA	MADERA	FUEGO
1, 2, 11, 12, 21, 22, 31, 32, 41, 42, 51, 52, 61, 62, 71, 72.	Metal	Agua	Madera	Fuego	Tierra
3, 4, 13, 14, 23, 24, 33, 34, 43, 44, 53, 54, 63, 64, 73, 74.	Agua	Madera	Fuego	Tierra	Metal
5, 6, 15, 16, 25, 26, 35, 36, 45, 46, 55, 56, 65, 66, 75, 76.	Madera	Fuego	Tierra	Metal	Agua
7, 8, 17, 18, 27, 28, 37, 38, 47, 48, 57, 58, 67, 68, 77, 78.	Fuego	Tierra	Metal	Agua	Madera
9, 10, 19, 20, 29, 30, 39, 40, 49, 50, 59, 60, 69, 70, 79, 80.	Tierra	Metal	Agua	Madera	Fuego

FIG. 5-4

La tabla 5-4 nos indica el ciclo madre-hijo para los hombres en función del elemento de poder (ver *wang thang* en el primer capítulo) del año de su nacimiento y la tabla 5-5 nos indica el ciclo hijo-madre para las mujeres en función del elemento de poder (*wang thang*) del año de su nacimiento.

ELEMENTO DE PODER DEL AÑO DE NACIMIENTO (TABLA PARA MUJERES)	TIERRA	METAL	AGUA	MADERA	FUEGO
1, 2, 11, 12, 21, 22, 31, 32, 41, 42, 51, 52, 61, 62, 71, 72.	Fuego	Tierra	Metal	Agua	Madera
3, 4, 13, 14, 23, 24, 33, 34, 43, 44, 53, 54, 63, 64, 73, 74.	Madera	Fuego	Tierra	Metal	Agua
5, 6, 15, 16, 25, 26, 35, 36, 45, 46, 55, 56, 65, 66, 75, 76.	Agua	Madera	Fuego	Tierra	Metal
7, 8, 17, 18, 27, 28, 37, 38, 47, 48, 57, 58, 67, 68, 77, 78.	Metal	Agua	Madera	Fuego	Tierra
9, 10, 19, 20, 29, 30, 39, 40, 49, 50, 59, 60, 69, 70, 79, 80.	Tierra	Metal	Agua	Madera	Fuego

FIG. 5-5

LA INTERPRETACIÓN DEL *LOGMEN*

Los resultados más importantes del análisis del *logmen* son los concernientes a la puerta del cielo (nam go) y la puerta de la tierra (sa go).

Para los hombres la puerta de la tierra será en el año *logmen* del cerdo, es decir, a los 10, 22, 34, 46, 58, etc., y la puerta del cielo será el año que le corresponda el perro, es decir, a los 9, 21, 33, 45, 57, etc. Para las mujeres la puerta de la tierra será el año *logmen* de la serpiente, es decir, a los 4, 16, 28, 40, 52, etc., y la puerta del cielo será el año del dragón, es decir, a los 5, 17, 29, 41, 53, etc.

Durante los años *logmen* de la puerta del cielo no es conveniente hacer actividades en las cumbres de las montañas, escaladas, etc., hay que evitar en lo posible deportes peligrosos en las alturas.

Durante los años *logmen* que corresponden a la puerta de la tierra no es conveniente trabajar en pozos o minas, visitar grutas, viajar por debajo de la tierra (túneles) y toda actividad relacionada con el interior de la tierra.

Otro de los análisis que cabe hacer en el *logmen* es cuándo el elemento de la vitalidad (Sok) que le corresponde al animal y el del poder (Wang Thang) del *logmen* son enemigos del elemento de la vitalidad que le corresponde al animal (Sok) y el elemento del poder (Wang Thang) de la fecha de nacimiento (ver capítulo «Astrología elemental»). Recordemos que la vitalidad de los animales reside en sus direcciones tal como vimos en el capítulo anterior: la vitalidad del tigre y el conejo es de madera, la vitalidad del caballo y la serpiente es de fuego, la vitalidad de mono y el pájaro es de metal, la vitalidad de la rata y el cerdo es de agua y la vitalidad del buey, la oveja, el perro y el dragón es de tierra. Asimismo recordemos que el enemigo del agua es la tierra, el enemigo de la tierra es la madera, el enemigo de la madera es el metal, el enemigo del metal es el fuego y el enemigo del fuego es el agua. En ese caso pueden surgir dos tipos de obstáculos:

- El obstáculo será «demoníaco» si la polaridad del animal del *logmen* es la misma que la polaridad del animal de nacimiento. Recordemos que la polaridad del tigre, dragón, caballo, mono, perro y rata es positiva y la polaridad del conejo, serpiente, oveja, pájaro, cerdo y buey es negativa.
- El obstáculo será de «espíritu errante» si la polaridad del animal del *logmen* es diferente a la polaridad del animal de nacimiento.

LO-KHAK

Cuando el animal correspondiente al año es el mismo que el del año de nuestro nacimiento no es un signo de prosperidad y buenos augurios, sino todo lo contrario, será un año de dificultades y problemas. Para los hombres las dificultades se dejan notar el año anterior llamado Nang-khak teniendo incluso más inconvenientes que el Lo-khak, para las mujeres el año siguiente al Lo-khak llamado Chi-Khak resultará más complicado que el Lo-khak.

El Lo-khak sucederá a la edad de 13, 25, 37, 49, 61, 73, 85, etc., siempre teniendo en cuenta que en astrología tibetana se nace con un año y, cuando traspasamos el año astrológico a mediados de diciembre, ya tenemos dos años, y todas las energías (animal, elemento, *mewa*, *parkha*) ya han cambiado.

Si el animal del año en curso es el opuesto de nuestro nacimiento (séptimo) se llama Dun-zur y también se considera un año difícil. Esto sucederá a la edad de 7, 19, 31, 43, 55, 67, 79, 91 años.

Si el animal del año en curso es el cuarto hacia la derecha o el cuarto hacia la izquierda de nuestro animal natal (por ejemplo, si nuestro animal natal es tigre esto sucederá cuando sea el año del cerdo o de la serpiente; ver figura 1-7) se llama Shi-Shey y no será un año muy afortunado, esto sucederá a los 4, 10, 16, 22, 28, etc.

LOS DÍAS DE LA SEMANA

Los distintos días de la semana tienen una asociación directa con los elementos. El domingo y el jueves están asociados con el fuego, el elemento de la dirección Sur. El lunes y el miércoles están asociados con el elemento agua y su dirección es el Norte; el jueves es el día del elemento madera y su dirección es el Este; el viernes es el día del elemento metal y su dirección es el Oeste, y el sábado es el día de la tierra y está presente en las cuatro direcciones cardinales.

Este factor natal es importante en astrología tibetana así pues vamos a dar unas tablas para calcular el día de la semana en una fecha dada:

Calendario perpetuo de 1901 al 2036

de 1901 a 2000			de 2001 a 2036	Enero	Febrero	Marzo	Abril	Mayo	Junio	Julio	Agosto	Septiembre	Octubre	Noviembre	Diciembre
	25	53	81	09	4	0	0	3	5	1	3	6	2	4	0	2
	26	54	82	10	5	1	1	4	6	2	4	0	3	5	1	3
	27	55	83	11	6	2	2	5	0	3	5	1	4	6	2	4
	28	56	84	12	0	3	4	0	2	5	0	3	6	1	4	6
01	29	57	85	13	2	5	5	1	3	6	1	4	0	2	5	0
02	30	58	86	14	3	6	6	2	4	0	2	5	1	3	6	1
03	31	59	87	15	4	0	0	3	5	1	3	6	2	4	0	2
04	32	60	88	16	5	1	2	5	0	3	5	1	4	6	2	4
05	33	61	89	17	0	3	3	6	1	4	6	2	5	0	3	5
06	34	62	90	18	1	4	4	0	2	5	0	3	6	1	4	6
07	35	63	91	19	2	5	5	1	3	6	1	4	0	2	5	0
08	36	64	92	20	3	6	0	3	5	1	3	6	2	4	0	2
09	37	65	93	21	5	1	1	4	6	2	4	0	3	5	1	3
10	38	66	94	22	6	2	2	5	0	3	5	1	4	6	2	4
11	39	67	95	23	0	3	3	6	1	4	6	2	5	0	3	5
12	40	68	96	24	1	4	5	1	3	6	1	4	0	2	5	0
13	41	69	97	25	3	6	6	2	4	0	2	5	1	3	6	1
14	42	70	98	26	4	0	0	3	5	1	3	6	2	4	0	2
15	43	71	99	27	5	1	1	4	6	2	4	0	3	5	1	3
16	44	72	00	28	6	2	3	6	1	4	6	2	5	0	3	5
17	45	73		01	29	1	4	4	0	2	5	0	3	6	1	4	6
18	46	74		02	30	2	5	5	1	3	6	1	4	0	2	5	0
19	47	75		03	31	3	6	6	2	4	0	2	5	1	3	6	1
20	48	76		04	32	4	0	1	4	6	2	4	0	3	5	1	3
21	49	77		05	33	6	2	2	5	0	3	5	1	4	6	2	4
22	50	78		06	34	0	3	3	6	1	4	6	2	5	0	3	5
23	51	79		07	35	1	4	4	0	2	5	0	3	6	1	4	6
24	52	80		08	36	2	5	6	2	4	0	2	5	1	3	6	1

FIG. 5-6

Buscamos en la parte izquierda el año de nacimiento, lo cruzamos con el mes y obtendremos un número de 0 a 6. A ese número le sumamos el día que queremos saber y buscamos el resultado en la figura 5-7. Desplazándonos a la izquierda sabremos el día de la semana en que nació esa persona.

Por ejemplo, para una persona que ha nacido el 17 de marzo del año 1982, buscamos el año en la figura 5-6 y vemos que en el año 1982 el mes de marzo tiene el número 1. Como el día que queremos saber es 17, le sumamos 1: total 18. Buscamos el número 18 en la figura 5-7 y vemos que el día 17 de marzo de 1982 fue miércoles.

Domingo	1	8	15	22	29	36
Lunes	2	9	16	23	30	37
Martes	3	10	17	24	31	
Miércoles	4	11	18	25	32	
Jueves	5	12	19	26	33	
Viernes	6	13	20	27	34	
Sábado	7	14	21	28	35	

FIG. 5-7

En las figuras 5-6 y 5-7 podremos calcular el día de la semana en que nacimos conociendo el día, mes y año.

Las personas nacidas en **domingo** obtendrán amor y favores de la gente de alto nivel. Estarán regidas por el Sol, el astro del esplendor, tendrán un hermoso cuerpo y complexión y serán honestas por naturaleza. Los hombres serán ricos y llevarán una vida muy buena. Por naturaleza sabrán tomar decisiones. Podrán llevar mejor su vida fuera de su casa. Las mujeres serán ricas y harán de buenas amas de casa.

Las personas nacidas en **lunes** tendrán un cuerpo blanco, estarán regidas por la Luna, el planeta de las emociones, serán altas de estatura e ingeniosas. Recibirán habitualmente amor y cariño de otros. Experimentarán altos y bajos en sus finanzas. Los hombres serán ricos y poderosos. Las mujeres serán guapas, sinceras y atractivas.

Los nacidos en **martes** estarán regidas por Marte, el planeta de la fuerza y la energía, realizarán actividades pecaminosas y no serán temperamentales. Tendrán odio hacia los demás y una complexión roja. Serán divisivas y egoístas. Los hombres manifestarán problemas en la edad de crecimiento. Las mujeres tendrán una corta expectativa de vida.

Las personas nacidas en **miércoles** tendrán problemas de salud en el rostro, estarán regias por Mercurio, el planeta de la comunicación. Tienen una mente cortante, corazón bueno, temperamento corto y una complexión oscura. Los retrasos en su trabajo serán el principal defecto de una persona nacida en miércoles. Serán sinceras y honradas. El color azul en los vestidos y los vegetales verdes serán buenos o adecuados para estos nativos. A los hombres su madre les creará problemas en su vida. Las mujeres nacidas en miércoles rehusarán las riquezas de los familiares pero serán ricas y poderosas.

Las personas nacidas en **jueves** serán poseedoras de una fuerte inteligencia y serán creyentes por naturaleza, estarán regidas por Júpiter, el planeta de la fortuna. Tienen una complexión roja, son violentas y experimentarán altos y bajos en su vida. Podrán obtener propiedades de otras personas. Los hombres serán ocurrentes, bien parecidos, con buena presencia y bien educados. Las mujeres tendrán una larga vida, buen esposo y amigos.

Las personas nacidas en **viernes** tienen una hermosa complexión, y serán apreciadas por sus maestros, estarán regidas por Venus, el planeta de la belleza y del amor. Estarán envueltas en negocios y los desórdenes de calor y bilis serán habituales en su vida. Las bebidas, la comida y la ropa de color blanco serán beneficiosas para estos nativos. Los hombres tendrán larga vida y serán altamente inteligentes. Las mujeres ofrecerán habitualmente presencia enfermiza, pero gozarán de buena prosperidad.

Las personas nacidas en **sábado** tendrán una figura estética y atractiva pero no serán muy afortunadas. Estarán regidas por Saturno, el gran maestro. Serán grandes amigos de sus maestros y de gente de alto nivel, serán inteligentes y pueden vivir en el extranjero. La esperanza de vida para los hombres será normal. Para las mujeres será corta.

RELACIÓN ENTRE LOS DÍAS DE LA SEMANA Y EL ANIMAL NATAL

Además del día de la semana en el que hayamos nacido, que nos dará unas características natales, también es importante analizar los días positivos y negativos en función del animal de nacimiento.

El elemento fuego corresponde al domingo y al martes, el elemento agua corresponde al lunes y al miércoles, el elemento madera corresponde al jueves, el elemento metal corresponde al viernes y el elemento tierra corresponde al sábado.

Hay tres combinaciones importantes a analizar:

- El día del alma (La) o espíritu: es el día en que la persona se sentirá internamente mejor para realizar cualquier cometido, especialmente espiritual o mental.
- El día de la vitalidad (Sok): es el mejor día para nuestra energía vital. Será muy positivo para el nativo, será el día más adecuado de la semana para realizar un gran esfuerzo físico.
- El día de los obstáculos (Gek): es el día donde las fuerzas planetarias son contrarias al nativo y obstaculizan sus actividades. No es recomendable realizar actividades importantes en ese día, ni tampoco realizar largos viajes.

ANIMAL	EL MEJOR DÍA (LA) (DÍA DEL ESPÍRITU VITAL)	UN BUEN DÍA (SOK) (MÁXIMA ENERGÍA VITAL)	EL PEOR DÍA (GEK) (DÍA DE LOS OBSTÁCULOS)
Rata	Miércoles	Martes	Sábado
Buey	Sábado	Miércoles	Jueves
Tigre	Jueves	Sábado	Viernes
Conejo	Jueves	Sábado	Viernes
Dragón	Domingo	Miércoles	Jueves
Serpiente	Martes	Viernes	Miércoles
Caballo	Martes	Viernes	Miércoles
Oveja	Viernes	Lunes	Jueves
Mono	Viernes	Jueves	Martes
Pájaro	Viernes	Jueves	Martes
Perro	Lunes	Miércoles	Jueves
Cerdo	Miércoles	Martes	Sábado

FIG. 5-8

En el mes tibetano, también existen unos días concretos en relación a nuestro animal natal que son propicios para realizar unas acciones determinadas y otros días en los que habrá que evitar en lo posible realizar determinadas acciones. Con la ayuda de la figura 5-9 podremos encontrar esta relación.

ANIMAL	Favorable para el inicio de acciones	Favorable para solucionar dificultades	Favorable para todo éxito	Día con obstáculos	Día con problemas	Día de los enemigos
Tigre	5º día	27º día	9º día	14º día	12º día	3er. día
Conejo	11º día	27º día	12º día	26º día	25º día	18º día
Dragón	3er. día	12º día	17º día	8º día	9º día	11º día
Serpiente	13º día	12º día	6º día	8º día	9º día	28º día
Caballo	17º día	12º día	6º día	20º día	5º día	27º día
Oveja	8º día	1er. día	2º día	20º día	5º día	27º día
Mono	8º día	1er. día	2º día	9º día	10º día	17º día
Pájaro	14º día	7º día	25º día	3er. día	11º día	24º día
Perro	9º día	27º día	5º día	11º día	3er. día	12º día
Cerdo	2º día	8º día	11º día	26º día	3er. día	12º día
Rata	20º día	6º día	3er. día	26º día	10º día	23º día
Buey	17º día	14º día	12º día	24º día	18º día	5º día

FIG. 5-9

COMBINACIÓN DE LOS ELEMENTOS

Cada día de la semana está gobernado por un planeta (lunes por la Luna, martes por Marte, etc.) asociado a un elemento. A su vez cada día la Luna se sitúa en un *gyoukar* (casa lunar) diferente (ver información detallada en el capítulo «Astrología *kartsi*»), que también se corresponde a un elemento. A diferencia de los cinco elementos tibetanos provenientes de China, en este caso son cuatro los elementos con los que vamos a realizar las comparaciones y obtendremos la misma relación agua-tierra (planeta-*gyoukar*) que tierra-agua (planeta-*gyoukar*). Los elementos son fuego, aire, tierra y agua. Los tibetanos lo utilizan muchísimo para ver las características del día.

ELEMENTO	PLANETA DEL DÍA	*GYOUKAR*
Fuego	Sol/Domingo Marte/Martes	Bra nyé, sMin drouk, rGyal, Mchu, bre, Saga, Khrum stod
Aire	Júpiter/Jueves	Ta skar, mGo, Nabso, dbo, Me bzhi, Nagpa, Sari
Tierra	Saturno/Sábado Vénus/Viernes	Snarma, Lha tsam, sNon, Gro bzhin/Byibzhin, chusMad, Mön grou
Agua	Luna/Lunes Miércoles/Mercurio	Lag, sKak, sNubs, chustod, Mön gre, khrum sMad, Nam gru

Las tres mejores combinaciones son:

- **Agua-agua:** combinación de la exquisitez. Aumento de la fuerza vital y la longevidad. Buen día para las bodas, para recibir iniciaciones o realizar prácticas de la larga vida o fabricar medicinas. Asimismo es un buen día para desarrollar el poder personal, la amistad y el comercio.
- **Agua-tierra:** combinación de juventud. Buen día para realizar una celebración, estrenar vestidos, disfrutar de la música, comprar joyas, disfrutar.
- **Tierra-tierra:** combinación de realización. Buen día para realizar actividades como hacer los cimientos de una casa, preparar terrenos, realizar actividades para ganar dinero. Puede ser un buen día para la realización de lo que se piensa o desea.

Tres buenas combinaciones son:

- **Aire-aire:** combinación del perfeccionamiento. Buen día para acabar rápidamente cosas pendientes, de realizar rápidamente los pensamientos y las palabras. Presagio de establecimiento de felicidad.
- **Fuego-fuego:** combinación del progreso. Favorece el progreso, el comercio y permite proveerse de lo necesario vital, comida y vestidos. Hay que practicar la generosidad, sembrar el grano. Hacer una ofrenda de bienes personales a las deidades permite la realización de nuestras esperanzas.

- **Fuego-aire:** combinación de la potencia. Facilita la acumulación de energía y poder. Las acciones de buen augurio, los rezos, las ofrendas a las deidades, así como las actividades de apaciguamiento, de enriquecimiento y de poder se favorecerán. Día de buena suerte.

Las tres combinaciones negativas son:

- **Aire-tierra:** combinación sin reencuentro. Predice la disminución o reducción de la prosperidad. Empobrecimiento. No se realizan los objetivos.
- **Aire-agua:** combinación de desacuerdo. Indica el desacuerdo y la desunión. Separación de los amigos, calumnias y aislamiento. Los enemigos pueden manifestarse.
- **Fuego-tierra:** combinación que irrita. Produce sufrimiento, el inicio de un conflicto. Favorece las acciones violentas y las riñas y las acciones que dañan a otros.

La peor combinación de todas es:

- **Fuego-agua:** combinación de la muerte. Desfavorable para cualquier empresa, excepto las que dañan a otros, debilitamiento de las fuerzas vitales.

El cálculo se realiza comparando el elemento del *gyoukar* de la Luna con el elemento del día de la semana. Por ejemplo, el 14 de febrero del 2010 la Luna está en Grozhin (tierra) y el día de la semana es domingo (fuego): la combinación será fuego-tierra. Combinación que irrita.

LAS DIEZ PUERTAS CELESTIALES

En cada mes lunar tibetano (30 días) existen diez puertas del cielo (nam go) que se repiten tres veces. En los días 1, 11 y 21 del mes lunar tiene lugar la primera puerta; en los días 2, 12 y 22 la segunda, y así sucesivamente. Cada puerta nos marca una actividad a evitar.

La «puerta celestial de los invitados» son los días 1º, 11º y 21º del mes lunar. Los textos recomiendan no realizar invitaciones.

La «puerta celestial del comercio» son los días 2º, 12º y 22º del mes lunar. Los textos recomiendan no realizar transacciones comerciales.

La «puerta celestial de los niños» son los días 3º, 13º y 23º del mes lunar. Los textos recomiendan no guiar a los niños hacia el exterior ni hacerlos cruzar puertas hacia el exterior.

La «puerta celestial de la guerra» son los días 4º, 14º y 24º del mes lunar. Los textos recomiendan no entablar enfrentamientos, ni luchas.

La «puerta celestial de los amigos» son los días 5º, 15º y 25º del mes lunar. Los textos recomiendan no realizar festejos con los amigos.

La «puerta celestial del castillo» son los días 6º, 16º, 26º del mes lunar. Los textos recomiendan no levantar muros ni hacer fundamentos para construcciones.

La «puerta celestial del matrimonio» son los días 7º, 17º y 27º del mes lunar. Los textos recomiendan evitar bodas y el trabajo relacionado con ellas.

La «puerta celestial del sepulcro» son los días 8º, 18º y 28º del mes lunar. Los textos recomiendan no enterrar muertos en ese día.

La «puerta celestial de los funerales» son los días 9º, 19º y 29º del mes lunar. Los textos recomiendan no celebrar funerales en estos días.

La «puerta celestial general» son los días 10º, 20º y 30º del mes lunar. Los textos recomiendan no realizar conferencias ni actos multitudinarios.

Lógicamente tendremos que trasladar las precauciones que nos indican a nuestra vida actual y entenderlo como un «no es recomendable».

LOS MESES NEGROS DEL AÑO TIBETANO

Cada año tibetano está regido por un animal del ciclo de doce y a su vez también cada mes lunar tiene un animal correspondiente. Lógicamente habrá meses afines al animal del año y meses discordantes con el animal del año. Se pueden hacer muchas comparaciones, tal y como hemos visto en el capítulo correspondiente, pero la más usual es la de definir los meses negros del año. Estos son dos y corresponden al animal que está colocado en cuarta posición (ver figura 1-10) en el círculo de los animales, en relación al animal del año o, lo que sería lo mismo, a una distancia de 90º (cuadratura).

Para los meses de la serpiente, del mono, del cerdo y del tigre, como ocupan la primera posición de la estación correspondiente (verano, otoño, invierno y primavera respectivamente), la primera quincena será la que llamaremos negra, siendo considerada de malos augurios. Los meses del caballo, del pájaro, de la rata y del conejo son los meses centrales de las estaciones (verano, otoño, invierno y primavera respectivamente) y son considerados por los tibetanos durante todo el mes como negro y de malos augurios. Los meses de la oveja, del perro, del buey y del dragón corresponden al último mes de la estación (verano, otoño, invierno y primavera respectivamente) y será considerada negra y de malos augurios la segunda quincena del mes.

A modo de resumen, la figura 5-10 nos indicará los meses negros y sus períodos en función del animal del año.

Vamos a poner un ejemplo: si estamos en el año de la rata los meses negros serán el conejo y el pájaro, que son los dos animales con los que hay una relación XX, es decir, «mala», y como estos meses están en el mes central de la estación de primavera y otoño se definirán como negro y de mal augurio todo el mes del conejo y del pájaro del año de la rata.

Mes ↓	Año											
	Conejo	Dragón	Serpiente	Caballo	Oveja	Mono	Pájaro	Perro	Cerdo	Rata	Buey	Tigre
1° Tigre			1-15						1-15			
2° Conejo				1-30						1-30		
3° Dragón					16-30						16-30	
4° Serpiente						1-15						1-15
5° Caballo	1-30						1-30					
6° Oveja		16-30						16-30				
7° Mono			1-15						1-15			
8° Pájaro				1-30						1-30		
9° Perro					16-30						16-30	
10° Cerdo						1-15						1-15
11° Rata	1-30						1-30					
12° Buey		16-30						16-30				

FIG. 5-10

Si el año está regido por el tigre, el mono, el cerdo o la serpiente y la *mewa* es 2 negra, todo el año será considerado un año negro.

ANÁLISIS DE UN TEMA NATAL

Vamos a analizar el tema natal de un hombre nacido el 15 de julio de 1956 a las 13:54 en Barcelona bajo la astrología djoungtsi. Cuando su madre dio a luz tenía 30 años contados a la manera tibetana. En ese momento en España había una hora de adelanto con respecto al horario solar. Aplicando la corrección del horario de verano, la hora solar natal será las 12:54 h.

En la figura 2-7 podemos ver que el mes de julio del año 1956 corresponde al Mono de Fuego. En la figura 2-9 hallaremos que el 15 de julio corresponde al octavo mes del año. En la figura 2-8 vemos que si el elemento del año es fuego, al octavo mes le corresponde el Pájaro de Madera.

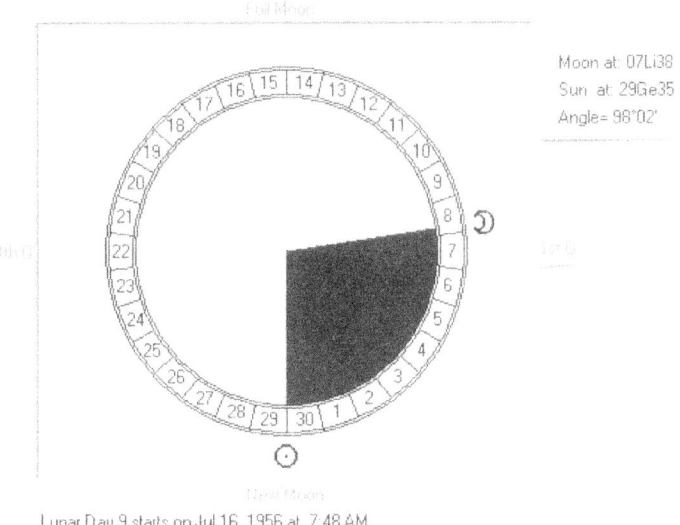

FIG. 5-11

El mes tibetano comienza el día 9 de julio. Si analizamos el movimiento de la Luna en un programa de astrología, veremos que el día 15 de julio la Luna se ha distanciado del Sol un equivalente en grados de 8 días (más de 96º). En la figura 2-10 buscaremos el elemento del mes, que en este caso es madera, luego el elemento del 8º día del mes, que le corresponde metal, y en la tabla 2-11 veremos que como el mes es par le corresponde al 8º día el conejo. Siendo por tanto el día de nacimiento en la astrología tibetana del Conejo de Metal.

Para averiguar el elemento y animal de la hora buscamos en la figura 2-16 y veremos que a la hora de nacimiento de Pedro (de 11 a 13 h.) le corresponde el caballo. En la figura 2-17 vemos que para un día metal a la hora de 11 a 13 le corresponde el elemento tierra, o sea, que la persona nació en la hora del Caballo de Tierra.

        Año: Mono de Fuego
        Mes: Pájaro de Madera (8º mes)
        Día: Conejo de Metal (8º día)
        Hora: Caballo de Tierra (4ª hora)

Ahora vamos a buscar en la figura 1-12 los parámetros que le corresponden al año del Mono de Fuego (1956). Buscaremos la vitalidad (Sok), la salud (Lu), el poder (Wang Thang), la suerte (Lung Ta) y el alma (La).

Sok: Metal
Lu: Fuego
Wang Thang: Fuego
Lung Ta: Madera
La: Tierra

Si queremos hacer los cálculos uno a uno, prescindiendo de la tabla, en capítulo «Astrología elemental» hallaremos la explicación detallada del cálculo de cada fuerza.

La misma operación podemos hacer con el mes, año y día buscando en la figura 1-12 la posición correspondiente al Pájaro de Madera para el mes, Conejo de Metal para el día y el Caballo de Tierra para la hora. Simplemente buscamos en la parte izquierda la combinación y hallaremos en la posición 19 el Pájaro de Madera, que le corresponderá:

Sok: Metal
Lu: Agua
Wang Thang: Madera
Lung Ta: Agua
La: Tierra

Para el día utilizaremos la posición 25 de la figura 1-12:

Sok: Madera
Lu: Madera
Wang Thang: Metal
Lung Ta: Fuego
La: Agua

Y para la hora utilizaremos la posición 52 de la figura 1-12:

Sok: Fuego
Lu: Fuego
Wang Thang: Tierra
Lung Ta: Metal
La: Madera

	Pedro García	Nacido el 15/07/1956 a las 12:54 (hora solar)		
	Año	Mes	Día	Hora
Fecha Tibetana	2083	8	8	4
	Mono de Fuego	Pájaro de Madera	Conejo de Metal	Caballo de Tierra
Sok	Metal	Metal X	Madera 00	Fuego XX
Lu	Fuego	Agua XX	Madera 000	Fuego X
Wang Thang	Fuego	Madera 000	Metal 00	Tierra 0X
Lung Ta	Madera	Agua 000	Fuego 0X	Metal 00
La	Tierra	Tierra 0	Agua 00	Madera XX

FIG. 5-12

En la figura 5-12 vemos el resumen natal completo de las cinco fuerzas natales correspondientes al año, mes, día y hora del Sr. Pedro García. Se establece una comparación para ver el desarrollo personal entre fuerzas (ver figura 1-7) donde la mejor relación son los tres ceros (000) y la peor son las dos equis (XX).

La comparación se realiza tomando los cinco elementos correspondientes al mes y relacionándolos con los cinco elementos del año. Por ejemplo, el Lu (salud) del mes de nacimiento que es Agua lo relacionamos con el Lu del año de nacimiento que es fuego; esta relación es inarmónica, correspondiéndole XX. El Lu del día natal que es madera lo relacionamos con el Lu del año que es fuego, la relación es muy buena, pues la madera es la madre del fuego correspondiéndole 000, y por último, en la fila de la hora natal el Lu es fuego, que se relaciona mal con él mismo (lu natal), correspondiéndole una X. Así podemos ver la afinidad entre las cinco fuerzas natales.

La relación más utilizada por los médicos tibetanos es la comparación de las cinco fuerzas correspondientes al año de nacimiento con las cinco fuerzas del año que vivimos.

Por ejemplo, el wang-tang (poder) del año 2010 es metal (ver figura 1-12), el wang-tang del año de nacimiento de Pedro es fuego, o sea, en ese año su relación será de 00 y en correspondencia su «poder» (capacidad de hacer cosas) será bueno (ver figura 5-13).

Pedro García, 15/07/1956, 12:54:00

	Sok	Lu	Wang	Lung	La
2000	000	00	00	X	000
2001	XX	00	00	000	XX
2002	XX	000	XX	XX	XX
2003	000	000	XX	0X	000
2004	X	XX	000	X	0
2005	X	XX	000	000	0
2006	000	0X	X	XX	000
2007	0X	0X	X	0X	0X
2008	0X	X	0X	X	0X
2009	000	X	0X	000	000
2010	00	000	00	XX	00
2011	00	000	00	0X	00
2012	000	XX	XX	X	000
2013	XX	XX	XX	000	XX
2014	XX	00	000	XX	XX
2015	000	00	000	0X	000
2016	X	X	X	X	0
2017	X	X	X	000	0
2018	000	000	0X	XX	000
2019	0X	000	0X	0X	0X
2020	0X	0X	00	X	0X
2021	000	0X	00	000	000
2022	00	00	XX	XX	00
2023	00	00	XX	0X	00
2024	000	X	000	X	000

FIG. 5-13

En la figura 5-13 podemos ver la relación que se establece año a año relacionando las cinco fuerzas del año con las fuerzas natales, pudiendo predecir con antelación los años favorables y desfavorables.

El año 2013 será un año difícil para el Sr. Pedro García en tanto que el año 2015 será un buen año.

CÁLCULO Y ANÁLISIS DE LA *MEWA*

El Sr. Pedro nació en julio de 1956, en la figura 3-2 podemos ver que su *mewa* correspondiente es el 8 blanco (metal) y le corresponde el 2º *métreng*.

En la figura 3-4 podemos encontrar para la *mewa* natal 8 las siguientes fuerzas:

> Cuerpo: 8 blanco (*mewa* natal)
> Vitalidad: 5 amarillo
> Poder: 2 negro

Y en la figura 3-5 para el segundo *métreng* de una persona nacida en año del mono le corresponde:

> Suerte: 8 blanco

Ahora vamos a averiguar la *mewa* (*padme*) correspondiente a Pedro para el año 2008. Una vez entrado el año astrológico, Pedro tendrá 53 años contados a la manera tibetana. En la figura 3-10 (ya que su animal natal es masculino) veremos que le corresponde la *mewa* 3 azul para el año 2008, pudiendo así comparar la *mewa* natal 8 blanco (metal) con la *mewa* 3 azul (agua) que le corresponde a la edad. El metal es hijo del agua por tanto ese año será neutro.

Otra comparación se puede realizar entre la *mewa* anual y la *mewa* natal. En la figura 3-2 vemos que al año 2008 (Rata de Tierra) le corresponde una *mewa* 1 blanco (metal) que podremos comparar con la *mewa* natal (8 blanco). En la figura 3-4 podemos encontrar:

Cuerpo: 1 blanco (metal)
Vitalidad: 7 rojo (fuego)
Poder: 4 verde (madera)

Y en la figura 3-5 para el tercer *métreng* del año de la rata le corresponde:
(Buscaremos el tercer *métreng* ya que al año 2008 le corresponde ese *métreng*).

Suerte: 2 negro (agua)

	Mewa **DEL AÑO 2008**	*Mewa* **NATAL**	**RELACIÓN**
Cuerpo	Metal (1)	Metal (8)	X
Vitalidad	Fuego (7)	Tierra (5)	000
Poder	Madera (4)	Agua (2)	0X
Suerte	Agua (2)	Metal (8)	0X

FIG. 5-14

Podemos ver la comparación del año 2008 para Pedro García. Esta se presenta bastante bien ya que la relación de la *mewa* natal (*kyeme*) con la *mewa* anual será bastante afortunada, hablándonos de un período agradable.

También será interesante conocer la *mewa* correspondiente al día de nacimiento del Sr. Pedro. Como hemos visto anteriormente, nació el día octavo del octavo mes astrológico, si miramos en la tabla 3-14 vemos que le corresponden la *mewa* 2 (negro) y el elemento agua, lo que le conferirá una especial adaptabilidad.

CÁLCULO Y ANÁLISIS DE LA *PARKHA*

Vimos en el capítulo correspondiente a las *parkhas* que todos los hombres en el momento de nacer tienen la *parkha* Li y las mujeres la *parkha* Kham y que el movimiento se desarrolla en el sentido de las agujas del reloj para los hombres y en sentido contrario a las agujas del reloj para las mujeres.

La madre de Pedro en el momento del alumbramiento tenía 30 años contados a la manera tibetana y le correspondía en aquel año la *parkha* Zon, para los estudios kármicos debemos utilizar la *parkha* Zon, ya que es la *parkha* heredada de la madre. Esta *parkha* nos marcará las direcciones siguientes para toda la vida.

Mensaje de suerte	Prosperidad	Cinco demonios
Medicina celeste	ZON	Aflicciones corporales
Demonios que quitan vida	Fuerza vital	Peligro

FIG. 5-15

Asimismo también podemos analizar la *parkha* del año 2008 o, lo que es lo mismo, cuando el nativo tiene 53 años; a esa edad le corresponderá la *parkha* Kham.

Fuerza vital	Medicina celeste	Demonios que quitan vida
Prosperidad	KHAM	Peligro
Cinco demonios	Mensaje de suerte	Aflicciones corporales

FIG. 5-16

Ésas serán las direcciones para el año 2008, correspondientes a la *parkha* Kham. Como complemento podemos ver en la figura 4-5 que la *parkha* correspondiente al año 2008 será la *parkha* Kham que es la misma que tiene Pedro como *parkha* anual, por lo que en ese año adquirirá una especial importancia.

También será interesante conocer la *parkha* del día de su nacimiento; si miramos en la tabla 4-9 veremos que para el mes 8º y el día 8º le corresponderán la *parkha* Khon y el elemento tierra lo que le dará una especial estabilidad.

ANÁLISIS Y CONCLUSIONES

Para la correcta interpretación de una carta natal tibetana en la astrología jungtsi deberemos observar los signos de los animales y los elementos del horóscopo con las siguientes instrucciones.

El análisis del elemento y animal del año de nacimiento nos dará una indicación general del carácter de la persona.

Cuando analicemos el mes tibetano en el que ha nacido la persona a la que realizamos la carta natal, el elemento tiene una mayor importancia que el animal, al revés que sucede con el día natal tibetano donde el animal tiene mayor relevancia que el elemento. En la hora del nacimiento el animal es más importante que el elemento.

En nuestro caso el Sr. Pedro ha nacido en el año del Mono de Fuego. El mono nos habla de un animal listo, que sabe adaptarse al medio donde vive y con tendencia a tener mal genio, el elemento fuego potenciará las características del mono haciendo de la persona un posible líder, pero tendrá que controlar sus emociones, ya que el fuego lo invade todo y a la vez puede apagarse en cualquier momento.

El mes de nacimiento es el Pájaro de Madera y el día el Conejo de Metal. Aquí tendremos como dominantes a la madera (mes) y al conejo (día), la relación de la madera con el fuego es excelente (figura 1-7) y la del conejo con el mono es buena (figura 1-11), potenciándose el elemento fuego y añadiendo parte de las características del pájaro (seguridad, orgullo, amabilidad) con las del mono.

La hora de nacimiento es la del Caballo de Tierra. Vemos que el caballo tiene una relación de dispersión (OX) con el mono (figura 1-11), con lo cual puede perder capacidad de reflexión y ganar en simpatía.

Hay que hacer una valoración de los elementos para determinar en qué proporciones están en la fecha natal (año, mes, día y hora) y no solamente para el Wang Thang (poder personal) sino también para el Sok (vitalidad) y para el Lu (cuerpo).

FUERZA	AÑO	MES	DÍA	HORA	TOTAL
	Mono de Fuego	Pájaro de Madera	Conejo de Metal	Caballo de Tierra	
SOK	Metal	Metal X	Madera OO	Fuego XX	OO XXX
LU	Fuego	Agua XX	Madera OOO	Fuego X	OOO XXX
WANG THANG	Fuego	Madera OOO	Metal OO	Tierra OX	OOOOOO X
LUNG TA	Madera	Agua OOO	Fuego OX	Metal XX	OOOO XXX
LA	Tierra	Tierra O	Agua OO	Madera XX	OOO XX

FIG. 5-17

Vemos que la relación es muy buena en el Wang thang (poder) y más o menos equilibrada en las otras cuatro fuerzas natales (Sok, Lu, Lung ta y La). Así que en el caso del Sr. Pedro tendremos (Sok, Lu y Wang Thang) 4 veces el elemento fuego, 3 veces el elemento metal, 3 veces el elemento madera, 1 vez el elemento tierra y 1 vez el elemento agua. Lo ideal sería tener de 2 a 3 veces cada elemento. En nuestro caso vemos que el elemento fuego está más fuerte que el agua y la tierra dando unas características de aventura e innovación, sin embargo la falta de agua y tierra nos dará impaciencia e irreflexión.

También analizaremos la polaridad de los animales, en este tema natal tenemos el mono y el caballo de polaridad positiva (activo) y el pájaro y el conejo de polaridad negativa (pasivo). En este caso tenemos un equilibrio de polaridades, aunque lo mejor sería que dominara la polaridad positiva, ya que Pedro es hombre; en el supuesto caso de un tema natal femenino debería haber más elementos negativos que positivos. Resumiendo, tendremos un cuadro natal así:

	ANIMAL	POLARIDAD	PODER	VITALIDAD	CUERPO
AÑO	Mono	+	Fuego	Metal	Fuego
MES	Pájaro	–	Madera	Metal	Agua
DÍA	Conejo	–	Metal	Madera	Madera
HORA	Caballo	+	Tierra	Fuego	Fuego

FIG. 5-18

ANÁLISIS RÁPIDO DE PERSONALIDAD (SOLO AÑO NATAL Y *MEWA*)

Laura Sanchez nació el 12 de septiembre del año 1952 a las 6 de la tarde. Si vamos a la figura 2-7 vemos le corresponde el año del Dragón de Agua. Primero analizaremos las características del animal Dragón; esto significa que escucha bien y que es muy habladora, nos sugiere que realiza sus funciones pero no es impulsiva en acciones no calculadas. Ella es irascible, pero en general es un aliado con buenas intenciones y de buen carácter.

En la figura 1-12 vemos que al Dragón de Agua le corresponde el Sok de Tierra, el Lü de Agua, el Wang thang de Agua, el Lungta de Madera y el La de Fuego, vamos a realizar un análisis de esas cinco fuerzas.

Sok (fuerza de vida) es de Tierra lo cual significa que Laura es estable, fuerte y su cuerpo está conectado a tierra (fuerte). Esto significa que tiene excelentes relaciones con las personas que tengan un Sok de Metal, beneficiosas relaciones con las personas que tengan un sok de madera y buenas con las personas que tengan un sok de tierra. Sin embargo tenemos que evitar las personas con un sok de agua y tendrán relaciones neutras con las personas que posean un sok de fuego.

Como Laura nació en el año 1952 su elemento natal es agua y por ello su Wang thang (poder) es de Agua eso indica que supera los obstáculos a través de una aguda visión de futuro y con acciones suaves que parecen como una superficie lisa pero que tienen la fuerza de un río.

El Lungta (fortuna) de Laura es de Madera; esto significa que conseguirá riquezas durante su vida ya que tiene la buena relación entre su sok (tierra) y el elemento madera de su lungta que es muy beneficiosa.

El elemento del La (alma) es de fuego; esto significa que Laura será irascible y poseedora de intensas y ardientes emociones.

El elemento del Lü (cuerpo) es de Agua; lo cual determina que la circulación sanguínea deber ser el motivo principal de preocupación de la salud de Laura.

Luego podemos añadir la *mewa* (fig. 3-2) que para Laura es el 3 azul, con su correspondiente mantra y su contenido.

ASTROLOGÍA *KARTSI*

La astrología *kartsi* o astrología blanca es la parte de la astrología tibetana proveniente de India. Tal como hemos visto en capítulos anteriores, la astrología djoungtsi proveniente de China está fundamentada en los ciclos de la energía cósmica, a diferencia de la astrología *kartsi*, que está basada en los movimientos de los cuerpos celestes y que es más parecida a la astrología occidental.

La astrología *kartsi* está fundamentada en el zodíaco sideral y la astrología occidental está basada en el zodíaco tropical. Entre ambos sistemas de cálculo existen unos 24º de diferencia, o sea, casi un signo zodiacal. Por ejemplo, una persona tiene el Sol en el grado 15 de Tauro basado en el zodíaco tropical, pues en el zodíaco sideral se situará el Sol en el grado 21 de Aries.

La eclíptica es una circunferencia imaginaria que se extiende alrededor de la Tierra en un plano horizontal. Esta circunferencia se ensancha 9º hacia el Norte y 9º hacia el Sur dando una banda de 18º en total que se proyecta hacia el cosmos y en la que están representadas las doce constelaciones. En la figura 6-1 podemos apreciar la circunferencia de la eclíptica y la circunferencia del ecuador, que forman entre ambas un ángulo de 23º 27' que no tiene nada que ver con los 24º del *ayanamsa*.

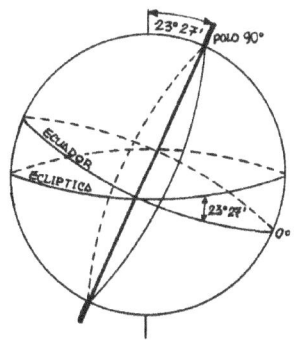

FIG. 6-1

Los doce signos zodiacales han sido fijados por doce constelaciones tomadas del cosmos que no tienen una longitud exacta de 30° cada una (existen constelaciones largas como la de Acuario o Piscis que ocupan 30° o más y constelaciones muy cortas como Aries o Libra que apenas ocupan 15°, pero a todas ellas se les asigna un doceava parte de la eclíptica o lo que es lo mismo 30°). La figura 6-2 nos muestra las doce constelaciones alrededor de la Tierra, no olvidemos que las constelaciones no son más que agrupamientos de estrellas de diferente magnitud y que este agrupamiento se realizó hace miles de años por el ser humano. Algo muy diferente son las galaxias, donde sí existe una relación entre las estrellas (distancia a la Tierra, distancia entre ellas, etc.) que forman parte de esa galaxia.

FIG. 6-2

Hay dos puntos de la eclíptica que cortan al ecuador, uno de ellos se llama punto vernal y coincide cuando el Sol entra en el equinoccio de primavera. Cuando se fijaron las bases de la astronomía-astrología en el siglo II d. C. por Ptolomeo, el punto vernal coincidía el punto 0° de la constelación de Aries.

Existe un movimiento retrógrado de 50" anuales con relación al punto vernal o lo que es lo mismo 0,01385 de grado por año. Para obtener la diferencia entre ambos puntos tendremos que multiplicar la diferencia entre el año que se realizó la coincidencia (Cyril Fagan dice que fue en el año 211 d. C.) o, lo que es lo mismo (2003-211), 1792 x 0,01385, lo que nos da 24º 50' de diferencia entre el 0º Aries tropical y el 0º Aries sideral en el año 2003. No se sabe exactamente a qué obedece este movimiento llamado de precesión. Una teoría dice que es debida al ligero cambio anual en la inclinación del eje de la Tierra pero también se ha sugerido que puede provenir de un movimiento del Sol en el espacio a lo largo de su propia órbita, con lo cual todos los planetas serían arrastrados en su propio movimiento. Lo que sí es cierto es que las estrellas se mueven y el Sol es una estrella.

Si utilizamos los métodos de cálculo tradicionales tibetanos la diferencia comparativa entre ambos puntos es de unos 30º, ya que ellos poseen un sistema tradicional de cálculo y colocan directamente los planetas en la posición correspondiente. En nuestros cálculos y con el fin de simplificar las operaciones, utilizaremos un ayanamsa de 24º. (A esta diferencia de grados en astrología tibetana-hindú se le llama ayanamsa y es de vital importancia para todos los cálculos).

En la astrología *kartsi* solo se tienen en cuenta los siete cuerpos celestes tradicionales (Sol, Luna, Mercurio, Marte, Venus, Júpiter y Saturno) además de Rahu y Khetu, que son el nodo norte de la Luna y el nodo sur respectivamente. Estos dos últimos no son cuerpos celestes. Son los puntos de longitud celeste imaginarios donde la Luna cruza la eclíptica o camino del Sol.

La traducción de los nombres de las constelaciones es la misma para ambas astrologías: «Aries, Tauro, Géminis, Cáncer, Leo, Virgo, Libra, Escorpión, Sagitario, Capricornio, Acuario y Piscis». Una de las diferencias más importantes entre signos comparando ambas astrologías es que a los signos cardinales se les llama «activos» refiriéndose a su cualidad de generadores de actividades, a los signos fijos se les llama «estables» y a los dobles o mutables se les denomina «entre dos» refiriéndose a su dualidad y a que se sitúan entre un fijo y un cardinal. Otra diferencia es un pequeño cambio entre los signos diurnos y nocturnos (ver figura 6-3). Unos tienen su máxima fuerza durante el día y los otros durante la noche.

SIGNO	ELEMENTO	CUALIDAD	DIA/NOCHE	REGENTE	PARTE DEL CUERPO
Aries	Fuego	Activo	Nocturno	Marte	Cabeza
Tauro	Tierra	Estable	Nocturno	Venus	Cara y cuello
Géminis	Aire	Entre dos	Nocturno	Mercurio	Brazos y pulmones
Cáncer	Agua	Activo	Nocturno	Luna	Corazón
Leo	Fuego	Estable	Diurno	Sol	Parte sup. abdomen, hígado y estómago
Virgo	Tierra	Entre dos	Diurno	Mercurio	Riñones y cintura
Libra	Aire	Activo	Diurno	Venus	Bajo Vientre
Escorpión	Agua	Estable	Diurno	Marte	Sexo
Sagitario	Fuego	Entre dos	Nocturno	Júpiter	Muslos
Capricornio	Tierra	Activo	Nocturno	Saturno	Rodillas
Acuario	Aire	Estable	Diurno	Saturno	Pantorrillas y tobillos
Piscis	Agua	Entre dos	Diurno	Júpiter	Pies

FIG. 6-3

La astrología *kartsi* contempla veintisiete casas lunares de 13º 20' cada una o, lo que es lo mismo, el recorrido medio diario (24 h) de la Luna. Estas veintisiete casas o sectores contienen 28 constelaciones, pues la casa 22 es doble y contiene la constelación de Lyra y la del Águila. En total 28 constelaciones para 27 mansiones lunares. (Los textos tibetanos comienzan a contar por la casa 0, entonces la casa con dos constelaciones es la 21). Más adelante daremos el nombre y los grados correspondientes a las veintisiete constelaciones.

CÁLCULO DEL *GYOUKAR* NATAL

En astrología tibetana es muy importante saber el grado exacto en la rueda zodiacal que ocupaba la Luna en el momento del nacimiento, ya que será uno de los datos básicos para calcular la duración estimada de la vida, además de conocer los ciclos planetarios para nuestra vida.

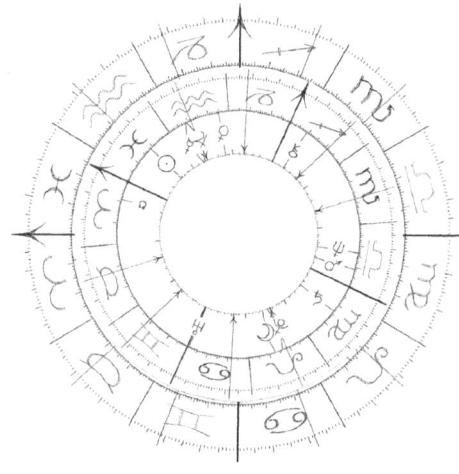

FIG. 6-4

Para calcular la posición de la Luna habrá que proveerse de un libro llamado efemérides o de un programa de cálculos astrológicos, teniendo en cuenta los 24º de diferencia existente entre el punto vernal de la astrología occidental (tropical) y el punto vernal de la astrología *kartsi* (sideral), a la posición que obtengamos de la Luna habrá que restarle 24º grados y obtendremos su posición en astrología tibetana.

Para una persona nacida el día 4 de marzo de 1960 a las 7 de la tarde (hora solar) en Barcelona, en ese momento la Luna (en astrología tropical) ocupa el grado 6º 55' de la constelación de Géminis, le restaremos el *ayanamsa* (24º) y obtendremos que el *gyoukar* será 36º 55' (Tauro) – 24º = 12º 55' de Tauro que le corresponderá la casa lunar natal cuarta (*snarma*) y como longitud total 42º 55' desde el punto 0º Aries. Para realizar la resta le sumamos 30º a la longitud y le quitamos un signo (es lo mismo 6º 55' Géminis que 36º 55' de Tauro). Recordemos que cada constelación tiene 30º grados y el total de la rueda zodiacal son 360º (12 signos), siempre comenzaremos a contar por Aries, que le corresponde de 0° a 30°, luego Tauro, Géminis, Cáncer, etc. (ver figura 6-5).

SIGNO	GRADOS
Aries	0° a 30°
Tauro	30° a 60°
Géminis	60° a 90°
Cáncer	90° a 120°
Leo	120° a 150°
Virgo	150° a 180°
Libra	180° a 210°
Escorpión	210° a 240°
Sagitario	240° a 270°
Capricornio	270° a 300°
Acuario	300° a 330°
Piscis	330° a 360°

FIG. 6-5

En la figura 6-6 podemos ver el *gyoukar* en función de la posición de nuestra Luna natal. La longitud sideral corresponde a la longitud tropical (la habitual en Occidente) después de restarle los 24° del ayanamsa. En la misma figura podemos ver cuál será el planeta que gobernará los primeros años de nuestra vida.

En el ejemplo anterior (la persona nacida el 4 de marzo de 1960) el planeta gobernante de sus primeros años de vida será la Luna, ya que la longitud sideral es de 42° 55'. Posteriormente, en este mismo capítulo hablaremos más detalladamente sobre los períodos planetarios (figura 6-13).

GYOUKAR	LONGITUD SIDERAL (-24 *ayanamsa*)	PLANETA GOBERNANTE	LONGITUD TROPICAL	CONSTELACIÓN
0 Tha skar	0° - 13° 20'	Khetu	24° - 37° 20'	Arietic
1 Bra nye	13° 20' - 26° 40'	Venus	37° 20' - 50° 40'	Triangulum
2 sMin drug	26° 40' - 40°	Sol	50° 40' - 64°	Pleiades
3 Snar ma	40° - 53° 20'	Luna	64° - 77° 20'	Aldebaran
4 mGo	53° 20' - 66° 40'	Marte	77° 20' - 90° 40'	Orion
5 Lag	66° 40' - 80°	Rahu	90° 40' - 104°	Betelgeuse
6 Nabso	80° - 93° 20	Júpiter	104° - 117° 20'	Pollux
7 rGyal	93° 20' - 106° 40'	Saturno	117° 20' - 130° 40'	Castor
8 sKag	106° 40' - 120°	Mercurio	130° 40' - 144°	Hydra
9 mChu	120° - 133° 20'	Khetu	144° - 157° 20'	Regulus
10 bre	133° 20' - 146° 40'	Venus	157° 20' - 170° 40'	Zosma
11 dbo	146° 40' - 160°	Sol	170° 40' - 184°	Denebala
12 Me bzhi	160° - 173° 20'	Luna	184° - 197° 20'	Corvus
13 Nagpa	173° 20' - 186° 40'	Marte	197° 20' - 210° 40'	Spica
14 Sari	186° 40' - 200°	Rahu	210° 40' - 224°	Arcturus
15 Saga	200° - 213° 20'	Júpiter	224° - 237° 20'	Zubemubi
16 Lha tsam	213° 20' - 226° 40'	Saturno	237° 20' - 250° 40'	Scorpius
17 sNon	226° 40' - 240°	Mercurio	250° 40' - 264°	Antares
18 sNubs	240° - 253° 20'	Khetu	264° - 277° 20'	Shaula
19 chu stod	253° 20' - 266° 40'	Venus	277° 20' - 290° 40'	Kaus-aust
20 Chu sMad	266° 40' - 280°	Sol	290° 40' - 304°	Nunki
21a Gro bzhin	280° - 293° 20'	Luna	304° - 317° 20'	Altair
21b Byibzhin				
22 Mon gre	293° 20' - 306° 40'	Marte	317° 20' - 330° 40'	Delphinus
23 Mon gru	306° 40' - 320°	Rahu	330° 40' - 344°	Aquari
24 khrum stod	320° - 333° 20'	Júpiter	344° - 357° 20'	Pegasus
25 khrum sMad	333° 20' - 346° 40'	Saturno	357° 20' - 10° 40'	Pegas
26 Nam gru	346° 40' - 360°	Mercurio	10° 40' - 24°	Piscium

FIG. 6-6

En la figura 6-7 podemos analizar el elemento y la dirección que nos corresponde en función de nuestra Luna natal. En el ejemplo anterior, en que la Luna estaba en Snarma, el elemento correspondiente es la madera y la dirección del nativo el Este.

GYOUKAR	ELEMENTO	DIRECCIÓN
0 Tha skar	Agua	Norte
1 Bra nye	Tierra	Noreste
2 sMin drug	Madera	Este
3 Snar ma	Madera	Este
4 mGo	Madera	Este
5 Lag	Madera	Este
6 Nabso	Madera	Este
7 rGyal	Madera	Este
8 sKag	Tierra	Sureste
9 mChu	Fuego	Sur
10 bre	Fuego	Sur
11 dbo	Fuego	Sur
12 Me bzhi	Fuego	Sur
13 Nagpa	Fuego	Sur
14 Sari	Fuego	Sur
15 Saga	Tierra	Suroeste
16 Lha tsam	Metal	Oeste
17 sNon	Metal	Oeste
18 sNubs	Metal	Oeste
19 chu stod	Metal	Oeste
20 Chu sMad	Metal	Oeste
21a Gro bzhin	Metal	Oeste
21b Byibzhin	Tierra	Noroeste
22 Mon gre	Agua	Norte
23 Mon gru	Agua	Norte
24 khrum stod	Agua	Norte
25 khrum sMad	Agua	Norte
26 Nam gru	Agua	Norte

FIG. 6-7

Vamos a dar unas características generales de cada una de las veintiocho casas lunares.

LAS VEINTIOCHO CASAS LUNARES

0 Tha skar: Las personas con la Luna natal en esta constelación tienen una mente aguda, una buena apariencia física y son creyentes por naturaleza. Están muy interesadas en la danza, el canto y la música. Les gusta mucho viajar.

1 Bra nye: Las personas con la Luna natal en esta constelación tienen una mente estable, gozarán de una buena salud, serán honestas por naturaleza; serán expertas en arte y artículos hechos a mano; tendrán buen corazón y serán buenos trabajadores.

2 sMin drug: Las personas con la Luna natal en esta constelación sabrán cómo aumentar sus riquezas y serán muy sabias. También serán audaces, atrevidas y disfrutarán de mejores condiciones en vidas posteriores.

3 sNar ma: Las personas con la Luna natal en esta constelación tendrán una larga vida, un fuerte y atractivo cuerpo. Triunfarán sobre sus enemigos. Podrán obtener riquezas y tendrán una mente objetiva.

4 mGo: Las personas con la Luna natal en esta constelación suelen ser personas de religión y siempre dicen la verdad, son valientes, poseen una mente clara y poseerán riquezas.

5 Lag: Las personas con la Luna natal en esta constelación suelen ser un poco egoístas. Tendrán muchos amigos en el trabajo y alrededor de ellos. Tendrán un cierto interés en actividades que no serán del agrado de sus familiares y tendrán una tendencia a la pobreza y a veces dirán cosas con poco sentido.

6 Nabso: Las personas con la Luna natal en esta constelación serán muy disciplinadas, tendrán buena situación financiera, buena salud, una mente religiosa y muy estable pero un poco imprudente por naturaleza.

7 rGyal: Las personas con la Luna natal en esta constelación suelen ser personas con una mente religiosa, aficionadas a dar limosna, buenos trabajadores, con una bonita figura, una mente rápida y muy interesadas en las artes y manualidades. Pueden ser personas de conocimiento con una buena salud y propiedades, pero su mente y su cuerpo son variables.

8 sKag: Las personas con la Luna natal en esta constelación son imprudentes por naturaleza, pero muy hermosas. Tendrán una corta relación de vida con su madre. Tendrán gran facilidad para malgastar el dinero y estarán más interesadas en extrañas actividades que en las que les puedan reportar beneficios.

9 mChu: A las personas con la Luna natal en esta constelación les encanta decir mentiras. Tendrán muchos amigos y disfrutarán de una buena posición monetaria. Estarán interesadas en las artesanías. Serán duros trabajadores e interesados en obras benéficas.

10 bre: Las personas con la Luna natal en esta constelación son evasivas, son tacañas y conductoras de sus deseos. Les gusta la ropa nueva, así como llevar joyas y complementos. Estarán interesadas en artesanías. Tienen la manera de hablar muy dulce, limpia y les gusta mucho comer. Les gusta chismorrear con sus amigos.

11 dbo: Las personas con la Luna natal en esta constelación suelen ser ricas, les gusta dar limosna y son honestas por naturaleza. Les gusta viajar o caminar en sus ratos libres. Pueden ser imprudentes, pero muy disciplinadas.

12 Me bzhi: Las personas con la Luna natal en esta constelación tienen una buena constitución, una lengua afilada y estarán muy interesadas en el arte. Les gusta viajar y gozarán de buena salud. Suelen ser evasivas y a veces demasiado orgullosas.

13 Nagpa: Las personas con la Luna natal en esta constelación serán aficionadas a las canciones, la danza y la música. Tendrán una lengua afilada, serán inteligentes y siempre dirán la verdad, serán caprichosas y a veces indecisas y propensas a cambiar su manera de pensar. Les gustará llevar distintas ropas.

14 Sari: Las personas con la Luna natal en esta constelación gozarán de una buena salud, una bonita cara y pueden ser queridas por gente de alto nivel, a la vez que odiadas por personas de bajo nivel. Serán celosas y un poco avaras. Tendrán mucho interés en componer poesías y escribir libros.

15 Saga: Las personas con la Luna natal en esta constelación son de muy buena presencia, buena salud y tendrán muchos amigos, especialmente mujeres, en su vida. Serán inteligentes y capaces de derrotar a sus oponentes o enemigos.

16 Lha tsam: Las personas con la Luna natal en esta constelación tienen la lengua afilada, serán disciplinadas, posesivas, con un cuerpo bien formado y una mente inteligente y religiosa y les gustarán mucho los niños.

17 sNon: Las personas con la Luna natal en esta constelación serán disciplinadas, no tendrán posesiones, su trabajo será en cosas poco interesantes y su expectativa de vida será corta.

18 sNubs: Las personas con la Luna natal en esta constelación serán un poco egoístas y se interesarán por actividades que no les reportarán beneficios.

19 chu stod: Las personas con la Luna natal en esta constelación tendrán una gran tendencia religiosa, serán expertas en cosas hechas a mano y otros oficios. Serán egoístas y vivirán muchos años.

20 Chu sMad: Las personas con la Luna natal en esta constelación serán ricas, honestas y les gustará ayudar a los demás. Siempre tendrán amigos cerca.

21 a Gro bzhin: Las personas con la Luna natal en esta constelación poseerán una mente abierta, de buen corazón, serán queridas por gente de alto nivel, fuertes, disfrutarán de una buena salud y serán más fuertes que sus enemigos.

21 b Byi bzhin: Las personas con la Luna natal en esta constelación tendrán una mente expandida, serán educadas, tendrán pocos deseos, un buen corazón, serán ricos y fuertes por naturaleza.

22 Mon gre: Las personas con la Luna natal en esta constelación tienen buen corazón, serán expertos en medicina, salud, tendrán muchos niños, serán buenos trabajadores, tendrán mal genio, les gustará el baile y la música, serán hermosos y dotados de una bonita figura y un poco despilfarradores.

23 Mon gru: Las personas con la Luna natal en esta constelación serán ricas, tendrán una bonita figura, les gustará mucho gastar el dinero, serán valientes, sanas y muy buenos trabajadores.

24 khrum stod: Las personas con la Luna natal en esta constelación serán evasivas, sanas, muy cariñosas con sus parientes y algo tacañas.

25 khrum sMad: Las personas con la Luna natal en esta constelación serán aficionadas al canto y al baile, tendrán una mente religiosa, les gustará ayudar a los demás, tendrán riquezas, serán honestos por naturaleza, disciplinados, inteligentes y con un buen corazón. Tendrán un buen círculo de amigos y serán capaces de superar a todos los enemigos y oponentes que se les presenten durante su vida.

26 Nam gru: A las personas con la Luna natal en esta constelación les gustará ayudar a los demás, serán valientes y buenos trabajadores.

PLANETAS Y NODOS

En astrología *kartsi* se utilizan los luminares Sol y Luna, así como los planetas más cercanos al Sol: Mercurio, Venus, Marte, Júpiter y Saturno, además de los dos nodos lunares Rahu y Khetu. Vamos a hacer una pequeña descripción de todos ellos.

El Sol: Representa el principio masculino, el padre, el marido y los hombres en general. Simboliza también el espíritu, la voluntad, el valor, la salud, la autoridad, las cualidades de liderazgo y triunfo, los títulos, los jefes políticos, el sentido de identidad. También representa el progreso. La dirección asociada con el Sol es el Este. En definitiva es el motor de nuestra persona al igual que lo es del Sistema Solar. En el cuerpo rige el corazón, el sistema circulatorio, el bazo y el esperma. El metal asociado es el oro.

La Luna: Representa el principio femenino, la madre, la esposa y las mujeres en general. Simboliza también las emociones, el agua, los instintos, las mareas, el sentimiento, las acciones reflejas y la agricultura. Rige los deseos, las necesidades el crecimiento y la fertilidad. También se asocia con las perlas, los ministros y las reinas. Su dirección es el Noroeste. Es el complemento del Sol y el planeta (satélite) que más cambios bruscos ofrece, por eso a las personas que realizan cambios de humor bruscos se las llama lunáticas. En el cuerpo rige los senos, el estómago y la digestión, así como el equilibrio de los líquidos. El metal asociado es la plata.

Mercurio: Rige la comunicación, las palabras, las opiniones, la profesión, el estudio, lo verdadero, el tacto, el intelecto, los viajes, la amistad, el comercio, el correo, las relaciones humanas. Es el planeta de la comunicación, tanto a nivel verbal como de cualquier otro tipo. En el cuerpo rige el sistema nervioso, la vista, el cerebro, el sistema respiratorio y las hormonas. Su dirección es el Norte.

Venus: Rige el amor, la cultura, el arte, los perfumes, los placeres, las joyas, los hábitos, el teatro, la música. Rige todo lo relacionado con la belleza o lo estético y con las siete artes. También el lujo y la sensualidad, no el sexo. También está relacionado con la sociabilidad, el matrimonio, el incienso y la prosperidad. En el cuerpo humano rige el gusto, los riñones, la circulación venosa de la sangre, los ovarios y los órganos internos de reproducción y el tacto. Su dirección es el Sureste.

Marte: Rige las energías sexuales y la naturaleza animal del ser humano. La guerra, la lucha, los enfrentamientos, el peligro, el hermano, el fuego, los amores ilícitos, las armas, la violencia, los accidentes y todo lo relacionado con utensilios de metal, los militares, la competición y las heridas. Es la iniciativa fuerte y la energía poderosa que a veces puede llegar a la violencia. En el cuerpo humano rige el sistema muscular, los órganos externos de reproducción, los nervios motores, la vejiga y los glóbulos rojos. Su dirección es el Sur.

Júpiter: Le conciernen el ocio, la riqueza, los niños, la religión, los altos cargos, la comida y el optimismo. Rige los deportes, la suerte, los viajes lejanos, los juzgados y la justicia, la filosofía, la diplomacia, la caza, la moralidad y la indulgencia. Júpiter es la ilusión, la grandeza y todo lo relacionado con el bienestar. En el cuerpo rige el hígado, el páncreas, el oído y la circulación arterial de la sangre. Su dirección es el Noroeste.

Saturno: Rige la responsabilidad, las limitaciones, el tiempo, la longevidad, los obstáculos, la melancolía, las enfermedades, la muerte, el deshonor, la sabiduría y el envejecimiento. Tiene que ver con las leyes científicas, las personas ancianas, la profundidad, la pobreza, el encarcelamiento, la solidificación y las personas mayores. Así como Júpiter era la expansión, Saturno es la delgadez, la seriedad, es el antagonista de Júpiter. En el cuerpo se relaciona con el esqueleto, la hiel, paratiroides y los ligamentos. Su dirección es el Oeste.

Râhu: Es el nodo ascendente de la Luna o nodo Norte y tiene que ver con las relaciones maternales, las dificultades, el intelecto desarrollado y el veneno. Râhu es un punto de ganancia y de confianza creciente. Es por donde absorbemos conocimientos y donde nos debemos esforzar para nuestra propia satisfacción. Es el punto donde la Luna cruza la eclíptica o camino del Sol.

Khetu: Es el nodo descendente de la Luna o nodo Sur y tiene ver con las relaciones paternales, la sensatez, es un punto de liberación o acción de liberar. Es por donde podemos realizar una acción fácil ya que es el conocimiento absorbido en anteriores reencarnaciones. Es donde uno da algo o toman algo de lo que uno tiene. Es el punto donde uno puede tomar el curso de acción más fácil.

CARACTERÍSTICAS PLANETARIAS

Los planetas masculinos son el Sol, Marte y Júpiter, los planetas femeninos son la Luna y Venus y los neutros Mercurio y Saturno.

Los planetas benéficos son: Venus, Júpiter, Mercurio si tiene buenos aspectos y la Luna del 8º al 16º día de lunación (de cuarto creciente a Luna llena).

Los planetas maléficos son: Marte, Saturno, el Sol, Mercurio si está mal aspectado y la Luna del 17º día al 7º día de lunación (de Luna llena a cuarto creciente).

El planeta más débil es Saturno y en orden ascendente creciente: Marte, Mercurio, Júpiter, Venus, la Luna y el Sol, aunque los más fuertes son Râhu y Khetu, que como hemos dicho anteriormente nos son planetas sino dos puntos en el cosmos.

El regente de Leo es el Sol, la Luna es regente de Cáncer, Mercurio es el regente de Virgo (diurno) y Géminis (nocturno), Venus es el regente de Libra (diurno) y Tauro (nocturno), Marte es el regente de Escorpio (diurno) y Aries (nocturno), Júpiter es el regente de Piscis (diurno) y Sagitario (nocturno) y Saturno es el regente de Acuario (diurno) y Capricornio (nocturno).

Existen signos donde los planetas se sienten cómodos y signos donde las energías no son afines. En la figura 6-8 podemos ver los planetas y las afinidades con los distintos signos.

PLANETA	DOMICILIO	EXILIO	EXALTACIÓN	CAÍDA
Sol	Leo	Acuario	Aries	Libra
Luna	Cáncer	Capricornio	Tauro	Escorpión
Mercurio	Géminis	Sagitario	Virgo	Piscis
Venus	Tauro Libra	Escorpión Aries	Piscis	Virgo
Marte	Aries Escorpio	Libra Tauro	Capricornio	Cáncer
Júpiter	Sagitario Piscis	Géminis Virgo	Cáncer	Capricornio
Saturno	Capricornio Acuario	Cáncer Leo	Libra	Aries

FIG. 6-8

El signo zodiacal en el cual un planeta se siente cómodo es en el «domicilio», pues eso significa que existe una igualdad de cualidades y naturaleza con el signo, lógicamente sin olvidar que el signo es energía y el planeta materia. Cuando un planeta está en el exilio significa que la energía del signo es totalmente contraria a la suya. Un signo se halla en el exilio cuando ocupa el signo opuesto al que rige.

Cuando el concepto es de exaltación quiere decir que la energía es parecida pero no es tan afín como la energía del domicilio y lo contrario lo aplicaremos a la caída, que también será el signo opuesto a la exaltación.

La relación entre planetas es muy importante para el análisis de una carta astral, ya que de su buena o mala relación dependerá el desarrollo posterior de la persona y sus circunstancias. En la figura 6-9 podemos ver los planetas y su relación entre ellos. En la parte inferior de la figura la relación solo es a nivel de amigo-neutro-enemigo. En la parte superior vemos la afinidad en el sistema tradicional tibetano con más detalle.

	Sol	Luna	Mercurio	Venus	Marte	Júpiter	Saturno	Rahu	Khetu
Sol	*	oo	o	xx	oo	oo	xx	xx	
Luna	amigos	*	oo	o	o	o	o		xx
Mercurio	neutra	amigos	*	oo	o	o	o		
Venus	enemigos	neutra	amigos	*	o	o	oo		
Marte	amigos	neutra	neutra	neutra	*	oo	o		
Júpiter	amigos	neutra	neutra	neutra	amigos	*	o		
Saturno	enemigos	neutra	neutra	amigos	neutra	neutra	*		
Rahu	enemigos							*	
Khetu		enemigos							*

FIG. 6-9

00 Muy Buena
0 Buena
XX Muy Mala

Esta es la relación permanente de los planetas, luego existe una relación temporal entre ellos dependiendo de la distancia de signos en que se hallen en la carta astral (ver ejemplo de la figura 6-12). Si hay dos, tres, cuatro, diez, once o doce signos de distancia contando el propio, los planetas se consideran amigos temporales. Si la distancia es de un signo (es decir los planetas están en el mismo signo), cinco, seis, siete, ocho o nueve signos los planetas se consideran enemigos temporales.

Vamos a realizar un ejemplo: el Sol en Sagitario y Marte en Libra serán amigos, ya que de Sagitario a Libra hay once signos (contando el propio). La Luna en Tauro y Venus en Libra serán enemigos temporales, ya que Libra es el sexto signo contando desde Tauro (incluido). Recordemos el orden: Aries, Tauro, Géminis, Cáncer, Leo, Virgo, Libra, Escorpión, Sagitario, Capricornio, Acuario y Piscis.

Combinando la relación amigo permanente y temporal podremos establecer en nuestra carta natal los planetas que favorecerán o dificultarán nuestro desarrollo según la siguiente regla:

Planeta amigo permanente + Planeta amigo temporal = Planeta mejor amigo
Planeta amigo permanente + Planeta enemigo temporal = Planeta neutro
Planeta neutro permanente + Planeta amigo temporal = Planeta amigo

Planeta neutro permanente + Planeta enemigo temporal = Planeta enemigo
Planeta enemigo permanente + Planeta amigo temporal = Planeta neutro
Planeta enemigo permanente + Planeta enemigo temporal = Planeta peor enemigo

En el ejemplo anterior el Sol y la Luna (Sol en Sagitario y Marte en Libra) serán el mejor amigo ya que son amigos permanentes y temporales, permanentes según la figura 6-9 y temporales porque están a once signos de distancia. En el segundo ejemplo Luna y Venus son neutros permanentes y enemigos temporales porque hay una distancia de seis signos, por tanto en ese tema natal serán planetas enemigos.

En la figura 6-10 podemos ver la posición planetaria de una persona que nació en Delhi a las 5 de la madrugada del día 18 de diciembre del año 2002. El ascendente se sitúa a 23º 3' de Escorpión y a partir de ahí se establecen las doce casas, siendo la casa 1 la correspondiente al ascendente. A continuación a cada signo correlativo se le asigna una nueva casa, es decir, a Sagitario le asignaremos la casa II, a Capricornio la casa III y así sucesivamente. Los datos obtenidos corresponden a un programa gratuito que os podéis descargar desde la página web http://home.windstream.net/overbeck/tibplan.html

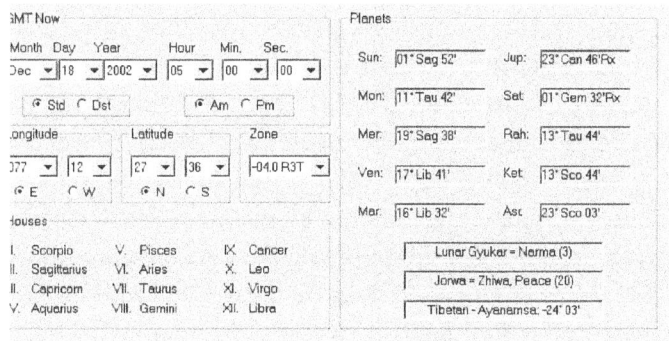

FIG. 6-10

La figura 6-11 muestra la relación final entre los planetas, combinando la relación permanente con la temporal, de una persona nacida el 18 de diciembre de 2002 a las 5 de la mañana en Delhi.

	Luna	Mercurio	Venus	Marte	Júpiter	Saturno	Rahu	Khetu
Sol	Neutro	Enemigo	Neutro	Mejor amigo	Neutro	Peor enemigo	Peor enemigo	----
Luna	----	Neutro	Enemigo	Enemigo	Amigo	Amigo	----	Peor enemigo
Mercurio	----	----	Mejor amigo	Amigo	Enemigo	Enemigo	----	----
Venus	----	----	----	Enemigo	Amigo	Neutro	----	----
Marte	----	----	----	----	Mejor amigo	Enemigo	----	----
Júpiter	----	----	----	----	----	Amigo	----	----

FIG. 6-11

Veamos un par de ejemplos: en la figura 6-9 vemos que Mercurio y Venus son amigos, en la figura 6-12 contamos once casas, así que también son amigos temporales, por tanto la relación de Mercurio y Venus en ese tema natal será el mejor amigo. En la figura 6-9 vemos que la Luna y Marte tienen una relación permanente neutra, en la figura 6-12 vemos que la distancia es de seis casas (Luna en casa VII, Marte en casa XII), es enemigo temporal, así tendremos: neutro permanente + enemigo temporal = enemigos.

El punto ascendente es muy importante en astrología *kartsi*, ya que corresponde al signo que está en el este del horizonte en el momento del nacimiento, y a partir de ahí se construye la carta natal. Dependiendo de la hora del día y del mes del año irá variando. Si es en el momento de la salida del Sol, es decir de 5 a 7 de la mañana, suele coincidir con el signo solar ya que en ese momento el Sol está en el ascendente y lógicamente en el signo que le corresponde por el mes. Pongamos por ejemplo una persona nacida sobre las seis de la mañana (las cuatro hora solar) del día 5 del mes de junio del 1990: su signo solar será Tauro y su ascendente también. No nos olvidemos de que estamos en astrología tibetana y hay un ayanamsa de -24º de diferencia.

Para saber con exactitud el ascendente de cualquier persona habrá que consultar un programa de astrología por ordenador, como por ejemplo: http://home.windstream.net/overbeck/

tibplan.html (gratuito) o de la casa matrix: www.astrologysoftware.com, o páginas gratuitas http://www.grupovenus.com/ o http://www.astro.com/ o bien realizar los cálculos correspondientes con la ayuda del libro de efemérides editado por la NASA y las tablas de domificación (casas), y por supuesto saber con exactitud la hora de nacimiento, día, mes y año, así como el lugar y la diferencia horaria con respecto al Sol.

El ascendente nos marcará la casa primera, luego cada signo irá ocupando las siguientes. En el ejemplo anterior, si el ascendente es Tauro, la casa II estará en Géminis, la casa III será Cáncer y así por orden zodiacal hasta llegar a la casa XII, que será Aries. Y todos los planetas que estén en Tauro, estarán en la casa I, los planetas que estén en Géminis, estarán en la casa II, y así sucesivamente.

SIGNIFICADO DE LAS CASAS

La **casa I** es el signo donde se sitúa el ascendente. Esta casa está relacionada con el carácter, la presencia, el temperamento y con cómo nos perciben las personas. En el cuerpo, esta casa gobierna el cerebro y la cabeza.

La **casa II** está relacionada con la fortuna personal, la voz, las enfermedades hereditarias, la salud, el aprendizaje y la verdad que lleva la persona. Algunas veces nos muestra los hábitos alimenticios, pues es la casa de la nutrición. Se relaciona con el ojo derecho y la cara.

La **casa III** rige el coraje personal, el cumplimiento de los deseos personales, los hábitos alimenticios, la creatividad que incluye el interés por cualquiera de las siete artes, la relación con los hermanos y los estudios básicos. Tiene relación con las manos, los brazos, los hombros, el oído derecho y los pulmones.

La **casa IV** gobierna la relación entre la persona y su madre, la familia, el entorno doméstico, las propiedades, la calidad de vida de una persona y la instrucción o conocimientos de una persona. En el cuerpo se relaciona con el corazón y el pecho.

La **casa V** rige el conocimiento a través de las propias experiencias, los niños, el trabajo creativo, la inteligencia, los amores, las diversiones y el karma de vidas pasadas. Se relaciona con el estómago y el plexo solar.

La **casa VI** se relaciona con los hábitos de trabajo, el deseo de servir a los demás, la salud, los enemigos, empleados, colaboradores, obstáculos y litigios. En el cuerpo rige la cadera, el ombligo y la parte baja de la espalda.

La **casa VII** rige los matrimonios, los esposos, las pasiones, asociaciones de negocios o de amigos y las casas en otros lugares que el domicilio habitual. Se relaciona con las ingles, los riñones, los intestinos, el abdomen y las venas.

La **casa VIII** preside las pasiones individuales, tanto emocionales como sexuales, potencial de accidentes, enfermedades crónicas, los obstáculos, uniones de la vida financiera, la longevidad y el dinero proveniente de fuentes externas, como seguros de vida, herencias, loterías, etc. Rige los órganos sexuales tanto femeninos como masculinos.

La **casa IX** rige la suerte personal, el padre, los estudios avanzados o superiores, creencias ideológicas o religiosas, los viajes al extranjero y los médicos. En el cuerpo se relaciona con los muslos y el pensamiento.

La **casa X** se relaciona con la profesión, las relaciones públicas y sociales, visión de los negocios y las condiciones financieras de los padres. En el cuerpo rige el esqueleto y las rodillas.

La **casa XI** es la casa de los amigos, de las aventuras de la profesión, nuestras metas o deseos y la participación como miembros de comunidades, así como las ganancias en negocios. En el cuerpo se relaciona con las rodillas, la parte baja de las piernas y el oído izquierdo.

La **casa XII** es la casa de las pérdidas, de los gastos financieros y de aquellas cosas o temas que no controlamos personalmente, así como la naturaleza espiritual de la persona. Esta casa se relaciona en el cuerpo con los pies y el ojo izquierdo.

En la figura 6-12 podemos ver en el centro superior la casa del ascendente o la casa I. Tomando los datos de la figura 6-10 obtendremos el siguiente mapa natal. Las casas van en el sentido contrario a las agujas del reloj.

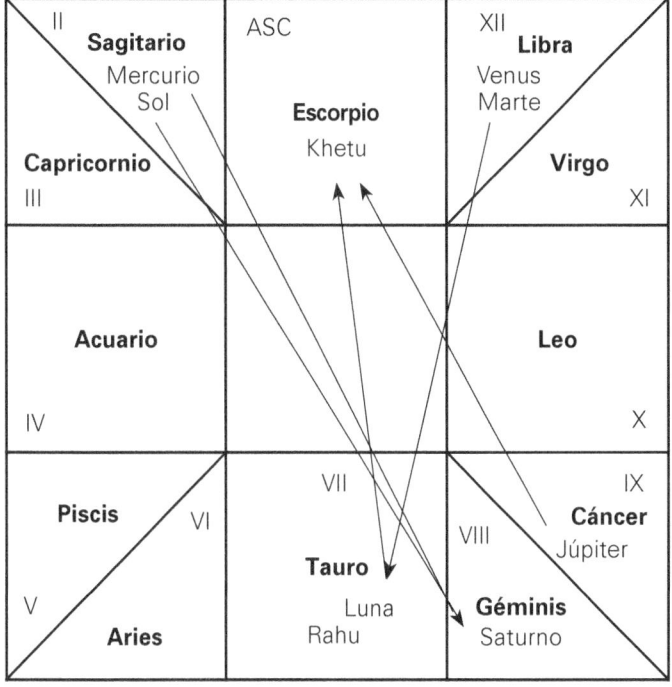

FIG. 6-12

ASPECTOS PLANETARIOS

En astrología *kartsi* los aspectos entre planetas se van analizando uno a uno. La conjunción no es un aspecto.

La figura 6-12 nos muestra la carta tibetana de una persona nacida en Delhi el 18 de diciembre del año 2002 a las 5 de la mañana. Los datos obtenidos con el programa de ordenador de la figura 6-10 se han trasladado a la figura 6-12 añadiéndole además los aspectos planetarios.

El aspecto más importante a considerar es la oposición, es decir, el séptimo signo contando el propio. En el ejemplo de la figura 6-12 el Sol y Mercurio aspectan negativamente a Saturno ya que ocupa el séptimo signo. También aspecta negativamente la Luna a Khetu (nodo sur de la Luna). Rahu y Khetu se dejan aspectar, pero no realizan aspectos.

Marte, Júpiter y Saturno tienen aspectos especiales. Marte aspecta el 4º y 8º signo contando el propio, Júpiter aspecta el 5º y el 9º y Saturno lo hace con el 3º y el 10º. En el ejemplo de la figura 6-9, Marte aspecta a la Luna y Júpiter a Khetu (nodo sur de la Luna), para determinar el valor positivo o negativo de este aspecto habrá que ver la relación planetaria (figura 6-11). Hay que tener en cuenta que aunque en ciertas casas no haya planetas el aspecto de oposición (séptima casa) se realiza igual, en el ejemplo Venus y Marte en la casa XII, realizan un aspecto de oposición a la casa VI.

PERÍODOS PLANETARIOS

Para comprender el desarrollo personal a través de la astrología *kartsi*, se establecen unas etapas planetarias relacionadas con la posición de la Luna en el momento del nacimiento. Dependiendo de la longitud que ocupaba la Luna se le asignará el primer planeta, luego se irán sucediendo respetando el siguiente orden: Khetu, Venus, el Sol, la Luna, Marte, Rahu, Júpiter, Saturno y Mercurio.

Por ejemplo, una persona con la Luna natal a 63º o, lo que es lo mismo, en el tercer grado de Géminis, el planeta regente es Marte. El primer planeta para su ciclo de vida será Marte y le seguirán Rahu, Júpiter, Saturno, Mercurio, Khetu, Venus, el Sol y la Luna.

Planeta	Khetu	Venus	Sol	Luna	Marte	Rahu	Júpiter	Saturno	Mercurio
Años duración etapa	7	20	6	10	7	18	16	19	17

FIG. 6-13 (para una duración total de la vida de 120 años).

Planeta	Khetu	Venus	Sol	Luna	Marte	Rahu	Júpiter	Saturno	Mercurio
Años duración etapa	5,25	15	4,5	7,5	5,25	13,5	12	14,25	12,75

FIG. 6-14 (para una duración total de la vida de 90 años).

En el ejemplo de la figura 6-10 vemos que la Luna está en 11º 20' de Tauro o, lo que es lo mismo, en el grado 41º 20' partiendo del cero Aries. Según la tabla 6-6, el planeta gobernante es la Luna, que corresponde al *gyoukar* 3, Snar ma. Es decir, el primer ciclo estará regido por la Luna, luego Marte, etc.

La figura 6-13 está calculada para una vida con una duración de 120 años. Uno de los cálculos que tendremos que realizar antes de personalizar los ciclos es el de la duración estimada de la vida de una persona en función del elemento-animal del año de nacimiento, la *parkha* heredada de nuestra madre, la *mewa* correspondiente al año de nacimiento y la posición del *gyoukar* que ocupa la Luna, este último es el más importante.

En la figura 6-14 tenemos las etapas de vida para una duración estimada de 90 años.

Vamos a dar unas directrices para calcular la duración de la vida en función de la posición de la Luna en el zodíaco sideral en el momento del nacimiento.

Cuanto más cerca esté la Luna del inicio de una de las veintisiete casas lunares, más larga será la duración de la vida (ver figura 6-6). Recordemos que cada casa Lunar tiene una longitud de 13º 20'. El cálculo será sobre una duración estimada de vida de 100 años, restaremos cuatro años de vida por grado de distancia de la cúspide de la casa donde se sitúa la Luna.

Pongamos un ejemplo: una persona al nacer tiene la Luna a 14º 20' de Aries y con una duración estimada de la vida máxima de 100 años (general para todas las personas), le restaremos 4 años por cada grado que se aleje del inicio de la casa; en ese caso la duración estimada será de 96 años (ver figura 6-6). Si la Luna hubiera estado en el grado 17º 20' de Aries estaríamos en la segunda mansión Lunar (bra nye) a 4º de su inicio (13º 20'), por tanto de restaríamos 4 años que por cuatro grados serían dieciséis años menos de los cien estimados como máximo. Calcularíamos un ciclo de vida de unos 84 años. Lógicamente, la duración estimada de vida más corta si restamos cuatro años por grado será de unos cuarenta y ocho años, cuando la Luna esté a 13º 19' de Aries o 26º 39' de Aries o 9º 59' de Tauro, etc.

Una vez realizado este cálculo, que oscilará básicamente de sesenta a noventa años, tendremos que calcular los años proporcionales de la figura 6-13. Es decir, imaginemos la carta de esa persona que ha nacido el día 18 de diciembre del año 2002. Su expectativa de vida es de 90 años y la Luna está en 11º 42' de Tauro (ver figura 6-10). Así pues, le corresponde el *gyoukar* Snar ma y su planeta gobernante será la Luna (ver figura 6-6).

Comenzará su vida regida por la Luna ya que es el planeta gobernante hasta los 7 años y medio (el resultado de hacer la proporción de los diez años divido entre 120 y multiplicado por 90), le seguirá un período de cinco años y tres meses regido por Marte, luego 13 años y medio regidos por Rahu y así sucesivamente Júpiter, Saturno, Mercurio, Khetu, Venus, hasta cerrar los noventa años de vida con el Sol.

Es importante calcular con todos los datos que poseemos la expectativa de vida y luego ver qué épocas serán las mejores o las más difíciles, pero en lo que hay que prestar especial atención es cada vez que sucede un cambio de planeta.

A la Luna, Júpiter, Mercurio y Venus se los considera positivos y benéficos, lo cual implica que durante su período de regencia sucederán cosas agradables.

El Sol, Marte, Saturno, Rahu y Khetu están considerados planetas violentos y negativos; es por ello que durante su regencia sucederán acontecimientos desafortunados y situaciones difíciles de solucionar.

El paso de un planeta benéfico a uno maléfico puede provocar enfermedades, sufrimientos y graves pérdidas, sobre todo el cambio de Mercurio a Khetu, que puede poner en peligro la vida.

El paso de un planeta maléfico a uno benéfico puede provocar enfermedades menores y problemas poco importantes. En concreto en el paso de Rahu a Júpiter puede haber una ligera pérdida de bienes y de la prosperidad.

El paso de un planeta maléfico a otro maléfico es el más peligroso; esto solo sucede en el paso de Marte a Rahu y es un período donde hay que tomar grandes precauciones.

El **período regido por el Sol** será una etapa donde habrá enfermedades de la sangre, de la bilis y de posibles fiebres altas, también se puede disparar de los tres humores existentes en el cuerpo humano el del calor (hot).

El **período regido por la Luna** será una etapa de buena salud, buen sueño, confort y de aumento de riquezas. La luna favorece los viajes largos, la popularidad y el nacimiento de niños.

El **período regido por Mercurio** favorece las relaciones con los amigos, así como todo lo relacionado con el estudio. Es una etapa donde se favorecen las relaciones comerciales y la salud aunque pueden ser posibles ciertas alteraciones del humor viento (wind) o de frío (cold). Los proyectos se realizarán fácilmente y los viajes serán muy afortunados.

El **período regido por Venus** será una etapa de creatividad y diversión, la salud será buena, habrá posibilidad de realizar buenas obras y ganar dinero. Se harán amistades e incluso con una de ellas podrá llegar al matrimonio.

El **período regido por Marte** será una etapa de reencuentro con enemigos, puede haber pérdida de dinero y hay que intentar protegerse de los ladrones y el fuego. Será una etapa de enfados y discusiones con familiares y amigos, y de dificultades en el trabajo.

El **período regido por Júpiter** será el más próspero de nuestra vida. No llegará nada negativo y nuestro nombre y nuestra fortuna irán en aumento. Se conocerán nuevos amigos. Si hay enfermedades serán de rápida curación. Buena etapa para realizar largos viajes.

En el **período regido por Saturno** se notará una disminución de la prosperidad y de las relaciones familiares. La salud tendrá altos y bajos con posibilidad de aparición de enfermedades de frío (cold). La pereza y el abatimiento por sucesos no deseables serán posibles en este período.

En el **período regido por Rahu** se cometerán errores, pero no olvidemos que es el nodo del aprendizaje. Habrá inestabilidad en el hogar y en los bienes. Hay posibilidades de ser explotado por otra persona y se producirán acontecimientos no deseados.

En el **período regido por Khetu** habrá que tener precaución con las pérdidas materiales, desequilibrio de la armonía y sucesos no deseados, además del sufrimiento moral o físico.

RELACIÓN ENTRE LOS DOCE ANIMALES Y LOS PLANETAS

En la siguiente tabla podemos analizar la relación entre nuestro animal natal y su correspondencia planetaria.

	Tigre	Conejo	Dragón	Serpiente	Caballo	Oveja
Planeta del La	Júpiter	Júpiter	Sol	Marte	Marte	Venus
Planeta vitalidad	Saturno	Saturno	Mercurio	Venus	Venus	Luna
Planeta enemigo	Venus	Venus	Júpiter	Mercurio	Mercurio	Júpiter
	Mono	Pájaro	Perro	Cerdo	Rata	Buey
Planeta del La	Venus	Venus	Luna	Mercurio	Mercurio	Saturno
Planeta vitalidad	Júpiter	Júpiter	Mercurio	Marte	Marte	Mercurio
Planeta enemigo	Marte	Marte	Júpiter	Saturno	Saturno	Júpiter

FIG. 6-15

Para una persona que haya nacido en el año del mono su planeta del «La» (alma) será Venus, el planeta de la «vitalidad» Júpiter y su planeta «enemigo» será Marte. Por tanto podemos ir a nuestra carta natal y analizar los planetas correspondientes. Cada día de la semana está regido por un planeta (lunes por la Luna, martes por Marte, miércoles por Mercurio, jueves por Júpiter, viernes por Venus, sábado por Saturno y domingo por el Sol). Lógicamente si nuestro animal natal es el pájaro y nuestro planeta amigo es Júpiter, los jueves serán un buen día; no así los martes, que serán el día de nuestro planeta enemigo, y el viernes será el día para meditar.

MOMENTOS DE VACUIDAD EN NUESTRA VIDA

Según la medicina y astrología tibetana existe un biorritmo en el cuerpo humano de una duración de 200 días que comienza en el momento del nacimiento y que podemos aprovechar para conseguir «la mente búdica» a través de la meditación, es decir, aprovechando que las energías del universo están en armonía con nuestras energías natales en ese día en concreto, siguiendo alguna técnica de meditación o práctica iniciática, podremos liberar nuestra mente de la ignorancia y podremos romper la rueda del *samsara*. Esa oportunidad la tendremos cada doscientos días a lo largo de muestra vida por un período de 24 horas a partir de la hora de nacimiento.

Vamos a poner un ejemplo: una persona nacida el 3 de junio del 1980 a las 11 de la mañana tendrá su primer momento de vacuidad el día 20 de diciembre de 1980 a partir de las 11 de la mañana, el segundo momento el día 8 de julio de 1981 a partir de las 11 de la mañana y así sucesivamente.

03/06/1980
20/12/1980
08/07/1981
....
....
01/02/2011
20/08/2011
07/03/2012
....
....

En el ejemplo vemos que el día 1 de febrero del año 2011 (cuando la persona tendrá treinta años y unos meses, contados a la manera occidental) tendrá su día especial para la oración y meditación.

Los tibetanos utilizan una tabla de cenizas para realizar los complicados cálculos de la astrología. La foto corresponde al jefe de los astrólogos del Men-Tsee-Khang en Dharamsala (India), el Dr. Lobsang Norbu Gyalnang, calculando los pronósticos para el siguiente año.

El Dr. Kunga Wangdu (derecha), Doctor en Medicina Tibetana, con su amigo el astrólogo del Men-Tsee-Khang Phurbu Tsering (izquierda).

El Dr. Thubten Puntsok, Catedrático de Historia del Tíbet y Astrología Tibetana, en la Universidad de las Naciones de Pekín (centro), con Helen Flix, profesora de Medicina Tibetana, y el coautor del libro, Luis Gascó.

Helen Flix con uno de sus maestros, el Dr. Pema Dorjee, secretario del Men-Tsee-Khang, una de las máximas autoridades en Medicina Tibetana.

BIBLIOGRAFÍA

Anistatia R. Miller. *The Complete Astrological Handbook for the Twenty-first Century.* Editorial Shocken.

Tsering Dolma Drungtso. *Tibetan Elemental Astrology.* Drungtso Publications.

Tsering Choezom. *Tibetan Astronomy and Astrology.* Men-Tsee-Kahng Editions.

Philippe Cornu. *Tibetan Astrology.* Editorial Shambhala.

Men-Tsee-Khang. *Animal Signs and Their Respective Nature.* Editorial Nangkyi.

Jhampa Shaneman. *Buddhist Astrology.* Editorial Llewellyn.

Susan Levitt. *Taoist Astrology.* Editorial Destiny Books.

Michael Erlewine. *Tibetan Astrology.* E-books.

Men-Tsee-Kang. *Gang-ri-lang-tso.* Tibetan Medical & Astro Institute.

www.ingramcontent.com/pod-product-compliance
Lightning Source LLC
Chambersburg PA
CBHW020752160426
43192CB00006B/321